목회상담

Pastoral Counseling

— 교회에서의 돌봄을 위한 안내서 —

이효주

박영사

머리말

2005년, 나이아가라 폭포로 여행하던 중 캐나다와 미국 사이에 자리한 싸우전드 아일랜드(Thousand Islands)를 방문한 적이 있다. 배를 타고 세인트 로렌스 강(St. Lawraence River)을 따라 흩어져 있는 천여 개의 섬들을 바라보며, 그 아름다운 풍경을 눈에 담으려 애썼던 기억이다. 어떤 섬에는 작은 오두막이 있었고, 또 어떤 섬에는 유럽식 석조 성이 웅장하게 서 있기도 했다. 사람이 사는 듯한 섬도 있었지만, 대부분은 텅 비어 보였다. 아름답게 꾸며진 작은 섬들을 감탄하며 바라보다가도, 보트와 같은 이동 수단이 없다면 섬에서 섬으로 옮겨갈 수 없다는 사실이 떠올랐다. 겉으로는 화려해 보이지만, 서로 단절되어 있다면, 결국 섬은 외로움의 또 다른 이름일지도 모른다는 생각이 스쳐 지나갔다.

그 장면은 종종 우리네 삶을 떠올리게 한다. 직업을 갖고 경제적으로 독립하며 살아가다 보면, 우리 역시 저마다의 성을 쌓으며 둥둥 떠 있는 섬처럼 고립되어 가는 듯하다. 어린아이들이 자연스럽게 이웃과 어울려 노는 모습과 달리, 성인이 된 후에는 낯선 사람에게 먼저 말을 건네거나 새로운 관계를 시작하는 일은 쉽지 않다. 결혼을 통해 일정 부분 고립이 줄어들 수는 있지만, 제도적 결혼이 곧 정서적 친밀감을 보장하지는 않는다. 인간은 태어날 때부터 독립을 향해 나아가지만, 정작 나이가 들어갈수록 독립이 아니라 고립 속으로 내몰리고 있지는 않은지 스스로에게 묻게 된다.

예수께서는 요한복음 10장 10절에서 이렇게 말씀하셨다.

"내가 온 것은 양으로 생명을 얻게 하고 더 풍성히 얻게 하려는 것이다."

마치 우리의 고립과 외로움을 아셨던 듯, 예수님은 단지 죽음 이후의 영원한 삶만이 아니라 지금 이 땅에서 '더 풍성한 삶'을 누리게 하시려 이 땅에 오셨음을 말씀하셨다. 나는 오늘날 교회가 바로 이 사명을 이어가야 한다고 믿는다. 섬처럼 흩어진 개인들을 공동체로 불러 모으고, 스스로 쌓아 올린 벽을 허물어 서로 관계 맺고 성장하도록 돕는 것, 이것이 교회의 본질적 사명이다. 급속히 발전하는 AI와 다양한 기술들을 생각할 때, 교회에게 주어진 이 사명은 더욱 절실하다.

미국의 이민 교회는 이민자들에게 단순한 종교기관 이상의 역할을 감당해 왔다. 아이들에게 한국 문화를 전해주는 교육기관이자, 주중에 영어와 다른 문화를 접하며 살아가는 이민자들이 교회에 와서 한국어로 소통하고 한국 음식을 함께 나누며 소속감과 정체성을 회복하는 공간이었다. 물론 때로는 신앙보다 생존이나 사회적 필요 때문에 교회를 찾는 경우도 있어 '주객이 전도되었다'는 비판을 받기도 한다. 그러나 나는 이민 교회뿐 아니라 전 세계 교회가 종교적 기능을 넘어서 돌봄과 사랑의 공동체로서의 역할을 감당해야 한다고 믿는다.

예수님은 죄 사함만이 아니라 병든 자를 고쳐주시고, 눈먼 자를 보게 하셨다. 굶주린 이들을 위해 떡과 물고기로 먹이시는 수고를 마다하지 않으셨다. 그리고 부활 후에도 이러한 돌봄 사역은 초대 교회를 통해 이어졌다. 사도행전 6장에서 일곱 집사가 선출된 이유도, 헬라파 과부들과 히브리파 과부들 사이의 음식 분배 문제 때문이었다. 곧, '더 풍성한 삶'을 위해 교회가 반드시 감당해야 할 사명 중 하나는 바로 '돌봄'이다.

이 돌봄의 사명을 위해 목회자를 훈련하고 교육하는 것은 신학교육에서 매우 중요한 영역이다. 실제로 미국의 한 연구에 따르면, "정신질환으로 고통받는 네 명 중 한 명은 성직자에게 도움을 요청했다"[1]고 한다. 연구자들은 성직자가 여전히 정신건강 돌봄에서 중요한 역할을 감당하고 있으며, 목회자가 질환의 심각성을 알아차리고 전문 의료인과 협력할 수 있는 개입이 필요하다고 강조한다. 한국에서도 오랜 전통을 지닌 심방 문화는 이러한 사실을 뒷받침한다. 최근 보건복지부가 상담사 제도 법제화 논의를 진행하고 있는데, 한국목회상담협회를 포함한 종교계 단체들에서 이루어지는 돌봄을 평가절하하지 않는 지혜와 통찰이 있길 바라본다.

목회상담은 1925년 미국에서 시작된 이후 다양한 형태로 변화와 발전을 거듭해 왔다. 정푸름은 이를 "목회상담(pastoral counseling), 목회신학(pastoral theology), 목회심리치료(patoral psychotherapy), 임상목회상담(CPE), 그리고 목회돌봄(pastoral care)으로 나눌 수 있다"[2]고 소개하기도 한다. 목회돌봄이 인간돌봄에 관한 가장 기본적인 이해와 지식을 전달하는 입문 단계라면[이런 의미에서 개별 교회들에서도 소그룹 지도자들이 돌봄에 대한 기본적인 이해를 갖출 수 있도록 교육 과정을 제공하는 것은 필요한 일이라 본다], 목회상담이나 목회심리치료는 교회 목회를 전문적으로 하지 않고 각 교단과 협력관계를 유지하면서 자신의 목회자로서의 신분은 유지하지만, 상담을 전문적으로 하기로 선택한 사람들을 훈련하는 과정으로 이해할 수 있다. 현재 한국목회상담협회는 신학을 전공한 목회자를 '목회상담사'로, 비전공자를 '기독교상담사'로 구분하고 있다.

이 책은 그중에서도 가장 기초적인 단계인 목회돌봄에 초점을 두고 있다. 목회상담과 목회심리치료를 더 깊이 배우고자 한다면, 이 책을 바탕으

1) Philip S. Wang, et al., "Patterns and Correlates of Contacting Clergy for Mental Disorders in the United States,"Health Services Research 38:2 (2003), 647.
2) 정푸름, "탈근대주의 목회상담과 상호성에 관한 연구," 「목회와상담」 34 (2020), 400. 각 용어에 대한 설명은 정푸름의 논문을 참고하시오.

로 적절한 교육기관에서 훈련과 감독 수련을 이어갈 수 있길 권한다. 이 책은 총 8장으로 구성되어 있으며, 목회신학의 기초와, 안톤 보이슨의 삶, 교회 돌봄에서의 윤리적 고려, 신학적 성찰, 경청과 공감의 기술, 목회상담의 패러다임 확장, 그리고 포스트모던 시대의 목회상담을 위한 제언까지 폭넓게 다루었다. 1장과 2장이 다소 이론적이라 느껴진다면, 3장부터 읽어도 좋고, 실제 기술에 흥미가 있다면 5장과 6장을 먼저 시작해도 무방하다. 각 장이 교회 안에서 이루어지는 다양한 형태의 돌봄을 제공하는 사람들의 이해함과 민감성을 키울 수 있기를, 그리하여 보이지 않는 하나님의 손과 발이 되어 사람들을 섬기는 길에 작은 안내서가 될 수 있길 소망한다.

이 책이 세상에 나올 수 있도록 수고해주신 출판사 박영사와 교정에 정성을 다해주신 김판임 교수님 그리고 조영은 대리님께 감사드립니다. 또한 늘 변함없는 정서적 지지로 함께해 준 남편 문영석 씨, 그리고 나에게 공동체의 기쁨을 경험케 해주며 돌봄의 실천을 살아내도록 허락해주는 '기쁨의 공동체(community of Joy)'의 모든 분들께 말로 다 표현할 수 없는 감사의 마음을 전합니다. 무엇보다 더 건강한 교회 공동체를 만들어가기 위해 다양한 형태의 돌봄에 빛도 없이 소리도 없이 헌신해 주시는 모든 분들에게 깊은 존경과 감사의 마음을 드립니다. 더 많은 사람들이 더 풍성한 삶으로 인도함 받기를 바라며 부족함이 많은 글을 내놓습니다.

2025년 11월

저자 이효주

목차

제1장

목회신학(pastoral theology)이란?

제1장

목회신학(pastoral theology)이란?[1]

목회신학이란 목회돌봄과 상담의 이론적 토대가 되는 신학으로 한국 신학생과 목회자들에게 더 보편적으로 알려진 실천신학(practical theology)과 그 시작을 같이 한다고 볼 수 있다. 사실 목회신학이란 용어는 오랜 기간 실천신학이란 용어와 혼용되어 사용되어 왔기 때문에, 영국에서는 현재도 이 두 용어가 같은 뜻을 가진 다른 용어처럼 이해되고 사용되고 있는 형편이다. 반면, 미국에서는 단 브라닝(Don Browning)을 선두로 해서 실천신학을 목회신학과 구분하는 움직임이 시작됐고, 바니 밀러-맥레모어(Bonnie Miller-McLemore)를 통해 그 작업은 더 발전하게 되었다.

나아가, 밀러-맥레모어(Miller-McLemore)는 공공신학으로서의 목회신학을 주장하면서 목회신학의 나아갈 길을 제시하고 있다. 목회돌봄과 상담이 무엇인지 논하기에 앞서 이 용어를 바르게 이해하는 것은 무엇보다 선행되어야 하는 단계라 생각되기에 목회신학이란 용어가 무엇인지 실천신학과 공공신학과의 관계 안에서 논하여 보자.

1) 이 글은 "목회신학이란 무엇인가-실천신학과 공공신학과의 관계 안에서"라는 제목으로 2019년 「한국기독교신학논총」에 출판되었음을 밝힌다.

1) 목회신학(Pastoral Theology)

실천신학이란 용어가 목회신학이란 용어보다 더 익숙하게 통용되는 것이 한국 신학 분야에서의 일반적인 경향이지 않을까 생각한다. 내가 만난 대학원 이상의 과정에 있는 학생들은 목회신학이란 용어를 실천신학이라는 용어보다는 생소하게 받아들였다. 학생들은 실천신학이 목회자가 목회 현장에서 직접 행동으로 옮겨야 하는 목회돌봄/상담, 기독교 교육, 설교 및 교회 행정 등을 총괄하는 사역에서의 실천과 관련된 신학의 분과라는 정의를 어렵지 않게 내릴 수 있었지만, 상대적으로 목회신학이란 무엇인지에 대해서는 정의 내리기를 어려워했다.

목회신학이란 용어가 더욱 오래 통용되어 온 영국과 미국 신학 분야 안에서조차 이 두 용어에 대한 통일된 견해를 찾기는 쉽지 않은 일임을 고려한다면, 한국 신학 분야에서의 이와 같은 경향은 이상하지 않다. 영국의 신학자인 제임스 우드워드(James Woodward)와 스티븐 패티슨(Stephen Pattison)은 "An Introduction to Pastoral and Practical Theology(목회신학과 실천신학 입문)"라는 제목의 소고에서 현대 영국에서는 이 두 용어에 관한 연구가 미국에서 발전된 것보다 부진한 상태임을 이야기하면서, 이 두 용어가 믿음과 신학적 전통, 인간의 안녕(wellbeing)을 위한 실천적 주제들과 행동에 관계되는 넓은 주제를 포괄하는 의미가 있다는 면에서 목회신학과 실천신학이라는 두 용어를 같은 것으로 간주한다고 밝힌다.[1)]

두 용어가 영국 사회에서 큰 구별 없이 사용된 대표적인 예는 "영국 목

1) Stephen Pattison and James Woodward, "An Introduction to Pastoral and Practical Theology," in *The Blackwell Reader in Pastoral and Practical Theology*, ed. James Woodward and Stephen Pattison, (Malden: Blackwell Publishing, 2000), 3. 이 책은 권수영 외 학자들에 의해 『목회신학과 실천신학의 이해』라는 제목으로 번역 출판됐다.

회학 선생님들 연맹(the British Pastoral Studies Teachers' Conference)"은 1990년대 초에 단체 이름을 "영국 아일랜드 실천신학 협회(the British and Irish Association for Practical Theology)"로 바꾸었다는 것을 통해서 볼 수 있다.[2] 우드워드와 패티슨을 포함한 영국의 학자들이 받아들이는 것처럼 목회신학과 실천신학은 정말 같은 것일까?

이 두 용어에 관한 연구가 영국보다 더 발전되었다는 미국에서는 목회신학을 어떻게 정의하고 있고 실천신학과의 관계는 어떻게 규정되어 있는가에 대한 이해를 나누는 것은 한국 상황에서 목회신학이 무엇인지 정의 내릴 수 있도록 도울 뿐 아니라, 목회신학이 발전해 나갈 방향을 제시하는 데 도움이 되리라 생각한다.

먼저 목회신학이라는 어원적 의미를 살펴보자. 영어로 목회신학이란 용어는 '목양적'이라고 해석되는 형용사인 'pastoral'과 '신학(theology)'으로 구성된다. 목양을 뜻하는 'pastoral'이라는 이 용어는 유대교와 기독교가 공유하는 구약성서에 등장하는 '양떼를 지키는 목자의 이미지(shepherding)'에서 유래한 것으로, 유대교와 기독교 종교 지도자들이 제공하는 돌봄이 목자가 양을 돌보는 모습을 통해서 이해되어 온[3] 전통을 엿볼 수 있게 한다. 목자가 양을 돌보듯 목회자의 관심과 손길이 있어야 하는 목양의 의미가 깃든 모든 영역을 가리키는 용어로 사용되었고, 그 대표적인 활동이 목회적 돌봄과 상담이기에 마치 목회돌봄과 상담을 위한 신학처럼 이해돼 오기도 했다.

캐리 도링(Carrie Doehring)은 목회신학이란 용어가 갖는 이러한 강한

2) 앞의 글, 4.

3) Seward Hiltner, *Preface to Pastoral Theology* (New York/Nashville: Abingdon Press, 1954), 15-20. Carrie Doehring, *The Practice of Pastoral Care: A Postmodern Approach* (Louisville: Westminster John Knox Press, 2006), 6. 뒤의 책은 오오현과 정호영에 의해서 『목회적 돌봄의 실제: 탈근대적 접근법』이라는 제목으로 번역 출판됐다.

유대 기독교적인 성격으로 인해서 최근 목회적(pastoral)'이란 용어가 '영적(spiritual)'이란 용어로 대체되고 있는 북미에서의 상황을 서술하기도 한다. 이와 같은 어원적 의미를 지닌 목회신학이란 용어는 언제부터 존재했고 그 의미는 어떻게 발전했을까?

목회신학이란 용어의 출발에 대해서 학자마다 조금씩 다른 의견을 피력한다. 에드워드 팔리(Edward Farley)에 따르면 1724년 크리스토프 마테우스 파프(Christoph Matthäus Pfaff)의 책 신학 문헌사 개론*(Introduction to Literary History of Theology)*에서 신학 문헌들을 다섯 종류로 나누면서 목회신학이란 용어가 등장하지만, 이러한 구분은 파프에게서 기인한 것이 아니라, 1556년 안드레아스 히퍼리우스(Andreas Hyperius)의 작품인 *On the Theologian(신학자에 관하여)*으로까지 거슬러 올라갈 수 있다.[4)]

그러나 1990년 출판된 *Dictionary of Pastoral Care and Counseling* (목회돌봄/상담 사전-추후 Dictionary C&C-목회상담 사전)에 실린 "Pastoral Theology, Graduation Education In"(대학원과정에서의 목회신학)이라는 소고에서 리스톤 밀리스(Liston Millis)는 조금 다른 보고를 한다. 그에 따르면 목회신학이란 용어는 1750년에 처음 등장했고, 그 당시 목회신학이란 분과는 하나의 독립된 신학 분과로 이해되지는 않았다.[5)] 그 당시 목회신학이란 목회 돌봄을 포함한 설교와 예배, 나아가서 선교까지 일컫는 목회 전반의 행위를 아우르는 개념으로 사용됐다.[6)]

4) Edward Farley, *Theologia: The Fragmentation and Unity of Theological Education* (Eugene, Oregon: Wipf and Stock Publishers, 1994), 77. Pfaff가 신학 문헌을 나눈 다섯 가지는 주해, 교리, 논증법, 교회역사, 목회신학이다. 이 다섯 가지는 분과로서가 아니라 문헌을 나누는 구조였을 뿐이다.

5) Liston O. Mills, "Pastoral Theology, Graduate Education In," in *Dictionary of Pastoral Care and Counseling*, ed. Rodney J. Hunter (Nashville: Abingdon Press, 1990), 865.

6) 사실, 목회신학이란 용어와 실천신학이란 용어를 동의어처럼 바라보는 영국에서의 흐름은 영국만의 경향이 아니었다. 위의 소고에서 Mills에 따르면 천주교와 19세기를 포함해서 다른 시기에

이 용어의 출발을 알리는 정확한 시기는 학자마다 조금씩 다르지만, 목회신학이란 용어가 사용되기 시작할 즈음엔 독립된 신학의 한 분과를 지칭하는 것이 아니라, 목회에서 일어나는 전반의 활동을 일컫는 포괄적 용어로 사용됐다는 점에는 일치점이 있는 듯하다.

이러한 이유로 독일 신학자인 고틀리프 야코프 플랑크(Gottlieb Jakob Planck)가 신학 백과사전을 출판했던 1795년 목회신학은 부록으로 내몰리는 처지에 있었는지 모른다.[7] 프리드리히 슐라이에르마허(Friedrich Schleiermacher)는 플랑크의 이러한 선택으로 인해서 목회신학은 신학적 과학(theological science)으로서의 면모를 의심받게 되는 결과가 초래됐다고 기술하면서, 플랑크가 목회신학을 부록으로 좌천시킨 이유를 "목회신학은 '적용(application)'[8]을 하는 분야이지 순수한 지식을 '형성(formation)' 하는 분야가 아니기 때문"[9]이라고 적고 있다.

다시 말해, 성서학이나 교회사, 그리고 조직신학 등의 다른 분과들은 신학 백과사전의 본문에 실린 데 반하여, 목회신학이 부록에 실리게 됨으로써 목회신학은 신학적 과학으로 취급되기에는 자격 미달이라는 인상을 남기게 되었다는 것이다. 성서학, 조직신학, 그리고 교회사는 지식을 생산하는 역할을 감당한다고 이해됐지만, 목회신학은 지식의 생산과 형성에 이바지한다기보다는 다른 신학의 분과에서 생산해 낸 지식과 원리를 단순히 가져다가 적용하는 것이므로 독립된 분과로서의 다른 분과와 어깨를 나란히 할 수 없는 분과로 인식된 것이 독일에서의 목회신학의 출발이라고 볼 수 있다.

이러한 독일에서의 평가가 영국과 미국 내에서 목회신학을 적용신학

개신교에서도 목회신학이란 용어는 실천신학이란 용어와 동의어처럼 사용되었다.

7) Edward Farley, *Theologia* (1994), 73.

8) Application이란 용어가 적용과 응용으로 번역될 수 있으나, 이 논문에서는 적용으로 통일한다.

9) Friedrich Schleiermacher, *Christian Caring: Selections from Practical Theology*, trans. James O. Duke (Philadelphia: Fortress, 1988), 21.

(applied theology)이라고 인식하게 했다고 추정하는 것은 타당하다고 생각한다. 그래서 미국에서 목회신학의 학문적 근간을 놓았다고 평가되는 시워드 힐트너(Seward Hiltner)는 그의 책 *Preface to Pastoral Theology(목회신학 입문)*에서 목회신학이 무엇인지를 정의 내리는 가운데 "목회신학은 단순한 적용신학(applied theology)이 아님"10)을 주장한다. 목회자들이 목회 실천의 영역에서 성서신학과 조직신학 등의 연구에서의 원리를 가져다 적용한다는 면에서 목회신학이 그와 같은 성격을 갖는다는 것을 전적으로 부인할 수는 없지만, 힐트너는 그 방향성이 일방통행을 의미하는 적용신학이란 개념에 대해서 반기를 들고 있다. 패티슨과 우드워드 역시 적용신학이란 용어를 언급하면서, 사람들이 적용신학이란 용어를 사용하기를 거부하는 이유는 이 용어는 "실천적 이슈들과의 상호작용에 영향을 받지 않는 신학이란 의미가 내포되어 있기 때문"11)이라고 지적하면서 힐트너가 가졌던 견해가 힐트너만의 의견이 아니었음을 보여주고 있다.

"Applied theology"를 한국어로 번역하면 '적용신학'이라고 번역이 된다. 국어에서 '적용'은 무언가 원리를 가져다가, 스스로 알맞게 맞추어 사용한다는 어느 정도의 능동성을 내포하고 있다고 생각되기 때문에, 힐트너가 반대하고 있는 적용신학의 의미를 전달하기에 부족한 면이 있다고 보인다. 힐트너가 반기를 든 적용신학이란 용어가 전달하는 더 정확한 의미를 파악하기 위해서는 '적용'을 의미할 때 힐트너가 사용한 영어 단어를 살필 필요성을 느낀다.

영어로 '적용 신학'에서 '적용'을 뜻하는 형용사 "applied"는 과거분사의 형태인 형용사로서 철저한 수동의 의미를 강하게 전달하고 있다는 것을 기

10) Seward Hiltner, *Preface to Pastoral Theology* (1954), 22.
11) Pattison and Woodward, "An Introduction to Pastoral · and Practical Theology" (2000), 3.

억하는 것은 초기 힐트너가 목회신학을 신학 내의 독립된 한 분과로 소개하면서 목회신학은 단순한 적용신학이 아니라고 한 그의 주장을 이해하는 데 큰 도움을 줄 수 있을 것이라 기대한다.

"어떤 사건에 대한 적절한 비판적 연구는 … 신학적 이해에 창조적 공헌을 만들어 낸다(adequate critical study of events … makes creative contribution to theological understanding)"[12]라는 힐트너가 책 전체에서 펼치고 있는 주제문(thesis statement)를 요약해서 보여줄 수 있는 이 진술문은 목회신학이 적용신학이 아니라는 주장 바로 뒤에 등장하는데, 이 맥락에서 힐트너의 주장을 다시 한번 고찰해본다면, 그가 피력하려 했던 목회신학의 의미가 더 뚜렷해질 수 있다. '어떤 사건에 대한 적절한 비판적 연구'란 살아있는 인간 문서로 대표되는 인간의 경험에 관한 비판적 연구를 일컫는 것이라 볼 수 있다.

정연득은 이와 같은 방법론을 임상목회교육에서 사용한 독특한 방법론이라고 소개하면서 "이 방법론은 강의실에서 이론을 배워서 현장에 나가서 적용하는 방법론이 아니라, 현장에서 살아있는 인간 문서들과의 만남을 통해 얻은 살아있는 지혜, 즉 실천을 안내하는 지혜로서의 지식을 축적해 가는 방법이었다"[13]고 평가한다. 사건을 경험하면서 그 사건을 성서나 역사적 문서를 연구하는 정도의 진지함과 적절한 비판적 태도를 통해서 접근한다면, 경험에 기반을 둔 깊은 성찰(reflection)에서 오는 깨달음은 하나님을 이해하는 데 창조적인 공헌을 할 수 있다는 의미이다.

나아가, '신학적 이해에 창조적 공헌을 만들어낸다'라는 것은 목회신학이 갖는 능동성과 지식을 생산해내는 주체적인 성격에 대한 힐트너의 강한 확신으로 이해되어야 한다. 그러므로 '지식을 생산해내는 능동성이 부재한다'

12) Hiltner, *Preface to Pastoral Theology* (1954), 23.
13) 정연득, "정체성, 관점, 대화: 목회상담의 방법론적 기초" 「목회와 상담」 23 (2014), 237.

는 오해를 바탕으로 부록으로 밀려난 목회신학에 대한 이해는 수정되어야 한다. 기실 목회신학은 다른 신학 분과들과 동등한 자격을 갖추고 있는 신학적 지식 생산에 이바지하는 능동성을 가지고 있기에 다른 분과와의 상호 양방향의 대화를 할 수 있는 분과이다.

힐트너는 자신이 의미한 바를 더 자세히 풀어내기 위해서 '신학지식과 신학연구의 조직(the organization of theological knowledge and study)'이라는 일목요연한 표[14]를 제시하기도 하는데, 이 표를 통해 논리중심 분야(logic-centered fields)와 작용(실행)중심 분야(operation-centered areas)라는 개념을 통해서 다른 신학 분과들과의 차별성을 두면서 목회신학의 특징을 설명한다. 목회신학을 설명하기 위해서 힐트너가 사용한 작용(실행) 중심이라는 용어가 무엇인지 정연득은 다음과 같이 밝히고 있다. "'작용-중심'을 통해 힐트너가 주장하는 것은 연구실이 아닌 현장에서 실천을 통해서 신학 지식의 체계를 형성해 가는 학문방법론의 과정을 가리킨다."[15] 경험을 출발점으로 삼는 목회신학이 신학 지식 체계를 형성하는 특징을 갖는 독특한 방법론을 갖고 있다는 정연득의 이 같은 해석은 힐트너가 말하는 목회신학의 특징을 적절하게 설명한 것으로 생각한다.

힐트너는 작용(실행)중심에 포함되는 세 가지 분야를 소개하는데, 그 세 분야는 목양(shepherding), 의사소통(communicating), 조직(organizing)이다. 목양 영역을 위해서 목회신학이 필요하며, 의사소통을 위해서는 교육(복음적) 신학(educational and evangelical theology)을 그리고 조직 분야를 위해서 필요한 신학이 교회신학(ecclesiastical theology)이라고 제시하고 있다. 목회신학을 실천신학과의 관계에서 이해하려는 견해를 가지고 여기에서 눈여겨봐야 할 것은 힐트너는 이러한 세 영역의 신학 모두를 아우르는

14) Hiltner, *Preface to Pastoral Theology* (1954), 28.
15) 정연득, "정체성, 관점, 대화", 238.

큰 상위개념의 신학을 갖는 것에는 관심을 보이지 않고 있다는 것이다.

힐트너는 실천신학이란 용어보다 목회신학이란 용어를 선호했는데, 그 이유는 그는 위에서 열거한 작용(실행) 중심 분야에서 갈라져 나온 세 가지 신학 중에 "다른 관점들을 삼켜버릴 하나의 주된 관점(a master perspective that would swallow all the others)이 있다고 믿지 않았기 때문이다."16) 논리중심 분과의 신학인 성서학과 조직신학 그리고 교회사라는 분과 중에 주된 신학이 있어서 다른 신학 분과를 하위 분과로 삼켜버릴 수 없듯이, 작용(실행) 중심 신학에서도 그러하다고 믿었던 힐트너의 이와 같은 입장에 대해서 밀러-맥레모어는 "이 부분이 힐트너가 잘못된 부분이고, 브라우닝과 다른 사람들이 중요한 진보를 이루어 낸 곳이다"17)라고 평가한다.

그녀는 "Also a Pastoral Theologian(또한 목회신학자다)"이라는 소고에서 목회신학과 실천신학이 모호한 경계를 갖고 혼용돼 사용되는 현상에 대해서 경계하면서, 이 두 분과를 구분하고 정의 내리는 일을 이 소고를 시작으로 2년 후 출판된 그녀의 책 *Christian Theology in Practice(실천적 기독교 신학)*를 통해서 하고 있다. 2012년 출판된 이 책의 소제목인 '분과를 발견하기(Discovering A Discipline)'를 통해서 미국 내에서조차 목회신학이 실천신학과 분리돼서 독립된 분과로 자리 잡으려는 노력이 굉장히 최근의 일임을 알 수 있다. 미국이 영국과 비교하여 목회신학과 실천신학에서의 더한 발전을 보인 영역이 브라우닝을 선두로 해서 일어난 목회신학과 실천신학의 구분에서 일어난 것이라고 이해할 수 있겠다. 그렇다면 목회신학이 무엇인지를 브라우닝을 선두로 미국 내에서 이루어진 실천신학의 발전 맥락에서 살펴보자.

---

16) Hiltner, *Preface to Pastoral Theology* (1954), 24.

17) Bonnie Miller-McLemore, "Also a Pastoral Theologian: In Pursuit of Dynamic Theology (Or: Meditations from a Recalcitrant Heart), *Pastoral Psychology* 59 (2010), 820.

2) 실천신학(Practical Theology)

실천신학이란 용어는 언제부터 기원했으며, 그 의미는 무엇이고 목회신학이란 용어와의 관계는 어떤 것일까? 힐트너는 "목회신학 연구는 19세기 독일 사람들에 의해서 시작됐고, 프리드리히 슐라이에르마허(Friedrich Schleiermacher)[가 죽고 나서 3년-옮긴이] 후인 1837년을 시작으로 독일 사람들이 실천신학이라 불리는 것을 발전시킨 후에나 영국인들과 미국 사람들에 의해서 조직적으로 받아들여졌다"[18]라는 진술문을 통해서 실천신학의 발전 시기를 1837년 즈음으로 추정하고 있음을 알려준다.

이러한 힐트너의 진술은 에드워드 팔리(Edward Farely)의 견해와 일치하는데, 팔리는 "Interpreting Situations(상황 해석하기)"라는 소고에서 실천신학의 근간을 "19세기의 합의(the nineteenth-century consensus)"[19]에서부터 찾고 있다. 물론 팔리는 그의 책 *Theologia(신학)*에서 실천신학이란 용어가 18세기와 그 후에 적용신학이라는 용어와 큰 차이가 없는 용어로 "목회의 교수법과 목회 분과들을 위한 포괄적 표현(the inclusive expression for the pedagogies and disciplines of ministry)"으로 받아들여졌다는 보고 역시 하고 있다.[20] 이러한 진술을 바탕으로 목회신학이라는 용어가 적용신학으로 이해되고 있을 즈음에 실천신학이란 용어도 통용되고 있었음을 짐작할 수 있다. 목회신학, 실천신학, 적용신학이라는 세 용어가 어느 시점에서부터 동의어처럼 통용되었음을 생각한다면, 실천신학이란 용어가 목회신학이란 용어와 큰 차별이 없이 혼용되어 사용되고 있는 현재의 상태를 경

18) Hiltner, *Preface to Pastoral Theology* (1954), 46.
19) Edward Farley, "Interpreting Situations: An Inquiry into the Nature of Practical Theology," in *Formation and Reflection: The Promise of Practical Theology*, ed. Lewis Mudge and James Poling (Philadelphia: Fortress Press, 1987), 2.
20) Farley, *Theologia* (1994), 95.

계하는 밀러-맥레모어의 지적이 오랜 뿌리를 두고 있음을 알 수 있다.

목회신학이란 용어의 처음에 대해서 의견이 분분한 것처럼 실천신학이란 용어의 출발 역시 명확하진 않지만, 힐트너나 팔리가 언급한 19세기를 실천신학이 자리 잡고 발전해 나간 시기라고 이해하는 점에 대해서는 의심의 여지가 없는 듯하다. 실천신학의 발전 면모를 팔리의 "19세기의 합의"란 말을 통해서 알 수 있는데, 19세기에 이루어진 합의란 실천신학을 네번째의 신학의 분과로 보는 견해에 대하여 다수가 합의를 이룬 것을 뜻한다. 위에서 1795년 플랑크가 신학 백과사전을 출판하면서 목회신학을 부록으로 좌천시켰을 때와는 분위기가 사뭇 달라졌음을 알 수 있다.

19세기 이와 같은 합의를 끌어내기 위한 움직임은 계몽주의 시대에 독일의 대학들에서 신학이 과학*(Wissenschaft)*임을 증명하려는 노력에서 빚어진 결과로 이해해야 한다. 이런 노력은 18세기 중반부터 시작해서 20세기에 끝이 났다는 "백과사전 운동(the Encyclopedia Movement)"이라 불리는 움직임을 만들어냈다.[21] 이 시대에 백과사전의 출판 여부가 분과의 학문성과 객관성의 척도로 작용했던 것으로 보인다.

신학도 의학이나 법학에서처럼 분과를 나눠서 각 분과에 맞는 논문들을 모아 출판이 이뤄졌다. 팔리에 따르면, 신학을 4개의 분과로 나눈 것은 1556년 개신교 개혁신학자인 히퍼리우스까지 거슬러 올라갈 수 있지만, 실천신학이 신학의 네 번째 독립된 분과로 자리 잡은 것은 18~19세기 독일을 중심으로 대학교에 신학이 남아 있어야 하는 정당성을 밝히기 위한 움

21) Farley, *Theologia* (1994), 73-74. Farley에 따르면 신학 백과사전의 출판은 독일에서 1760년대에서 1차 세계대전 사이, 프랑스, 네델란드, 스웨덴에서 1830년대 이후, 영국과 미국에서 1870년대 이후로 이루어졌다. Farley는 백과사전 운동(the Encyclopedia Movement)은 135년(또 다른 곳에서는 150년이라 밝힘)이라는 긴 세월에 걸쳐 개신교와 천주교 신학자들의 참여로 이루어졌고, 1830년대와 1840년대, 1870년대와 1880년대 두 차례의 집중적인 출판 기간을 거치고 다른 유럽 국가들과 미국에까지 확장되었음을 보고한다.

직임에 그 기원을 두고 있다고 봐야 한다.

권수영 역시 현대의 대학이 태동하면서 신학이 대학 내에 자리매김을 위하여 신학의 학문화와 과학화가 진행되었다고 보고하는데, 권수영의 이러한 진술은 18세기 후반에 독일 대학들에서 신학을 "네 가지 신학적 과학(the four standard theological sciences)의 기준"으로 분류를 초래했다는 팔리의 평가와 일맥상통한다.[22] 이러한 움직임은 성서, 교리, 교회역사 그리고 실천신학으로 분리되는 신학의 표본적인 네 분과를 만들어냈다고 팔리는 목회상담 사전*(Dictionary C&C)*에 실은 그의 소고 "Practical Theology, Protestant(개신교에서의 실천신학)"[23]를 포함하여 또 다른 소고 "Interpreting Situations(상황 해석하기)"와 그의 책 신학*(Theologia)*에서 역시 밝히고 있다. 이러한 분류는 백과사전 운동이 한창 일어나고 있던 19세기 독일에 넓게 퍼지면서 깊이 자리 잡았다. 신학을 4개의 분과로 나누어 이해했던 19세기 독일 대학들에서 이루어진 합의가 영국을 포함한 유럽과 미국을 비롯해 현재 한국의 신학교육에서까지 큰 무리 없이 통용되고 있다.

19세기 일어난 이와 같은 합의는 밝은 면과 어두운 면 두 가지 모두의 결과를 가져왔다 할 수 있다. 먼저 실천신학이 다른 분과들과 동등한 위치에 올라오는 데 이바지했다는 면에서 긍정적인 결과로 해석될 수 있을 듯하다. 반면 팔리는 이와 같은 합의가 가져온 어두운 면을 그의 소고 "Interpreting Situations(상황 해석하기)"와 그의 책 신학*(Theologia)*에서 지적한다. 우선 그의 책 신학*(Theologia)*의 소제목 "신학교육의 통합과 분

22) 권수영, "실천신학이란 무엇인가?: 제 분야와 전망," 『신학이란 무엇인가: 구약학에서 신학의 조망까지』 김동건 편집, (서울: 대한기독교서회, 2010), 204. Farley, "Interpreting Situations: An Inquiry into the Nature of Practical Theology" (1987), 3.

23) Edward Farley, "Practical Theology, Protestant" in *Dictionary of Pastoral Care and Counseling*, ed. Rodney J. Hunter (Nashville: Abingdon Press, 1990), 934. Farley는 *Theologia* 전체에 걸쳐서 이 주장을 펼친다.

열(the Fragmentation and Unity of Theological Education)"은 이 책 전체에 흐르고 있는 팔리의 주장을 알려주기에 충분하다. 원래 신학인 'theologia'는 연합의 성격이 강했지만, 이러한 이해는 18세기와 19세기 백과사전 운동을 거치면서 신학이 4 분과로 나뉜다는 이해로 대체되었고, 결국 "신학의 사중 구조의 승리(the triumph of the Fourfold Pattern)"[24]는 신학의 분열을 초래했다. 신학은 독립된 4개의 분과로 이해되었고, 그러한 이해가 대중 가운데 자리 잡게 되면서 원래 신학인 'theologia'가 갖고 있었던 통합의 의미를 상실하게 됐다. 나아가, 신학의 사중 구조화는 실천신학이 신학교에서의 목회자 양성에만 국한되는 안타까운 현상을 만들어냈다.

그의 소고 "Interpreting Situations(상황 해석하기)"에서 팔리는 그와 같은 실천신학의 협소화를 "clericalization"이라는 자신만의 용어를 통해서 표현하고 있는데, 이 용어는 '성직자'를 뜻하는 'clergy'라는 단어와 '성직화하다' 정도로 해석될 수 있는 동사 'clericalize' 또는 '성직의 계급화'를 의미하는 'clericalism' 등의 단어들과 어원을 같이 할 수 있다고 생각된다. 팔리가 이 단어를 사용하면서 전달하고 싶었던 요지는 19세기 실천신학이 신학교육의 커리큘럼을 구성하는 하나의 단위가 되면서 실천신학이 마치 성직자를 길러내는 신학교에서만 이루어지는 것처럼 이해를 만들어냈고, 결과적으로 신학과 현장의 괴리를 초래했다는 것이다.

게다가, 실천신학이 성직자들만을 위한 교과 과정으로 이해되면서 특정

24) Farley, *Theologia* (1994), 99. 5장 전체를 통해서 Farley는 Schleiermacher 이후부터 20세기 "미국의 신학교들의 독일화(the Germanization of American theological education)"를 통해서 독일에서 시작된 신학의 사중 구조가 미국 신학교에도 자리 잡게 되었음을 밝히고 있다. 이렇게 신학의 4 중 구조가 유럽에서는 19세기부터, 미국에서는 20세기 이후로 발전되어 왔음에도 불구하고, 미국 내에서 실천신학으로 박사과정이 생긴 것은 1980년대나 되어서라는 것은 기억할만하다. 시카고 대학(University of Chicago)에서 실천신학 박사 프로그램은 1986년 Don Browning을 지도자의 한 명으로 하여 신설됐고, 캐나다와 미국을 포함하여 가장 큰 종교 연구 학회인 the American Academy of Religion(AAR)에서 실천신학이 독립된 분과로 제안서를 수락한 것은 2005년부터였다.

한 기술(skills)을 어떻게 수행해야 하는지(know-how) 등의 지식만을 전수하는 분과로 전락했고, 신학이라는 학문이 원래부터 가졌던 실천성을 잃게 되는 결과를 초래한 것에 대한 경각심을 불러일으키려는 것이다. 그의 소고 "Interpreting Situations(상황 해석하기)"의 소제목 "An Inquiry into the Nature of Practical Theology(실천신학의 본질에 대한 질문)"에서 알 수 있듯이, 팔리는 이 소고에서 실천신학의 본질이 무엇인가라는 질문을 제기하면서, 실천신학에 대한 이해에 확장을 가져오기 위한 시도를 하고 있다.

팔리에 따르면 "신학에서의 해석하는 대상이 과거에만 국한될 것이 아니라, 상황을 해석의 대상으로 삼아야 할 것을 이야기한다."[25] 즉, 실천신학은 성직자들이 업무를 수행할 수 있도록 하는 신학교에서의 교육을 넘어서 특정한 상황에 대한 신학적 해석을 할 수 있는 능력을 키워주는 것이야 한다는 것이다. 이런 의미에서 경험을 신학의 출발점으로 삼았던 힐트너가 제시한 목회신학의 방법론과 팔리가 제시하는 '상황을 해석하기'라는 실천신학의 방법론 사이에서 공통점을 찾을 수 있다.

팔리는 신학이 실천적인 지식을 추구하는 학문이라는 평가가 토마스 아퀴나스(Thomas Aquinas)나 오컴의 윌리엄(William of Ockham)과 버금가는 중세의 신학자인 둔스 스코투스(Duns Scouts/1266-1308) 이전으로까지 거슬러 올라갈 수 있다고 하면서, 심지어 중세에서 17세기까지는 신학이 'habitus' 또는 'disposition of the soul([하나님을 향한 - 옮긴이] 영혼의 경향)'이라는 이름으로도 널리 통용되었다고 밝히고 있다.[26] 영어 단어인 'habitus'는 라틴어인 '*habitus*'에 뿌리를 두는 용어로, 사회학에서 특정 집단이 매일 살아가는 삶의 방식이나 경향을 의미한다. 권수영은 이 개념을 "삶과 유리될 수 없는 습성"[27]이라고 풀어서 소개하고 있다. 다시 말해, 신

25) Farley, "Interpreting Situations" (1987), 1-2.
26) 위의 글, 18.

학은 태곳적부터 사람이 가진 영원을 사모하는 경향성이며, 사람의 삶과는 분리될 수 없는 분야로 이해되어 온 것이다. 특별히 개혁 개신교도들과 루터교도들 사이에 신학은 이론적인 지식일 뿐 아니라, 실천적 지식으로 지혜를 갖고 있다는 이해함이 17세기까지 널리 받아들여졌다.

신학이 갖고 있었던 이와 같은 특성에 대해서 브라우닝은 실천신학을 재정의했다고 평가되는 그의 책 토대적 실천신학(*A Fundamental Practical Theology*)에서 "기독교 신학은 뼛속까지 실천적이라고 이해돼야 한다(Christian theology should be seen as practical through and through and at its very heart)"고 주장하면서, "역사 신학, 조직신학, 실천신학은 *기초 실천신학*(*fundamental practical theology*)이라 불리는 신학 전체를 아우르는 분과 아래로 귀속되어야 한다"고 주장을 펼친다.[28] 브라우닝이 토대적 실천신학이라고 부르는 것이 바로 팔리가 'habitus'와 'theologia'라는 용어를 통해서 전달하고 있는 신학의 특성과 일맥상통하는 것으로 생각한다.

그러나, 신학에 대한 이러한 이해는 18세기를 지나며 퇴색됐고, 결국 신학 자체의 의미가 달라진 결과를 초래했다. 팔리는 18세기에 일어난 이와 같은 현상을 "대격변(sea change)"이라고 언급하면서, 18세기에 중세와 종교개혁 시대 때 재정의된 신학의 의미에서 과격한 결별이 있었음을 이야기 한다.[29] 브라우닝을 선두로 하여 일어나고 있는 미국에서의 실천신학 운동이란 바로 잃어버린 신학의 실천적 본질을 되찾으려는 노력으로 이해해야 한다. 권수영이 "실천신학이란 무엇인가?"를 다루는 그의 소고에서 실천신학 시대의 도래란 4개의 분과 중 하나의 독립된 분과로 자리매김하는 것에서 시작되는 것이 아니라, "'신학 하기'(doing of theology) 자체에 대한 반

27) 권수영, "실천신학이란 무엇인가?: 제 분야와 전망" (2010), 206.
28) Don Browning, *A Fundamental Practical Theology: Descriptive and Strategic Proposals* (Minneapolis: Fortress Press, 1991), 7-8.
29) Farley, *Theologia* (1994), 81.

성"[30]에서 비롯된다고 주장하는 진술은 이러한 맥락에서 살필 때 더 쉽게 이해될 수 있다.

실천신학이란 무엇인가라는 질문은 단순한 질문이 아니므로 성공적인 답변을 하기 어려움에 관해서 이야기하면서, 밀러-맥레모어는 실천신학은 쉽게 정의 내릴 수 있는 영역이 아님을 이야기한다. 그녀가 갖고 있었던 실천신학이란 정의가 계속 변화 발전했음을 진술하며 특별히 2003년을 시작으로 매년 여러 차례 수년간 참석했던 "기독교 사역과 실천신학 협의(consultation on Practical Theology and Christian Ministry)"를 결정적 기회 중 하나로 손꼽는다. 다양한 분과에서 약 20명의 학자와 목회자들이 모여서 회의를 진행하여 2008년 *For Life Abundant: Practical Theology, Theological Education, and Christian Ministry*라는 책으로 그들의 연구 결과를 출판했다.

여러 학자와 각자가 사용하는 강의안들을 비교하고, 다른 사람들의 연구를 살피고 토론하면서 밀러-맥레모어는 실천신학은 적어도 4개의 분명히 다른 청중과 목적이 있다고 요약할 수 있다고 하면서 실천신학은 학자들을 위해서는 하나의 독립된 분과(discipline)이며, 믿는 사람들을 위해서는 믿음의 활동(activity of faith)이고, 실천에 깃든 신학을 연구하는 방법(method)이고, 신학교의 커리큘럼(curricular area) 중 하나라고 밝힌다.[31] 실천신학과 목회신학이 인간의 삶과 경험에 관심을 두고 있다는 공통점을 가지고 있지만, 실천신학은 좀 더 큰 영역으로 이해하는 것이 바람직하다 하겠다. 밀러-맥레모어는 "통합적인 분과(an integrative discipline)"로서의 실천신학과 "사람과 연민-중심의 분과(a person and pathos-centered

30) 권수영, "실천신학이란 무엇인가?: 제 분야와 전망" (2010), 205.
31) Bonnie Miller-McLemore, *Christian Theology in Practice: Discovering A Discipline* (Grand Rapids, Michigan: William B. EErdmans Publishing Company, 2012), 101.

discipline)"인 목회신학을 구분하고 있다.[32] 필자는 이와 같은 구분에 동의하면서, 이러한 이해가 한국의 더 많은 목회/실천신학자들에게 숙지 되고 발전되기를 바란다. 이제 목회신학과 실천신학이란 용어와 함께 최근 한국 실천/목회신학 학계에서 인기를 얻고 있는 공공신학이란 용어에 대해 논해 보도록 하자.

3) 공공신학(Public Theology)

최근 실천신학과 목회신학이라는 용어와 함께 왕왕 접할 수 있는 용어가 공공신학이란 용어다. 공공신학의 의미는 무엇이고, 유래는 어떠하며, 목회신학과의 관계는 무엇일까? 공공신학이란 지난 20년에 걸쳐서 다양한 신학자들에 의해서 주목을 받으면서, 종교의 사유화(religion's modern privatization)에 대해 도전하고 종교가 갖는 더 넓은 대중과의 관계를 확언하는 신학의 영역이다.[33] 최근 목회신학자들은 신학의 공공성에 대해서 목소리를 높이며, 신학이 사회 구성원의 책임을 다하는 것에 관심을 끌고 있다. 밀러-맥레모어는 일찍이 그녀의 소고 "Pastoral Theology as a Public Theology(공공신학으로서의 목회신학)"를 통해서 목회신학은 공공신학임을 천명한 바 있다.

한국 목회신학 학계에서도 공공신학으로서의 목회신학에 대한 움직임이 일어나고 있는 것이 사실이다. 이러한 경향을 단편적으로 보여주는 예는 2017년 한국목회상담협회의 봄 학술대회 주제인 "분열된 사회, 목회상담의 응답"과 해마다 가을에 열리는 한국기독교 상담학회와의 공동 학술대회의

---

32) Miller-McLemore, "Also a Pastoral Theologian" (2010), 820-21.
33) Bonnie Miller-McLemore, "Pastoral Theology as Public Theology: Revolution in the "Fourth Area"," in *Pastoral Care and Counseling: Redefining the Paradigms*, ed. Nancy J. Ramsay (Nashville: Abingdon Press, 2004), 46.

2017년 주제 "기독·목회상담과 사회적 책임"을 들 수 있다고 생각한다. 나아가 최근 공공신학을 주제로 쓰인 논문들의 출판을 통해서도 그 경향을 알려주고 있다.[34] 이러한 동향은 어디에서 어떻게 시작된 것일까? 사실 1990년 출판된 목회상담 사전(*Dictionary C&C*)은 Public Theology라는 부분을 위해서 아무런 공간을 할애하지 않고 있다. 목회상담과 목회신학 분과에서 큰 전환점을 마련한 것으로 평가되는 이 사전에 공공신학을 위한 공간이 할애되지 않고 있다는 것을 미루어 목회신학과 공공신학의 관계성에 대한 논의는 1990년대 이후로 발전하고 공론화되었다고 봐야 할 것이다.

밀러-맥레모어는 목회신학이 공공신학으로 발전하게 된 시초를 그녀의 스승인 브라우닝의 두 권의 저서, *The Moral Context of Pastoral Care(목회돌봄의 도적적 맥락)*와 *Religious Ethics and Pastoral Care(종교윤리와 목회돌봄)*에서 찾을 수 있다고 지적한다.[35] 무엇보다 앞의 책에서 브라우닝은 신학자 제임스 구스타프손(James Gustafson)의 구절을 인용하면서 기독교 공동체의 사명은 개인의 영혼을 돌보는 것에서 멈춰서는 안 되며, 그 공동체가 속한 공동체의 시스템에까지 주의를 기울여야 한다는 주장을 펼친다.

구스타프손의 용어를 자기 자신의 것처럼 소화해서 냈다는 평가를 받으며, 브라우닝은 공공신학으로서의 목회신학을 공공연하게 처음으로 주장한

34) 정연득, "목회상담의 공적 역할에 대한 모색-사회적 협동조합 모델을 중심으로" 「한국기독교 신학 논총」 108 (2018), 조성돈, "위로 사회에서의 교회의 공공성" 「신학과 실천」 58 (2018), 조성돈, "분열된 사회에서의 목회상담의 공공성" 「제23차 2017년 한국목회상담협회 봄 학술대회: 분열된 사회, 목회상담의 응답」 한국목회상담협회(이화여자대학교 대학교회, 2017년 5월 27일).

35) Miller-McLemore, *Christian Theology in Practice* (2012), 86. Don Browning, *The Moral Context of Pastoral Care* (Philadelphia: Westminster Press, 1976) 과 *Religious Ethics and Pastoral Care* (Philadelphia: Fortress Press, 1983). Miller-McLemore는 Browning 외에 "시카고학파(Chicago School)"에 속한 Paul Tillich, David Tracy, James Gustafson 등의 신학자들이 목회신학이 공공신학으로 발전해 나아가도록 도왔다고 밝힌다. Miller-McLemore, "Pastoral Theology as Publich Theology" (2004), 49.

사람으로 손꼽힌다. 브라우닝의 이러한 기여를 인정하는 것에는 동의하지만, 교회 공동체의 돌봄이 개인의 영혼 돌봄을 넘어서 개인이 속한 공동체와 큰 사회에까지 미쳐야 함을 주장한 움직임이 일어나도록 한 주체를 논함에는 더 큰 정황적 맥락을 이해해야 한다고 생각한다. 미국 사회의 정치 · 사회 · 문화적 변화 속에서 브라우닝을 포함하여 더 다양하고 수많은 사람이 이러한 변화를 일으킨 것에 관련되어 있다는 것을 기억하는 것은 중요하다 할 수 있다.36)

위에서 언급한 팔리의 소고 "Interpreting Situations(상황 해석하기)"에서 팔리가 "Clericalization(성직자 중심화)"이라는 용어를 통해서 성직자들에게만 국한된 실천신학의 협소화의 한계를 지적한 것 역시 이 움직임을 선도하는 도화선에 불을 붙이는 역할을 감당하지 않았나 생각한다. 밀러-맥레모어는 1981년과 1983년 데이빗 트레이시(David Tracy)와 틸리히(Tillich)가 제시한 신학 방법론인 상관관계 방법에 대해서 재정의하면서, 실천신학자들과 목회신학자들이 신학의 공공성에 대해서 논하게 하는 강력한 동기를 제공했다고 평가하는 데 이 역시 지형변화에 크게 이바지했음을 기억하는 것은 중요한 일이다.37) 나아가, 1993년 목회상담의 발전 양상으로서 존 패튼(John Patton)에 의해 제시된 "패러다임의 전환(paradigm shift)"이라는 개념에 주목할 필요가 있다.

---

36) 이러한 확장을 가져온 수많은 요인 중에 제2차 바티칸공의회, 1960년대 미국 이민법의 확대, 흑인 인권운동과 여성주의 운동, 그리고 해방 신학의 등장은 빼놓을 수 없다. 각각의 요소가 미친 영향은 한 편의 소고로 출판되기에 충분한 분량이라 생각되어 지면의 한계로 이 논문에서는 일일이 언급하지 못한다.

37) Miller-McLemore, "Pastoral Theology as Public Theology" (2010), 49. David Tracy, *The Analogical Imagination: Christian Theology and the Cultural of Pluralism* (New York: Crossroad, 1981), David Tracy, "The Foundations of Practical Theology" in *Practical Theology: The Emerging Field in Theology, Church, and World* ed. Don Browning, (San Francisco: Harper & Row, 1983). 정연득의 "정체성, 관점, 대화" (2014), 251-257에서도 상관관계 방법과 수정된 상관관계 방법에 관해 설명하고 있다.

패튼은 목회상담 주체가 안수받은 백인 남성 목회자에게만 국한되지 않음과 목회자와 평신도 모두가 교회 공동체에 돌봄을 제공하는 사역을 감당해야 함을 주장하면서, 목회돌봄과 상담 안에서 일어난 큰 전환점을 이야기해 준다. 이 패러다임의 전환은 목회신학이 공공신학으로 발전해 나아갈 수밖에 없었던 필연성을 이해하도록 돕는다. 패튼이 이야기하는 패러다임의 전환을 일목요연하게 보여주는 소고들이 이미 출판되어 목회상담이나 목회신학을 공부한 학생들에게는 패튼이 이야기하는 패러다임의 확장이 익숙할 수 있다.[38] 그 발전에 대해서 간략하게 언급하자면, 목회돌봄과 상담은 고전적 패러다임(classical paradigm), 임상적 패러다임(clinical paradigm), 그리고 공동체적-상황적 패러다임(communal-contextual paradigm)으로 확장 발전되어 왔다.

고전적 패러다임에서 임상적 패러다임으로의 전환은 20세기 발전한 심리학의 출현이 큰 몫을 차지했다. 심리학이란 학문은 인간에 대한 이해를 확장했고 인간이 살아가면서 겪는 어려움에 대한 원인을 파악하는 데 큰 전환점을 마련하는 계기를 주었다. 영혼의 돌봄이라는 전통을 가진 목회돌봄과 상담은 심리학의 도래와 함께 만들어진 이러한 변화를 수용하고 영혼을 돌보는 일에 적용해 나갈 수밖에 없었다.

역사가 브룩스 홀리필드(E. Brooks Holifield)의 보고는 이런 단편적인 예를 보여준다. 홀리필드에 따르면 "1939년 미국 신학교 중에 상담과목을 가

38) Nancy J. Ramsay "A Time of Ferment and Redefinition," in *Pastoral Care and Counseling: Redefining the Paradigms*, ed. by Nancy Ramsay (Nashville: Abingdon Press, 2004). 이 책은 『목회상담의 최근 동향』이라는 제목으로 문희경에 의해 번역 출판되어 있다. 정연득, "정체성, 관점, 대화: 목회상담의 방법론적 기초" 「목회와 상담」 23 (2014), 223-271. 정연득, "서론: 현대목회상담학의 흐름", 한국목회상담학회편 『현대목회상담학자연구』 (서울: 희망나눔, 2014), 9-29, Bonnie Miller-McLemore "살아있는 인간 망: 25년 회고" 하재성 역 「2017년도 가을 공동학술대회: 기독·목회상담사 사회적 책임」, 한국목회상담협회·한국기독교상담심리학회(장로회신학대학교, 2017년 11월 18일), 30-40, 등을 들 수 있다.

르치려는 곳은 거의 없었다. … 1950년경, 거의 모든 신학교는 상담을 가르쳤고, 그중에 80% 이상에 달하는 학교들은 추가적인 심리학 교육을 제공했으며, 80% 이상의 학교에서 적어도 한 명의 상담 학자를 교수로 채용했다."[39] 이 같은 급격한 변화는 1925년 안톤 보이슨(Anton Boisen)에 의해서 시작된 임상 목회훈련의 발전 결과라고도 볼 수 있지만, 1~2차 세계대전을 겪지 않았다면, 미국 신학교에의 이런 두드러진 변화는 단기간 내에 일어나지 않았을 수도 있다는 추정이 더 타당하다.

전쟁이 끝나고 전쟁터에서 돌아온 군인들과 그 가족들을 포함해서 미국 사회 이곳저곳에서의 심리학에 대한 수요의 급격한 증가는 미국 사회 전반에 자격을 갖춘 사람들이 충분하지 않다는 것을 인지하게 했다. 이러한 현상은 심리학 분과와 신학대학원들에 재정적인 지원을 끌어내는 결과를 낳았는데, 홀러필드는 "1950년대 중반 즈음에 국립정신건강연구소(The National Mental Health Institute)와 각종 재단이 시카고 대학을 포함한 적어도 7개 [신학] 대학에 심리학과 신학, 목회심리학, 목회상담, 목회신학을 위한 대학원 프로그램을 만들도록 경제적 지원을 했다"[40]고 보고하고 있다. 미국의 이 같은 사회 분위기는 1963년 *Newsweek*이라는 주간지에 실린 글을 볼 때 더 자명해진다:

> *Newsweek*은 심리학 분야에 목회상담가들을 받아들여야 하는 가장 큰 이유는 일반 심리학자들과 정신과 의사들은 시대의 요청에 압

39) E. Brooks Holifield, *A History of Pastoral Care in America: From Salvation to Self-Realization* (Nashville: Abingdon Press, 1983), 270-71.

40) Holifield, *A History of Pastoral Care in America* (1983), 271. 1956년 국립정신건강연구소는 개신교 학교인 Harvard, 유대교 학교인 Yeshiva, 그리고 천주교 학교인 Loyola 대학에 거액의 보조금을 신학생들을 위한 커리큘럼 개발을 위해 지원했고, the Old Dominion 재단은 Union Theological Seminary에, the Lilly Endowment 재단은 University of Chicago에 재정적 지원을 했다.

도당한 상태고, 정신분석 국립 심리학 협회(the National Psychological Association for Psychoanalysis)의 회장이 '우리의 전문분야에서 도움을 받을 수요가 너무 많아서 우리는 훈련받은 어떤 사람이든 환영한다'라는 진술을 발표하게 했다고 관찰했다.[41]

미국 사회 전반이 심리학적인 훈련을 받은 전문가를 절실히 필요로 하는 이와 같은 상황에 발맞추어 목회상담 분야의 학자들은 심리학 분과와 대화를 시작했고, 심리학을 받아들이기 전의 영혼돌봄 방식을 주관했던 고전적 패러다임에서 임상적 패러다임으로 돌봄을 이해하고 확장해 나갔다. 목회상담과 목회심리학 등이 신학교에서 가르쳐지면서 목회 지망생들은 영적인 것과 깊이 관련이 있는 인간의 육체와 삶의 어려움뿐 아니라, 정신적 질환을 앓고 있는 사람들의 원인이 죄의 결과나 마귀의 관여로 인한 것이라는 해석 이외에 다른 해석의 가능성에 대해서 생각해 보는 기회를 얻게 되었다. 그리고 기도와 말씀 또는 고해성사 등의 전통적 영혼 돌봄의 수단 외에 다른 치유의 수단이 있을 수 있다는 가능성에 대해서도 생각할 수 있게 된 것이다.

그러나 시간이 지나며 임상적 패러다임이 이끌어가는 목회상담 분과에 대해서 신학적 성찰 없이 심리학에 지나치게 의존한다는 비판과 함께, 심리학을 통한 인간 개인의 내면만을 돌보는 것의 한계에 대한 비판적 목소리가 이 공동체 내부에서부터 있기 시작했다. 이런 비판의 목소리에 대한 정연득의 진술은 그대로 인용하기에 충분하다고 생각하여 적어본다: "이들은 상담실에서 아무리 최선을 다해서 개인을 돌보더라도 그 내담자를 둘러싸

41) Charles A. van Wagner, *AAPC In Historical Perspective: 1963-1991* (Decatur, GA: Journal of Pastoral Care Publications, 1992), 7, Jill Snodgrass, "From Rogers to Clinebell: Exploring the History of Pastoral Psychology," *Pastoral Psychology* 54 (2007), 515에서 재인용.

고 있는 억압적인 사회구조나 환경을 고려하지 않으면 치료받은 개인이 사회에 돌아가는 순간 치료의 효과가 사라지기도 하며 도움을 주기보다는 오히려 상처를 주는 경우도 생길 수 있다고 지적한다."42)

개인적인 상담을 통해서 구타당하는 아내들의 과거에 충족되지 않았던 욕구나 무의식 세계에서의 고착 등을 포함한 자신의 내면의 문제들을 해결한다손 치더라도 그녀들이 처해있는 환경에서 폭력이 제거되거나 그에 대한 적절한 해석이 이루어지지 않는다면, 이 피해자들은 진정한 샬롬을 경험할 수 없을 뿐 아니라 2차 피해를 입을 가능성마저 있다는 지적은 이러한 패러다임의 확장 안에서 새롭게 등장한 비판적 평가라고 봐야 한다.43)

임상적 패러다임이 목회돌봄과 상담 분과를 주도적으로 이끌어 나갈 때의 결과물 중 대표적인 작품이 목회상담 사전*(Dictionary C&C)*이기 때문에, 이 사전에는 공공신학이란 부분에 대해서 언급하지 않고 있다. 그러나 이 사전의 총괄 편집자를 담당한 로드니 헌터(Rodney Hunter)는 서문에서 "주관적 개인주의 … 남녀차별주의 인종차별주의 … 그리고 윤리적 종교적 비평의 결여 등에 대한 도전들이 목회상담 분과에서 시작되고 있음"44)을 언급하면서, 임상적 패러다임을 잇는 공동체적 상황적 패러다임의 등장을 암시하고 있다.

심리학과 밀접한 관계 가운데 발전한 목회상담을 위한 목회신학은 인간이 가진 문제가 내면(무의식)에 뿌리를 두고 있다고 생각하면서, 그 문제를 인간이 처한 상황과 공동체와의 관계성에서 해석하지 못하는 한계를 가졌고, 이러한 한계를 극복하기 위해서 공동체저-상황적 페리다임으로 목회신

42) 정연득, "정체성, 관점, 대화", 243.

43) 미국 목회돌봄과 상담 분과에서 구타당하는 아내에 관한 최초의 연구를 소개한다: Rita-Lu Clark, 『구타당하는 아내: 가정폭력과 목회상담』 권희순 역, (서울: 한국신학연구소, 1989).

44) Rodney Hunter, "Preface" in *Dictionary of Pastoral Care and Counseling*, ed. Rodney J. Hunter (Nashville: Abingdon Press, 1990), xii-xiii.

학을 재정립하기에 이른다. 정푸름은 "공공신학은 목회상담과 돌봄이 지나치게 개인적 차원에만 머물러 교회의 역할을 협소하게 이해하게 했으며, 그 시대의 문화를 해석해내지 못했고, 공적인 문제에 대해 사회 윤리적으로 설명하지 못한다는 문제를 제기했다."[45]고 진술하는 데, 공공신학의 등장은 목회돌봄과 상담에서의 관점이 임상적 패러다임에서 공동체적-상황적 패러다임으로 전환되는 맥락 안에서 만들어진 결과물로서 이해될 수 있다.

보이슨의 '살아있는 인간문서(living human document)'라는 메타포를 확장하기 위해 밀러-맥레모어가 제시한 '살아있는 인간망(living human web)'의 메타포는 패러다임의 전환이라는 큰 틀 안에서 이해되어야 한다. 이 메타포는 단독으로 존재하는 인간이 아니라, 거미줄처럼 복잡다단하게 얽혀 있는 관계 속에서 존재하는 인간을 말하고 있고, 인간이 겪는 문제 역시 개인의 내면만을 파헤쳐 해결되는 것이 아니라, 더 넓은 관점에서 해석될 필요가 있음을 전달하고 있다. 살아있는 인간 문서로서의 인간 이해를 갖은 목회돌봄과 상담은 개인적인 치유와 성장을 추구하겠지만, 인간에 대해 살아있는 인간망으로서의 이해를 바탕으로 한 목회돌봄과 상담은 개인의 치유를 넘어 제도와 법 등을 포함한 공공 영역에서의 변화와 발전을 추구하므로, 안녕과 샬롬을 경험케 하려고 시도할 것이다.

영국의 목회신학자 스티븐 패티슨(Steven Pattison)의 "사회-정치적으로 알아차리며 헌신 된 목회돌봄만"이 목회상담 분과를 "치료적 [패러다임의 - 옮긴이] 포로 된 상태(therapeutic captivity)"에서 자유롭게 할 수 있다는 주장은[46] 임상적 패러다임에 갇혀 있는 한계를 극복하고 내담자가 겪는 문제를 사회 정치적 관점에서 해석해 낼 수 있도록 해야 한다는 패러다임의

45) 정푸름, "목회상담, 그 개혁의 목소리: Bonnie Miller-McLemore의 "살아있는 인간망"으로 성찰한 한국목회상담의 역할," 「목회와 상담」 31 (2018), 262.

46) Steven Pattison, *Pastoral Care and Liberation Theology* (Cambridge, Great Britain: Cambridge University Press, 1994), 221.

변화가 미국 안에서만 일어나는 움직임이 아님을 알 수 있도록 해준다.

이런 의미에서 정연득이 제시하는 해든마음돌봄 사회적 협동조합의 사업들은 한국에서 일어나고 있는 목회돌봄과 상담의 공적 역할을 보여주기에 좋은 예이며 앞으로의 목회돌봄과 상담이 나아갈 방향을 제시하고 있다고 생각된다. 인간의 경험을 비판적으로 고찰하여 하나님을 아는 지식에 창조적 공헌을 할 수 있는 목회신학이 되기 위해서 공공신학으로서의 성격을 갖추려는 목회신학의 몸부림은 하나님의 나라를 이 땅 가운데 도래케 하는데 이바지하리라 믿는다.

생각해 볼 문제

1. 목회신학이란?

2. 실천신학이란?

3. 공공신학이란?

살아있는 인간 문서 vs 살아있는 인간망

두 메타포가 이해하는 인간의 특성을 생각해 보자.

목회신학은 개인의 영혼 돌봄을 넘어

사회 전체의 샬롬을 추구하는 공공신학으로 발전해 나가야 한다.

제2장

안톤 보이슨(Anton T. Boisen)의 삶과 공헌

제2장

안톤 보이슨(Anton T. Boisen)의 삶과 공헌[1]

1) 안톤 보이슨의 가족들[2]

출처: Barbara Brown Zikmund, "Anton T. Boisen and Clinical Pastoral Education (CPE)," (June 1, 2021) 온라인 자료 https://www.ucc.org/anton-t-boisen-and-clinical-pastoral-education-cpe-2/

인간은 사회적 동물로 자신이 자란 사회적 환경으로부터 지대한 영향을 받으며 형성되기에 한 사람을 이해하기 위해서 그의 사회적 배경을 살펴보는 일은 무엇보다 중요하다. 하여 보이슨을 이해하기 위한 첫 단계로 그의 가족을 포함한 그가 자란 사회적 배경을 살펴보자.

보이슨은 1876년 10월 28일 어머니 루이스 윌리 보이슨(Louise Wylie Boisen)과 아버

1) 이 글은 "안톤 보이슨의 생애와 공헌"이란 제목으로 2022년 「목회와 상담」에 출판되었던 글임을 밝힌다.

2) 보이슨은 가족들이 모두 함께 사용하는 성(姓)이기 때문에 이후 안톤 보이슨만 보이슨이라 일컫고 성을 공유하는 가계의 다른 모든 사람과 윌리(Wylie)라는 성을 공유하는 외가 쪽 사람들을 성이 아닌 이름으로 칭한다.

지 헐만 보이슨(Hermann B. Boisen) 사이에서 첫 번째 아이로, 미국 중부 인디애나 주(州)에 있는 총 거주자가 2,000명 정도였던 아주 작은 도시인 블루밍턴(Bloomington)에서 태어났다. 1820년에 세워진 인디애나 대학교(Indiana University)의 원래의 이름은 Indiana Seminary[3]로 블루밍턴은 현재 인디애나의 교육의 중심지로 자리매김하였지만, 1854년 몬로 철도(Monon Railroad)가 블루밍턴의 중앙을 관통하기 전까지 이 도시는 상당 기간 고립 상태로 머물러 있었다. 이곳의 정착민들은 캘롤라이나, 버지니아, 테네시, 캔터키 주(州)에서 온 이주민들이었고, 펜실베이아, 뉴욕, 뉴잉글랜드에서 온 이주자들도 후에 합류하였지만, 남쪽 캐롤라이나에서 온 사람들이 다수의 구성원을 이루었다.

19세기 블루밍턴에 대해서 인디애나 대학의 역사 분과의 학장이었던 제임스 매디슨(James H. Madison)의 말을 빌려보자면, "인디애나 남부의 개척자들은 돼지를 사육하고 옥수수죽을 주식으로 했으며 성실한 노동과 성경을 중요하게 여기던 가정 중심적인 사람들이었다. … 거의 대부분의 사람은 개인의 자유를 중요하게 생각했고, 백인을 포함한 모든 사람은 동등하며 어떤 인간도 다른 인간 위에서 군림할 수 없다는 신념을 가졌다."[4]

이들의 이러한 신념은 미국 남북전쟁(1861~1865)이 있기 훨씬 전인 1818년부터 남부 인디애나에 "개척자들 민주주의(pioneer democracy)"[5]를 만들어냈다고 매디슨은 기록하고 있다. 환경에 지대한 영향을 받는 인간의 특성을 고려할 때, 남부 인디애나에 일찍이 뿌리내린 개척자들 민주주의는 주변에 만연해있던 인종차별주의에 휩쓸리지 않은 구성원들의 사고할

3) Anton T. Boisen, "Divided Protestantism in a Midwest County: A Study in the Natural History of Organized Religion," *The Journal of Religion* 20-4(1940), 359.
4) James H. Madison, "Old Times and New Times in Bloomington," in *Bloomington Past and Present* (Bloomington: Indiana University Press, 2002), 20.
5) 위의 글.

수 있는 주체성을 엿볼 수 있다.

보이슨은 한 소고에서 많은 샘플 지역 중에서 몬로 카우티(Monroe County)의 행정중심지인 블루밍턴은 흥미로운 특징을 가졌을 뿐 아니라 자신이 가장 잘 알고 있는 지역이기 때문에 이 지역을 중심으로 연구를 진행한다고 밝히면서 블루밍턴이라는 도시에 대한 익숙함을 표현하고 있다. 18세기 중반에 대거 유입된 스코트랜드계 아일랜드 사람들은 미국으로 이주하면서 그들의 교회를 함께 가져온바, 보이슨은 이들을 "스코트랜드-아일랜드계 시편을 노래하는 사람들(Scotch-Irish psalm-singers 또는 psalm-singing Presbyterians)"이라고 일컫는데, 이유는 이들이 "다윗의 시편만 교회 음악에서 사용해야 한다는 엄격한 신념"을 가지고 있었기 때문이다. 또한, 이들은 안식일을 지키는 것과 교회 출석은 피할 수 없는 명령으로 여겼으며, 예배를 위해 악기 사용은 금지해야 한다[6]는 2000년대를 살아가는 우리에게는 다소 보수적이라 느껴질 수 있는 신념을 공유했다. 보이슨의 외할아버지인 테오필러스 아담 윌리(Theophilus Adam Wylie)가 블루밍턴에 도착한 1837년에는 이 도시에 네 종류의 다른 장로교회 외에 감리교, 침례교, 제자회 등 다른 교단, 네 개의 교회가 함께 이 마을에 있었지만 테오필러스는 장로교단에서 안수받은 목사로 장로교회에 출석했다.

보이슨의 외가(the Wylie family)는 인디애나 대학을 세운 교육자들로, 현재의 블루밍턴이 인디애나에서 학문의 중심지가 될 수 있도록 하는 데 크게 공헌했다. 그의 증조 외할아버지 사무엘 브라운 윌리(Samuel Brown Wylie)는 1797년 북쪽 아일랜드에서 미국 필라델피아 주(州)로 이민을 왔고 1803년 개혁장로교회를 조직한 목사였으며, 소년들을 위한 학교를 운영하기도 했고, 1828년부터 20년 동안 펜실베니아 대학(University of

6) Boisen, "Divided Protestantism in a Midwest County," 360-361.

Pennsyvania)에서 라틴어와 헬라어를 가르치기도 했다.7) 그의 아내, 마가렛 왓슨 윌리(Margaret Watson Wylie)는 피츠버그에 농장을 소유한 부유한 집안 출신으로 그녀 집안의 재산이 남편 사무엘 집안을 경제적으로 든든하게 뒷받침해 주었다.8)

이 둘은 다섯 명의 자녀를 두었는데, 그 가운데 보이슨의 외할아버지인 테오필러스가 첫째 아들이었다. 그는 1830년 펜실베이나 대학을 졸업하면서 과학에 큰 관심을 보였고, 그림 그리는 것에도 관심을 가지면서 예술가가 되기를 희망했지만, 목회자가 되기를 바라는 아버지의 뜻을 따라 신학을 공부해 1836년 개혁 장로교회에서 목사 안수를 받는다. 하지만, 그의 사촌인 앤드류 윌리(Andrew Wylie)가 1829년 10월 19일 인디애나 대학(당시 Indiana College)의 첫 번째 총장으로 취임한 후 막 설립된 학교에서 자연철학을 가르칠 자리를 제안했을 때 이를 즉시 수락하여 1837년 5월 1일부터 인디애나 대학에서 가르쳤고 이 학교에서 46년간 재직했으며,9) 1859년, 이 학교가 네 번째 총장을 물색하는 육 개월 동안, 임시로 총장직을 대행하기도 했다. 테오필러스는 대학교에서 가르치면서 지역교회(Bloomington's New Side Reformed Presbyterian Church)에서의 회중 목회에도 적극적으로 참여했다.

이 교회는 노예제도 폐지를 옹호했으며, 시민 불복종 운동에도 참석하는 등 개척자들 민주주의를 통해 엿보았던 것처럼 정치적으로 상당히 진보적

7) Anton T. Boisen, *Out of the Depths: An Autobiographical Study of Mental Disorder and Religious Experience* (New York: Harper and Brothers, 1960), 17.
8) 위의 글., 18.
9) 위의 글., 19. Theophilus가 인디애나 대학에 재직한 것은 1837년부터 1886로 횟수로는 49년이지만, 1852~1854년에는 Ohio 주(州)의 Oxford라는 도시에 있는 Miami University에서 가르쳤기에 인디애나 대학에서는 46년 6개월 재직했다. 그는 50년을 채우고 마무리하고 싶어 했지만, 1885년 인디애나 대학의 행정부가 대거 교체되면서 학교는 새로운 사람들의 유입을 목말라 하게 됐고, 구세대를 대표하는 상징적 인물이었던 Theophilus는 그의 바람을 이루지 못하고 은퇴해야만 했다.

인 견해를 보여주었다. 사촌이었던 앤드류 역시 장로교 목사였으며 노예제도 폐지를 위해서 적극적인 활동을 했고, 1837년 장로교 교단 내에서 부흥(revival)에 대한 신학적 문제와 노예제도 등의 이슈로 갈등이 있을 때 인디애나 대학이 속해있던 노회가 노예제도 폐지를 반대하는 쪽을 지지하자 성공회(Episcopal Church)로 소속을 옮겼고 그곳에서 다시 안수받기에 이른다.[10] 오늘의 눈으로 보았을 때 보이슨의 외가는 정치적인 면에서 진보적 성향을 지녔음을 볼 수 있는 것과는 다르게, "안식일을 철저하게 준수해야 하며, 교회 음악을 위해서 악기 사용은 금지해야 하고, 시편만을 사용해야 한다는 등의 보수적인 신앙관을 유지했다."[11]

그의 정치적 성향과 신앙의 색깔은 거의 모든 인간이 그러하듯 그가 속했던 공동체의 영향을 잘 반영해 주고 있다. 테오필러스의 이러한 보수적인 신앙관은 자연스럽게 보이슨의 어머니와 보이슨에게 계승되는데, 보이슨의 아버지가 일찍 세상을 떠나고 테오필러스가 아버지의 자리를 채워주면서 보이슨은 외할아버지의 큰 영향을 받는다. 테오필러스는 1838년 레베카 데니스(Rebecca Dennis)와 결혼했고, 1839년 10월 2일 첫 번째 딸이자 보이슨의 어머니인 루이스가 둘 사이에서 태어났다.

보이슨의 어머니 루이스는 1871년 인디애나 대학에 처음 입학한 일곱 명의 여학생 중 한 명으로, 학교를 졸업하고 미주리 대학(Universtiy of Missouri)에서 일 년을 가르치고 인디애나 대학에서 자신에게 현대언어를

10) Boisen, "Divided Protestantism in a Midwest County," 362. 미국 장로교는 신학적 대립으로 1831년 총회에서 Old School과 New School이 나뉜다. Robert David Leas, *Anton Theophius Boisen* (La Vergne, TN: Journal of Pastoral Care Publications, 2009), 24에서는 크게 세 영역에서의 대립을 지적하는바, 세 영역은 Revivalism, the Home Mission Movement, 노예제도 폐지 운동이다. Old School과 연관된 학교는 Princeton Divinity School과 Andover Theological Seminary가 있고 New School과 연계된 학교는 Lane Theological School과 Yale Divinity School을 들 수 있다.

11) Robert David Leas, *Anton Theophius Boisen* (La Vergne, TN: Journal of Pastoral Care Publications, 2009), 23.

가르쳤던 헐만과 결혼하기 위해서 1873년 미주리를 떠났다. 교육을 통해서 진보주의적인 견해를 가졌던 그녀였지만, 전통 칼빈주의 영향 아래서 자라면서 신앙적으로 보수주의적인 강한 색채를 가지고 있었다.

루이스의 신앙은 그녀가 사촌이었던 제인 해리스(Jane Harris)에게 보냈던 편지에서 성경의 중요성을 언급하면서 성경을 읽을 것과 기도할 것을 권고하는 구절을 통해서 엿볼 수 있는바, "네가 성령을 근심시키지 않길 바라… 성경을 읽고 기도해 보렴…. 예수님 외에 하늘로 가는 더 좋은 길이 있겠니? 하나님께서 성경에서 우리에게 가르치시는 것보다 우리의 본능적 욕구에 전적으로 응답하는 어떤 것도 찾을 수 없을 거야. 네가 진지하다면, 하나님께 기도하겠지"[12]라고 적고 있다. 성인이 되면서 그녀는 좀 더 진보적인 견해를 가진 장로교회로 옮겨 신앙생활을 이어간다. 어머니와 할아버지 때부터 볼 수 있는 신앙에서의 진보적인 성향은 보이슨이 후에 진보적 신학을 이끌었던 유니온 신학교(Union Seminary-이후 유니온)에서 신학을 하도록 이끌었다 추정해 본다.

보이슨의 아버지인 헐만은 1846년 12월 11일 독일의 슐레스비히-홀스타인(Schleswig-Holstein) 주(州)에 있는 플렌스베르크(Flensberg)라는 도시에서 태어났다. 헐만의 아버지 요한네스 보이슨(Johannes F. O. Boisen)은 오르간 주자였고 음악 선생님이기도 했으며 그의 어머니 마리 앤더슨 보이슨(Marie Anderson Boisen)은 루터교 목사의 딸로, 이 둘은 모두 독일어를 사용하는 가정에서 태어났다. 헐만은 1869년 Royal Gymnasium을 졸업하고 같은 해 뷔르츠부르크 대학(University of Würzburg)에서 박사학위를 이어가려 했지만, 가정이 재정적으로 어려워지면서 학위를 마치지 못한 채, 미국에 있는 몇몇 친척들을 방문하면서 미국으로 오게 된다.

---

12) Elizabeth Louisa Wylie to Jane Harris, Indiana University Archives, Herman B Wells Library, Bloomington, Indiana., Leas, *Anton Theophius Boisen*, 31에서 재인용.

그곳에서 선생으로서의 뛰어난 자질을 통해서 사람들에게 인정을 받았고, 1870년에 인디애나 대학에서 언어를 가르치는 임시직을 맡았고 이듬해에 현대언어 교수로 지명됐다. 1873년 촉망받던 제자였던 루이스와 결혼했고 1874년 인디애나 주립 대학(Indiana State University)으로 떠났다가, 1876년 다시 인디애나 대학으로 돌아와 1880년까지 가르쳤다. 이곳에서 동료가 부당하게 해고당하는 사건을 계기로 사직서를 제출하고,[13] 매사추세츠 주(州)의 버크셔(Berkshires)에 위치한 윌리엄 대학(Williams College)에서 현대언어를 가르치기 위해서 가족과 함께 이주했다.[14] 보이슨의 아버지는 아이들을 데리고 숲속을 자주 다녔고, 나무의 종류 등을 알려주는 등 자연의 신비에 대한 그의 관심을 자녀들과 함께 나누며 시간을 보내기도 했다.

그러나 이 대학에 새로운 총장이 부임하면서, 학교가 박사학위 소지자를 구하면서 큰 실망을 경험하고 보스턴에 있는 공립학교들에서 가르치기 위해서 이주해야 했다. 거기에서 2년 동안 가르치면서 독일어 작문법에 대한 책(*First Course in German* 과 *German Prose*)을 준비하기도 했으며, 1883년 뉴저지에 있는 로렌스 학교(Lawrenceville School)에서 가르칠 기회가 주어지자, 그 제안을 받아들여 그의 삶을 마치기 전까지 이 학교에서 학생들을 가르쳤다.[15] 이곳에서도 자녀들이 나무와 친숙해지게 하려는 그의 노력은 계속됐고, 공립학교에서 사용할 책(*Language Lessons*)을 집필하던 중, 그의 건강은 급격하게 쇠약해졌고 1884년 1월 16일에 심장마비로 38세의 젊은 나이에 생을 마감한다.

비록 보이슨은 일곱 살 때 아버지를 떠나보냈지만, 아버지의 영향력은

---

13) Boisen, *Out of the Depths*, 23.
14) Leas, *Anton Theophius Boisen*, 10-11.
15) Boisen, *Out of the Depths*, 26.

보이슨의 삶에서 큰 영향력으로 남았다. 보이슨은 아버지의 마지막 날에 대해 기록하면서 "… 어머니와 아버지를 아는 사람들에 의해서 계속해서 강화된 아버지에 대한 기억은 내 인생에서 강력한 힘으로 남았고, 하나님에 대한 내 생각에 큰 영향을 미쳤다"[16]고 적고 있다. 헨리 나우웬(Henri Nouwen)의 "어머니의 부드러움과 민감함 그리고 아버지의 엄격함은 보이슨의 일부로 남았고, 그는 평생 이 극적인 두 성향을 통합하려고 노력하였음을 볼 수 있다"[17]라는 부분 역시 보이슨의 인생에서 부모님의 영향이 지대했음을 지적하고 있다. 남편을 잃은 후 같은 해 보이슨의 어머니는 일곱 살이던 아들 보이슨과 세 살 딸 마리(Marie)와 함께 그녀의 부모님이 계셨던 블루밍턴으로 돌아왔고, 부모님의 집에서 함께 살았다.

세 살 터울의 동생에 대해 보이슨은 "극도로 밝고 적극적이며, 예리한 유머 감각을 지녔고… 내 삶에서 중요한 요인"[18]이었다고 이야기한다. 특별히, 사회적 관계를 어려워했고 이성과의 관계는 거의 갖지 않았던 보이슨은 동생 마리가 같은 대학을 입학한 1896년에 부적절감(sense of inadequacy)을 더 느끼게 되는데, 여학생 클럽 등에서 리더의 역할을 하면서 인기를 누리는 동생을 보면서 자신의 결점이 더욱 드러났기 때문이다.[19] 동생 친구들을 만나면서 이성과의 사회적 관계를 쌓아가는 기회도 얻었지만, 고등학교 때와 별반 달라진 게 없음을 느끼기도 했다.

---

16) 앞의 글., 27.
17) Henry J. M. Nouwen, "Anton T. Boisen and Theology Through Living Human Documents," *Pastoral Psychology* 19(1968), 53.
18) Boisen, *Out of the Depths*, 33.
19) 위의 글., 43.

2) 안톤 보이슨의 생애: 중요 사건과 중요한 타자를 중심으로

아버지의 직장 때문에 잦은 이사를 하면서 취학기가 다소 늦어진 보이슨은 여덟 번째 생일 직전에 또래 아이가 장난감 총으로 쏜 비비탄에 맞아 왼쪽 눈의 시력을 완전히 잃게 되는 사고를 겪으면서 학교를 늦게 들어가게 된다. 그는 이 사고에 대해서 "테니스나 다른 공놀이에서 불편을 겪을 뿐 다른 차이는 느끼지 못했다"[20]라고 축소해서 보고한 이후 이와 관련된 육체적/심리적 고통에 대해서는 언급하지 않는다. 한쪽 눈의 시력을 완전히 잃고 평생을 살아간다는 것은 큰 고통이 아닐 수 없음을 미루어, 보이슨에게 작용했던 자기 방어기제는 억압이 아니었을까 추정해 본다. 다소 늦게 입학했지만, 집에서 이루어진 선행학습 덕택으로 입학하고 얼마 되지 않아 2학년으로 진급할 수 있었고, 5학년은 월반을 할 정도로 학업적으로는 뛰어났다.

그러나 다른 남자아이들이 공부 잘하는 것에 대해서 인정해 주지 않았기 때문에 반에서 일등이나 이등을 하는 자신에 대해서 조금 수치스럽게 느꼈다고 적고 있다.[21] 이후 보이슨이 씨름했을 낮은 자존감을 엿볼 수 있는 구절이다. 유년기와 청소년기 내내 할아버지와 어머니가 출석하던 장로교회에서 계속 신앙생활을 했으나, 그가 속한 장로교회에 큰 애정을 보이지는 않았다. 그가 속했던 장로교회에 대한 비판적인 견해는 그가 중서부 개신교회들을 연구한 글에서 나타나는바, 그는 이 교회가 "엄격한 규율을 강조했으며 … 그룹에 대한 충성심이 교리나 외례보다 중요하게 여겨지는 그룹으로 자발성과 창의성에 있어서 당시 블루밍턴에 있었던 감리교회, 제자회, 침례교회보다 현격히 떨어졌고 … 제도화된 종교의 말기를 볼 수 있었

20) 앞의 글., 32.
21) 위의 글.

다"[22]고 평가한다. 자신이 속해 있던 공동체에 대한 이와 같은 평가는 공동체에 함몰되지 않고 스스로 판단할 수 있는 능력을 갖추어 간 것이라 이해할 수 있겠다.

1893년 블루밍턴 고등학교를 졸업하였는데, 보이슨의 고등학교 시절은 고립과 소외감으로 얼룩져있었다. 대학 때의 기억을 되짚으며 남긴 "대학 때 기억은 고등학교 때의 기억보다 더 괴롭다(more painful)"[23]는 기록을 통해서 그의 고등학교 시절과 대학교 시절 겪었을 심리적 고통에 대해서 엿볼 수 있다. 그의 대학교 시절은 사회적 부적응의 시기였으며 특정한 우수함을 성취하는 데 실패를 맛보는 시간이었다. 루시 브레그만(Lucy Bregman)은 보이슨의 삶을 평가하면서 이러한 괴로움의 시간을 더 연장하는데, 청소년기와 대학교 시절뿐 아니라 1920년 보이슨이 정신병원에 입원하기 전까지의 삶이 "고립, 실패, 거의 모든 발달 영역에서의 좌절"[24]로 점철되었다고 평가하기도 한다.

목회상담이라는 새로운 분야를 개척한 선구자의 이미지와는 다소 거리가 느껴지는 보이슨의 젊은 시절의 이와 같은 모습에서 충격과 희망을 엿볼 수 있다. 보이슨은 1897년 6월 다섯 명의 학생들과 함께 인디애나 대학에서 독일어 전공으로 졸업했다. 졸업 직후 풀타임으로 고용이 되지 않은 것은 "끔찍한 충격이었다"[25]고 적고 있으며[고용불안은 보이슨의 때도 오늘날에도 스트레스의 원인이다], 여름이 끝나갈 즈음에 대학원에 입학했다. 1897년 가을에 학교 도서관에서 일하면서, 공부에 흥미를 더해 가는데, 특별히 대학교 2학년 때 자신의 발달에 큰 영향을 미친 수업을 해주었던 윌

22) Boisen, "Divided Protestantism in a Midwest County," 370.
23) Boisen, *Out of the Depths*, 39.
24) Lucy Bregman, "Anton Boisen Revisited," *Journal of Religion and Health* 18-3(1979), 214.
25) Boisen, *Out of the Depths*, 45.

리암 로 브라이언(William Lowe Bryan)-보이슨은 그의 자서전 *Out of Depths*를 브라이언에게 헌정했다-교수의 지도 아래서 윌리암 제임스(William James)의 *Principles of Psychology*(심리학의 원리)를 읽는 것에 심취하기도 했다.[26] 그 외에 실험 심리학이나 독일어, 불어, 헬라어 등 언어 수업을 수강하기도 했고, 브라이언 교수가 이끄는 성경 공부도 하면서 크리스마스 연휴가 되기 전까지 그의 삶은 평탄했고 잘 지내고 있는 듯이 보였다.

하지만, "자신이 넘지 않기로 마음 먹었던 선을 넘으면서 … 은혜에서 떨어지는"[27] 경험 이후 보이슨이 경험하던 내적 긴장감이 강도를 더하게 된다. 각주에서 그가 넘지 않기로 했던 "선"이라고 하는 것이 외설적인 프랑스 소설을 읽으며 오르가즘을 경험한 것이라고 밝히고 있다. 성적 욕구와 그로 인한 죄책감, 그리고 이를 억누르려는 끊임없는 노력은 보이슨의 청소년기와 대학생활을 관통하는 중요한 주제 중 하나였다. 보이슨은 "조숙한 성적 감수성에서 비롯된 심각한 내적 갈등의 시작을 네 살 때부터"[28]라고 적고 있는데, 이는 네 살 때 할례를 받은 경험을 언급하는 것이다.

그는 이 사건에 대해서 "… 정상을 넘어선 것처럼 보이는 성기 흥분(sex-organ excitation)이 있었던 거 같다. 나는 부모님의 걱정스러운 염려와 의사 선생님과의 상담을 기억한다. 그 의사는 국소 자극 때문이라고 확신했고, 수술이 행해졌다"[29]라고 적고 있다. 치료책으로 할례를 받았지만, 자신의 성적 흥분은 심리적인 것이었기 때문에 이 수술이 성공적이지 못했음을 이야기하면서, 보이슨은 다음 해 여름에 있었던 경험 하나를 이어서 소개한다. "이런 [성적] 관심은 나보다 한 살쯤 어린 남자 사촌과 상호적인

26) 앞의 글.
27) 위의 글., 46.
28) Boisen, *The Exploration of the Inner World*, 2.
29) Boisen, *Out of the Depths*, 24.

탐색(mutual exploration)를 하도록 이끌었다. 우린 바로 잡혔고 비누와 물로 입을 닦아내야만 했다. … 어머니 얼굴에 깃든 공포와 아버지께는 말하지 않겠다는 그녀의 자발적인 약속이 여전히 [기억에] 남아 있다."[30] 사람들은 이 이야기를 바탕으로 해서 보이슨의 성적지향을 의심하거나 처벌을 받은 상호적 탐색이란 것이 구강성교가 아니었을까를 논하기도 하지만, 어떤 일이 있었는지에 대한 정확한 해석은 불가능하다.

그리고 추후 보이슨의 성적지향에 대한 의혹에 대해서 그가 한 여인에게 평생 구애하는 모습과 "상상에 의한 오르가즘 경험"에 대해 밝히면서 "자신의 모든 상상이 이성과의 관계"[31]였음을 밝히는 부분을 통해서 충분한 반박이 가능하다 생각된다. 가정에서의 기독교 가치를 바탕으로 한 엄격한 양육에서 비롯된 초자아와 성적 욕망의 표출을 원하는 원초아 사이에서의 갈등에서 비롯된 도덕적 불안과 원초아의 욕망에 대한 처벌에 대한 두려움으로 괴로워했을 자아 사이에서의 신경증적 불안은 상당 기간 보이슨의 내적 갈등의 원인으로 작용했을 것이라 추정해본다.

대학을 졸업하고 대학원에 진학하여 첫 학기를 마치고 크리스마스로 인한 긴 연휴를 보내며 은혜에서 떨어지는 경험을 하기 전까지 성적 욕구로 인한 내적 갈등과 죄책감이 크게 문제가 되지 않았다. 은혜에서 떨어지는 경험과 동시에 그 당신 읽던 제임스의 책에서 "습관(Habit)"과 "의지(Will)"에 관한 부분은 보이슨의 내적 갈등이 더 심화되도록 이끌었고, 아버지의 친구이면서 실력 있는 교육가로 알려진 코로넬 프랜시스 파커(Colonel Francis Parker) 교수가 시카고에서 방문하여 개최한 강의에서 "상상력의 남용(abuse of the imagination)"에 대해 언급한 것을 들으면서 자신의 부족함에 대해서 더욱 느끼게 되었다고 밝힌다.[32] 이미 충분한 죄책감으로

30) 앞의 글., 25.
31) 위의 글., 46. 각주 6번에서 설명하고 있음.

시달리던 보이슨의 내적 갈등은 더욱 고조 되었을 것이다.

설상가상으로 필라델피아에 있는 종조부(great-uncle)로부터 자신의 "영적인 상태(spiritual conditoin)"[33]에 관해 묻는 편지까지 받게 되면서 마른 장작처럼 메말라가던 심리적 갈등과 압박감에 기름이 뿌려진 것처럼 보이슨의 내적 갈등은 겨우내 심화하여갔다. 그러던 어느 날, 보이슨은 놀랄만한 발견을 했다고 하면서 다음과 같이 기록한다: "내가 헬라어 사전을 넘길 때 음란한 단어들이 페이지에서 튀어나와서 나의 눈을 때렸다. 그리고 그 음란한 단어들은 다른 사전들에서도 튀어나왔다. 무언가 심각하게 잘못된 것이 확실했다."[34] 이러한 갈등은 1898년 부활절 아침에 "종교적 회심(spontaneous religious conversion)"[35]이라고 할 수 있는 경험으로까지 이끈다.

성적 욕구를 억누르려는 부단한 노력과 그로 인한 갈등이 가장 절정에 달했던 경험이라 볼 수 있는 종교적 회심이 일어난 1898년 봄, 부활절 아침이었던 그날 보이슨은 잠못 이룬 밤을 보내고, 이른 아침 뜰에 나갔다. 밝은 날임에도 불구하고 자신에게는 깊은 절망만이 있음을 느꼈고, 곧 방으로 들어가 무릎을 꿇고 도움 요청했을 때, "말하기를 두려워하지 말아라"라는 내면의 소리가 있었고 이 음성을 듣고 짓눌렸던 마음에서 놓이게 되면서 희망을 맛보았다고 적고 있다.[36] 보이슨은 자신의 경험에 대해서 어머니와 브라이언 교수에게 털어놓았다고 밝히고 있는데, 어머니와 브라이언 교수에게 정확하게 무엇을 이야기했는지 기억나지 않는다고 적고 있다.

이러한 간결한 문체는 보이슨의 평소 글쓰기 스타일과 다름을 이야기하

32) 앞의 글.
33) 위의 글.
34) 위의 글, 46-47.
35) Boisen, *The Exploration of the Inner World*, 2., and Leas, *Anton Theophius Boisen*, 37.
36) Boisen, *Out of the Depths*, 47.

면서 "억압된 분노"를 볼 수 있다고 해석하는 요셉 크램프(Joseph Kramp)는 "이 문제가 얼마나 수치스럽게 받아들여졌는지를 볼 수 있는 징표"[37]라고 평가한다. 이러한 기록을 통해서 "보이슨이 전달하고자 하는 것은 성적 갈등(sexual conflicts)이 그의 삶, 특별히 그의 정신질환에서 중요한 역할을 했다"[38]는 것이라고 밝히는 도널드 캡스(Donald Capps)의 지적에 동의하는바, "자신의 문제가 신학적인 것이 아니라, 내적 조정(inner adjustment)과 관련된 것이었다"[39]고 밝히는 보이슨의 말에 비추어 볼 때 캡스의 이러한 주장은 설득력을 갖는다.

오늘날 그 누구도 정확하게 보이슨이 씨름했던 성적인 문제가 무엇인지 말할 수 없지만, 그가 경험한 내적 갈등의 주요한 원인 중에 하나는 보이슨이 자란 엄격한 종교적 배경으로 추정할 수 있다. 또한 이러한 갈등은 그가 대학 졸업 후 고등학교와 대학교에서 언어를 가르치던 직업을 포기하도록 했고, 두 번째 커리어인 산림학으로 눈길을 돌리게 한 원인이기도 했다.

예일 대학에서 산림학을 공부하던 도중이던 1904년 가을부터 1905년 부활절 사이 사역으로의 부름을 받는 경험을 했지만,[40] 그 부름에 어떻게 응답할 수 있을지 확신이 서지 않은 상태에서 산림학 석사를 졸업하고 산림부에서 직업을 갖는다. 이곳에서 훌륭한 과학자였던 라파엘 존(Raphael Zon)을 만나게 됐고, 존을 통해서 과학적인 방법을 사용하는 법과 과학적인 관찰이 무엇인지에 대해서 배우게 됐다.[41] 1908년 신학을 공부하기 위해서 뉴욕에 있는 유니온을 선택하는데, "그 당시 유니온은 철학적 신학이

37) Joseph M. Kramp, "Anton Boisen: A Portrait," *Journal of Religion and Health* 51-2(2012), 454.
38) Donald Capps, *Fragile Connections: Memoirs of Mental Illness for Pastoral Care and Professionals* (Nashville: Chalice Press, 2005), 15.
39) Boisen, *Out of the Depths*, 39.
40) 위의 글., 54-56.
41) Leas, *Anton Theophius Boisen*, 42.

아닌 과학적 신학을 배울 수 있는 몇 안 되는 학교 중 하나로 알려져 있었기 때문"[42]이었다고 글랜 아스퀴쓰(Glenn Asquith)는 이유를 밝히고 있는데, 아마도 존으로부터 배운 과학적 방법에 흥미를 느낀 보이슨에게 유니온의 이러한 특징이 매력적으로 느껴졌을 것이라 추정해 본다.

리아스에 따르면, 1958년 10월 4일에 발간된 *Yale Forest School News*(예일 산림대학 뉴스)에 보이슨은 "82살의 나이가 되면, 앞날을 위한 기대보다 뒤돌아보게 되는데, 지난 26년간 대부분의 시간을 사무실 회전의자에 틀어박혀서 보낸 것 같다"고 이야기하면서 "이런 삶은 1905년 내가 이곳 산림학과에서 지냈던 것과는 거리가 먼 삶"이었다고 밝힌다.[43] 하지만 "내가 숲에서 보낸 시간은 낭비되었다고 볼 수 없다. 반대로, 내가 성취할 수 있었던 것이 무엇이었던지 그것을 위한 전제 조건이었다"[44] 라고 하면서 산림에 관련된 일에 종사하면서 자신이 익힌 객관적 관찰 방법 등이 자신이 목회상담 분야에서 이룬 업적에 밑거름이 되었음을 이야기하고 있다. 이러한 과학적 방법은 추후 보이슨이 사용하게 되는 사례연구방법이라는 방법론에까지 영향을 미쳤다고 생각한다.

유니온에서의 "3년 기간이 자신의 인생에서 가장 행복했던 시간이었다"[45]고 평가할 만큼 신학을 공부하면서 큰 기쁨을 경험했던 것과는 별개로 보이슨은 학교를 졸업하고 사역의 현장에서 어려움을 겪는다. 1911년 졸업 후, 친한 친구였던 프레드 이스트만(Fred Eastman)과 함께 미주리 주

42) Algeron Sidney Crapsey, Religion and Politics (New York: T. Wittaker, 1905). Cited in Robert C. Powell, "CPE: Fifty Years of Learning Through Supervised Encounter with Living Human Documents," (New York: The Association for Clinical Pastoral Education, Inc., 1975), 7., Glenn H. Asquith, "Anton T. Boisen and the Study of "Living Human Documents," *Journal of Presbyterain History(1962-1985)* 60-3(1982), 249에서 재인용.

43) Leas, *Anton Theophius Boisen*, 43.

44) 위의 글., 43-44.

45) Boisen, *Out of the Depths*, 60.

(州)의 작은 교회로 보내졌지만, 그곳 회중들로부터 설교가 "눈물을 끌어낼 만큼… 충분히 강력하지 않다"[46]는 평가를 받고 지역 교회에서의 목회가 아니라 시골 교회의 상황을 조사하는 일을 담당하게 된다.

미주리에서의 조사를 마치고, 프레드는 캔터기와 메릴랜드로 보이슨은 테네시와 미주리의 다른 지역으로 파송 받아 비슷한 조사를 하여 결과를 장로교단에 보고하는 일을 했다. 1913년 할머니가 돌아가시면서 고향으로 돌아가 잠시 시간을 보내고, 캔사스 주(州)의 와바운씨(Wabaunsee)란 도시에 있는 작은 교회에서 목회할 수 있게 됐지만, 그곳에서의 목회 역시도 실패로 돌아가자 주변 친구들은 "사회학(social studies)"으로 돌아가는 것이 어떻겠냐고 제안을 하기도 했다.[47] 그러나 보이슨은 "자신의 주요한 공헌은 종교 분야에 있다고 느꼈고, 앨리스 앞에서 자신을 구속할 수 있는 희망을 포기할 수 없었다"[48]고 적고 있다.

보이슨이 사역을 성공해서 자신을 구속하고 싶었던 앨리스는 누구일까? 앨리스 배첼더(Alice Batchelder)는 보이슨의 인생에서 평생의 연인이었으며, 가장 큰 영향력을 행사한 인물이라 볼 수 있는바, 보이슨이 언어를 가르치는 일을 택한 것과 산림에 대한 일에 종사했던 것은 아버지에 대한 기억에서 기인한 것이었다면,[49] 세 번째 사역으로의 부름은 앨리스를 통해서라고 해석할 수 있다.

이 둘의 관계는 보이슨이 인디애나 대학에서 언어를 가르치고 있던 1902년, 그녀가 스미스 대학(Smith College)를 졸업하고 인디애나 대학 YWCA의 대표로 오게 되면서 시작된다. 그녀가 학생 전체에게 소개될 때 했던 짧은 연설을 듣고 보이슨은 "그때 그 자리에서부터 사랑에 빠졌고 …

46) 앞의 글., 66.
47) 위의 글., 71.
48) 위의 글.
49) 위의 글., 41, 51.

이 짝사랑이 나를 휩쓸었다"라고 적고 있다.[50] 첫 번째 사랑 고백부터 앨리스는 단호하게 거절했고, 이 둘의 관계는 끝내 결혼으로 이어지지 않았지만, 1935년 그녀가 세상을 떠날 때까지 관계는 지속됐다. 보이슨은 "자신이 사역으로 부름받은 것에 응답한다면 동역자로서 앨리스 옆에 있을 수 있게 될 것"이라는 기대를 했었고 이에 대해 앨리스에게 편지를 써서 물었지만, 앨리스로부터 사역에 대한 응답은 하나님을 사랑하는 동기에서만 비롯되어야만 한다는 단호한 의사가 적힌 답장을 받고 실망하기도 한다.[51]

나우웬은 단테에게 있어서의 비아트리체(Beatrice) 그리고 케에르케고르에게 있어서 레기나 올센(Regina Olsen)과 같은 존재가 보이슨에게는 앨리스였다고 이야기하면서, "그녀와의 사랑 관계"야말로 보이슨의 생애에 있어서 위대한 동기를 제공하고 그의 삶 전체를 형성하는 중요한 주제였다고 논한다.[52] 보이슨은 그의 첫 번째 책 *The Exploration of the Inner World*(내면 세계로의 탐험/1936)를 그녀에게 헌정했고, 생을 마감하며 펴낸 자서전 *Out of Depths*는 그녀를 중심으로 전개가 된다 해도 과언이 아닐 정도로 그녀는 이 책의 중심인물로 등장한다. 그녀에 대한 지속적인 언급을 봤을 때 "*Out of Depths*는 주로 보이슨의 위대한 사랑에 관한 책"[53]이라는 나우웬의 평가는 보이슨이 앨리슨과의 관계를 뒤돌아보는 시점에서 "모든 시간 동안 그녀에 대한 생각이 나의 중심이었다"[54]라고 기록하고 있는 것을 비추어 그리 과장된 것이라 볼 수 없다.

보이슨의 인생에서 앨리스 만큼이나 중요한 영향력을 행사한 사건이 있다면, 정신병원에 환자로 입원했던 경험이라 볼 수 있다. 정신질환을 앓은

50) 앞의 글., 52.
51) 위의 글., 56.
52) Nouwen, "Anton T. Boisen and Theology Through Living Human Documents," 56.
53) 위의 글.
54) Boisen, *Out of the Depths*, 209.

경험은 보이슨에게 인생에서 분수령과 같은 역할을 하는데, *Out of the Depths*의 4장 "조금 알려진 나라(A little Known Country)"라고 제목 붙인 곳에서 자세하게 소개되고 있다. 책 전체에서 4장은 삼 분의 일 가량에 해당하는 분량으로 그의 인생에서 이 기간이 얼마나 큰 영향력을 미쳤는지 상상할 수 있도록 해준다. 서문에서 자신의 전기를 가리켜 "내 자신의 케이스 기록"[55]이라고 명명한 것에서 볼 수 있듯이 보이슨은 자신의 정신질환으로 입원해 있는 동안 느끼고 생각한 바를 입원해 있으면서 친구인 프레드를 포함해서 지인들과 소통한 편지글을 통해 자세하게 전달하고 있다.

자신의 케이스 기록을 통한 탐구는 "정신질환과 종교 경험 사이의 상호관계를 발견하기 위한 노력"[56]에서 기인된 것임을 밝히면서 삶의 새로운 방향을 위해서 헌신하고 있음을 볼 수 있다. 보이슨은 자신의 이러한 경험을 바탕으로 정신질환을 "선택의 힘과 성장 능력을 가진 인간이 치러야 하는 대가"[57]로 이해했으며 1925년 네 명의 학생을 데리고 임상목회교육을 시작할 때 이러한 목적을 마음에 두고 있었기 때문에 목회상담이 심리학 분야와의 학제 간 대화를 통해 오늘날과 같은 모습으로 발전해가는 것에 대해 반대 의사를 가졌었다.

1920년 10월에 웨스트보로 주립 병원(Westboro State Hospital)에 입원하게 된 병명이 "긴장성 유형의 정신분열증(schizophrenia of the catatonic type)"[58]임을 비추어 처음으로 입원하게 될 당시 보이슨의 가족들은 보이슨으로부터 망상, 환각과 와해된 행동을 관찰했던 것으로 보인다. 보이슨은

55) 앞의 글., 9.
56) 위의 글., 142.
57) Anton Boisen, *Religion in Crisis and Custom: A Sociological and Psychological Study* (New York: Harper and Brothers, 1945), 5.
58) Capps, *Fragile Connections*, 10. *The Exploration of the Inner World* 4쪽에서 보이슨은 자신의 병명에 대해서 "catatonic dementia praecox"라고 적고 있는바, 이 역시 "긴장성 조현병"으로 해석할 수 있다.

세상의 종말이 올 것에 대한 두려움을 느꼈고, 다른 차원의 적대적인 힘이 자신을 위협한다고 느끼는 것을 어머니에게 그리고 자신의 친구인 프레드에게 편지로 전하고 있다.[59] 그가 병원에 입원하는 날, 6명의 경찰이 동원되었다는 사실은 그와 같은 상황을 가족들이 얼마나 심각하게 받아들였을지 짐작할 수 있도록 해준다.

그의 급성 정신분열증은 약 2주 후 호전되었는데, 그는 마치 악몽에서 깨어나듯, 2주가 지나고 정신 차리게 됐다고 적고 있다.[60] 회복되는 동안 자신의 케이스를 분석하면서 크게 두 종류의 정신이상(insanity)에 대해서 구분하며 자신의 경우가 어디에 속하는지 밝히고 있는데, 보이슨의 글을 그대로 전달해줄 필요가 있다고 생각한다.

> 이곳에서 내 주의를 둘러보고, 나는 내 자신의 케이스를 분석하려고 노력하면서, 크게 두 종류의 정신이상이 있다고 보고 싶다. 첫 번째는 뇌나 신경계 있어서의 손상, 또는 혈액의 질병 등에서 비롯된 유기체적 문제인 반면, 다른 하나는 몸과 뇌의 상태는 이상이 없지만 자신의 세계의 해체(disorganizaion)로 기인한다. 죽음이나 실망은 한 개인의 삶을 송두리째 재정립하도록 강제한다. 내 생각으로 나의 문제가 바로 여기에 속하며 나의 다른 많은 문제들도 마찬가지다.[61]

보이슨의 이러한 설명은 조현병에서의 음성증상과 양성증상의 차이를 설명하는 것으로 볼 수 있는바, 보이슨은 자신의 정신이상의 원인은, 스트레스 사건-죽음이나 실망-으로 인해서 자신의 삶의 기반이 송두리째 흔들린

59) Boisen, *Out of the Depths*, 85-86.

60) 위의 글., 95. *The Exploration of the Inner World* 6쪽에서 보이슨은 입원하고 3주 후 호전되었지만, 재발이 된 후 10주 동안 증상을 앓고 갑작스럽게 증상에서 벗어나게 됐다고 기록하고 있다.

61) Boisen, *Out of the Depths*, 97.

것에 속한다고 분석하고 있다.

여기에서 말하는 실망이나 죽음은 앨리스로부터의 거절과 어머니의 죽음과 연루되었을 것으로 추정된다. 보이슨이 처음 정신병원에 입원하기 전 그는 앨리스에게 7월 24일 사랑을 고백하는 편지를 쓰고 단호한 거절을 들은 후였다. 1930년 6월 그의 어머니가 죽고 11월 이전에 입원을 초래한 환각 증상을 경험하면서 약 3주간 입원했고, 1935년 암으로 죽어가는 그녀에 대해 애도하면서 1935년 11월 13일에는 볼티모어의 쉐퍼드 에녹 프랫 병원(Sheppard and Enoch Pratt Hospital)에 입원하게 된다.

그의 모든 저작물은 1936년 이후로 앨리스가 죽은 뒤 출판됐고, 그녀가 죽은 후 보이슨이 85세의 나이로 죽을 때까지 결코 정신병원으로 환자로서 돌아가지 않았다는 사실을 비추어 볼 때, "그녀가 죽은 후 그녀를 향했던 사랑을 성숙한 사랑으로 발전시키면서… 보이슨 스스로 설 수 있게 된 것 같다"[62]고 하는 나우웬의 해석은 타당하다 생각된다. 그는 15개월 동안 병원에 입원하였고 1922년 1월 퇴원하면서 그의 활동 무대는 신학교육 분야로 옮겨졌으며, 1924년 7월 1일에 자신이 한때 환자로 머물렀던 우스터 주립 병원(Worcester State Hospital)에 채플린으로 부임을 한다.

3) 보이슨의 공헌

15개월의 입원 경험은 보이슨의 인생에서 전환점과 같은 역할을 했다. 보이슨은 심각한 환각 현상 와중에 "의학과 종교를 가르고 있는 벽을 허무는 일"이라는 새로운 삶의 목적이 자신에게 계시 되었음을 느꼈다고 기술한다.[63] 사실 보이슨이 인생의 새로운 목적이라고 생각했던 그 일에 남은

62) Nouwen, "Anton T. Boisen and Theology Through Living Human Documents," 57.
63) Boisen, *Out of the Depths*, 91.

삶을 보내면서 오늘날 "목회상담의 아버지"로 전해 내려오고 있으니 실로 그가 앓았던 정신질환은 그의 주장대로 문제 해결의 기능을 가진 종교적 경험과 유사했다고 볼 수 있다. 이러한 이유로 칼 매닝거(Karl Menninger)를 비롯한 여러 심리학자들은 정신병이 유익한 경험이 된 환자들의 예로 보이슨을 소개하고 있다.[64] 이러한 사명감을 발견하게 된 보이슨은 입원해 있는 동안 새로운 과업을 위한 준비를 위해서 하버드 내의 신학교(Harvard Divity School)나 그 학교와 연계된 기관에서 공부해야겠다고 결심한다.[65]

퇴원 후 1922년 1월 보이슨은 하버드 신학교와 제휴되어 있던 성공회 신학대학(Episcopal Theological School)에 특별 학생으로 입학하여 윌리엄 맥도갈(William McDougall)의 이상심리학(abnormal psychology), 맥피 캠펠(Macfie Campell)의 신념 심리학(the psychology of belief)과 리차드 캐봇(Richard Cabot)의 지도 아래서 사회 윤리학(social ethics)을 수강했다.[66] 보이슨은 1922~23년 하버드에서 캐봇의 세미나를 수강하는 등, 하버드 의대에서 가르치던 의사로 1900년대 초 미국 의학계에서의 개혁을 주도했던 캐봇에게서 더 많은 배움을 얻고 관계를 쌓아가게 되는데, 라파엘 존에게서 배웠던 과학적 방법론에 더하여 캐봇에게서 신학을 위한 방법론을 세워가는 데 큰 영향력 받는다.

1890년대 하버드 의과대학에서 학생으로 공부하던 시절 캐봇은 의술의

64) Asquith, "Anton T. Boisen and the Study of "Living Human Documents"," 255-256. 정신병이 유익한 결과를 만들어낸 예로 Boisen을 소개하고 있는 두 권의 책과 심리학자들은 다음과 같다: Karl Menninger and Martin Mayman, *The Vital Balance: The Life Process in Mental Health* (New York: Viking Adult, 1963), Brian Grant, *Schizophrenia: A Source of Social Insight* (Philadelphia: Westerminster Press, 1975) 외에 Thomas Szasz, Fuller Torry, Julian Silverman, R.D. Laing, Frank Lake 등이 유사한 견해를 보였다고 적고 있다.

65) Boisen, *Out of the Depths*, 132.

66) Boisen, *Out of the Depths*, 143., Asquith, "Anton T. Boisen and the Study of "Living Human Documents," 256.

영적인 측면에 깊은 관심을 보이며 연구를 진행했고, 4학년 때 "마음치료를 위한 의학적 자세(The Medical Bearing of Mind-Cure)"[67]라는 제목의 소고를 작성하는 등 단순하게 질병을 치료하는 것을 넘어서 환자와의 관계와 영적인 측면까지 관심을 쏟는 돌봄을 주창하였고, '병원 사회복지(hospital social work)' 분야를 개척하는 등 전인적인 돌봄을 위한 새로운 도전을 통해서 "의료 개혁가(Medical Reformer)"로서의 역할을 감당했다.[68] 특별히 생리학자였던 월터 캐논(Walter Cannon)과 함께 "임상병리학 회의(Clinical-Pathological Conference)"[69]를 개발해 낸 것은 그가 남긴 업적 중 하나로 높이 평가받고 있는바, 질병의 원인을 찾기 위해서 의료진뿐 아니라 물리치료사, 사회복지사나 채플린 등 환자의 안녕을 꾀하기 위해 협력하는 전체 구성원들이 모이는 임상병리학 회의는 전인적 치료를 위해 다양한 관점을 수렴해야 한다는 캐봇의 신념을 잘 보여주며 오늘날까지도 그 전통이 이어지고 있다.

의료계를 한 단계 끌어올리기 위한 그의 혁신적인 노력과 큰 영향력에도 불구하고 그 당시 의학에 대한 재정의가 미국 의료계 내에서 이루어지는 과정 중 1912년 하버드 의과대학의 가장 권위 있는 자리(Jackson Professor of Medicine)에 캐봇이 아닌 당시 워싱턴 대학(Washington University)에서 가르치던 데이빗 에드살(David Edsall)이 지명되면서 캐봇은 적잖은 실망을 하게 됐고,[70] 1920년에는 의료계에서 풀타임으로 종사하던 것에서 떠나 하버드와 성공회 신학교에서 사회 윤리학을 가르치는 일을 하고 있을 때 보이슨이 캐봇의 강의를 수강하면서 이 둘의 만남은 시작된다.

---

67) T. Andrew Dodds, "Richard Cabot: Medical Reformer during the Progressive Era (1890-1920)," *Annals of Internal Medicine* 119-5, 418.
68) 위의 글., 419.
69) 위의 글., 417, 418.
70) 위의 글., 420.

캐봇의 업적을 되짚는 소고에서의 "정신질환을 치료하기 위해서 의학, 종교, 심리학을 융합하려는 새로운 접근을 찾으려 노력했다"[71]는 평가는 보이슨과 캐봇의 관심사가 오버랩되는 부분을 볼 수 있도록 해주며 이 둘의 만남으로 만들어진 시너지가 목회상담이라는 분야가 개척되는 데 밑거름이 되었다는 것을 추측하도록 돕는다. 비록 정신질환에 대한 해석 차이를 극복하지 못하고 1930년 이 둘은 결별하게 되지만, 캐봇은 메사추세츠 종합 병원(Massachusetts General Hospital)에 목회상담센터의 공동설립자로 알려지는 등 보이슨의 든든한 후원자 역할을 감당해 주었다. 역사가 에드워드 쏘른톤(Edward Thornton)의 "보이슨의 임상목회교육 프로그램을 위한 캐봇의 지지는 계속적이고 실질적(substantial)이었다"[72]라는 기술 역시 임상목회교육이 발전해가는 과정에서 캐봇의 적극적인 협력이 있었음을 보여주고 있다.

사실, 캐봇은 보이슨이 임상목회교육을 시작하기 한 해 전인 1924년 매사추세츠 캠브릿지의 성공회 신학대학과 뉴욕에 있는 유니온에서 "신학 교육에 있어서 임상 훈련을 할애할 것에 대한 청원(A Plea for a Clinical Year in Theological Study)"이라는 감동적인 연설을 한 바 있으며, 이 연설에서 그는 신학생들이 인간의 영혼을 연구하고, 위로하고, 격려하려고 시도하면서 자신들의 종교적 신념을 실제 현장에서 적용해 봄을 통해 배움을 추구하고 또 실패를 통해서도 배움을 얻을 수 있는 임상 훈련이 신학교육의 일부로 자리 잡아야 할 필요성을 주장했다.[73] 목회자가 되기를 희망하

71) 앞의 글.
72) Edward E. Thornton, *Professional Education for Ministry* (Nashville: Abingdon Press, 1970), 51.
73) Richard C. Cabot, "A Plea For a Clinical Year in the Course of Theological Study," in *Adventures on the Borderlands of Ethics* (New York and London: Harper and Brothers, 1926), 7.

는 학생들은 책을 통한 교실 안에서의 학습을 넘어 인간을 이해하는 능력을 함양할 수 있어야 하며, 그러한 실습 교육을 위한 일정한 기간이 있어야 함을 주장한 것이다. 이러한 배경을 바탕으로 1925년 보이슨은 네 명 학생을 데리고 우스터 주립 병원에서 임상목회교육을 시작할 수 있었으며, 이러한 전통은 면면히 이어져 현재 미국의 주요 교단들은 목사안수를 위한 필수 요건 중 하나로 임상목회교육을 뽑고 있다.

보이슨은 신학교육에 대한 도전을 던지는 소고에서 "미래를 위한 신학 훈련은 어려움을 만난 사람을 주된 관심으로 삼고 교구를 실험실로 이루어져야 하며.. 과거에서 현재로, 책이 아니라 삶의 원재료에 관심을 돌려야 한다. … 새로운 신학의 기초를 놓을 수 있을 것이다"[74]라는 주장을 그가 임상목회교육을 시작하고 25년이 지난 시점에서 던지고 있다. 살아있는 인간문서를 읽을 수 있는 능력을 배양해야 한다는 주장으로 잘 알려진 바 있는 보이슨의 이러한 주장은 오늘날 우리에게도 도전을 주지만, 당시 전통적인 신학교육을 중심으로 구성된 기존 신학교들에 있어서 아주 큰 도전이 아닐 수 없었을 것이다.[75] 정연득은 보이슨이 이끈 임상목회교육은 "기록된 문서를 연구하는 것에 집중했던 신학교육의 한계를 지적"하면서 "전통적인 신학교육의 방향을 바꾸는 매우 혁신적인 제안을 담고 있었다"[76]라고 지적함을 통해 신학을 위한 보이슨의 방법론이 가졌을 혁신적 의미를 전달하고 있다.

아스퀴쓰는 보이슨의 신학방법론인 "사례연구방법(Case Study Method)"[77]

---

74) Anton T. Boisen, "The Challenge to Our Seminaries," *The Journal of Pastoral Care* 5 (1951), 11-12.

75) 전통적 신학 교육에서 보이슨의 살아있는 인간문서 탐구에 대한 평가에 대해 정연득의 다음의 논문을 참고할 수 있다: 정연득, "신학함의 과정으로서의 목회돌봄과 상담," 『신학과실천』 38(2014), 356-357.

76) 정연득, "목회상담의 공적 역할에 대한 모색: 협동조합 모델을 중심으로," 『한국기독교신학논총』 108(2018), 254.

은 1871년부터 하버드 법학 대학에서 이미 사용됐던 역사를 밝히면서 캐봇의 영향력과 1923~24년 보이슨이 보스톤정신병원(Boston Psychopathic Hospital)의 사회복지부서에서 일하는 수지 리온스씨(Miss Susie Lyons)와 협업하면서 그 가치를 더욱 알게 된 것을 계기로 시작되었다고 밝힌다.[78] 사회복지사로 어려움에 처한 사람을 집으로 방문하면서, 사회적 세팅에서의 전체적인 인간을 공부할 수 있다는 것을 발견한 것이 계기가 되어 보이슨은 사례연구방법을 통해서 신학생들이 병원에서 만나는 환자들을 전인적으로 탐구하고 알아가기를 희망했다.

보이슨이 이끄는 임상목회교육에 학생으로 참여했던 렌날트 세달리프(J. Lennart Cedarleaf)는 "관찰, 경청, 반추를 이용하는 사례중심 방법(case-based method)은 내가 환자들의 신비스런 말과 그들의 통상적이지 않은 행동을 이해하도록 도왔다"[79]고 진술하면서, 보이슨이 자신의 방법론에 대해 진술한 것을 다음과 같이 옮기고 있다. "우리는 학생들의 사례연구를 강조한다. 강의와 탐색을 피하고 학생들이 눈과 귀를 열 것과 우정을 권한다. [이러한 방법을 통해] 학생들 안의 무언가를 깨울 것과 살아있는 사람들의 경험에 관한 관심에 불을 붙일 것 그리고 우리 선조들의 종교 안에 영속적인 요소들을 되살리기를 희망한다."[80]

보이슨은 사례연구방법을 통해서 신학생들이 눈과 귀를 열고 성직자로서의 권위를 내려놓고 동등한 우정의 관계로 환자들의 경험에 관심을 가질 것과 자신들이 가진 종교 전통 안에서 경험을 성찰하기를 희망한 것이다. 전통적인 교회에서 선포를 중심으로 한 교육을 받았던 세달리프는 보이슨

77) Glenn H. Asquith, "The Case Study of Method of Anton T. Boisen," *The Journal of Pastoral Care* 32-2(1980), 84., 이희철, "안톤 보이슨," 40.
78) Asquith., "The Case Study of Method of Anton T. Boisen," 85-86.
79) J. Lennart Cedarleaf, "Listening Revisited," *The Journal of Pastoral Care* 38-4(1984), 311.
80) 위의 글.

이 강조한 사례연구방법을 통해서 경청의 의미를 새롭게 배우게 되었다는 요지를 전달한다. 살아있는 사람들의 경험에 귀 기울이게 하는 사례연구방법은 설교자들로 서게 될 신학생들에게 말하는 연습만큼이나 듣는 연습이 필수적인 과정임을 가르칠 수 있는 효과적인 방법이란 것과 겸손하게 목양하는 대상들을 인생 여정을 함께하는 동반자로 여기고 존중하는 자세를 가져야 함을 가르칠 수 있는 효과적인 방법으로 오늘날 교회와 신학교들에 시사하는 바가 크다 여겨진다.

생각해 볼 문제

1. 보이슨의 삶이 나에게 시사하는 바는?

2. 보이슨이 속해 있었던 공동체의 영향을 어떻게 받았는지 적어보자. 당신이 속해 있는 공동체가 당신에게 영향을 미친 부분들을 생각해 보자.

3. 보이슨의 다음의 주장은 당신에게 무엇을 의미하는가?

> "미래를 위한 신학 훈련은 어려움을 만난 사람을 주된 관심으로 삼고 교구를 실험실로 이루어져야 하며.. 과거에서 현재로, 책이 아니라 삶의 원재료에 관심을 돌려야 한다 .... 새로운 신학의 기초를 놓을 수 있을 것이다."

4. 오늘 교회 사역에서 만나는 사건들을 분석할 수 있는 사례연구방법은 어떤 구성 요소를 가져야 할까?

제3장

돌봄에서의 윤리

제3장

돌봄에서의 윤리

“나는 신이다: 신이 배신한 사람들”이라는 OTT 서비스 넷플릭스에서의 다큐멘터리가 세간에 화제로 오르내리고 있다. 최근 이 다큐멘터리가 네플릭스에서 시청자가 많이 본 프로그램 순위 중 1~2위를 차지하게 되면서, 많은 시사 방송 프로그램에서는 단국대학 수학과 교수인 김도형교수와 전 기독교복음선교회(이후-JMS) 부총재였던 김경천목사를 초대하여 그 사건에 대해 다시금 조명하고 있다.

김도형교수는 한 방송에서 “진작 이런 관심이 있었어야 했는데 마침내 이런 일이 벌어졌다고”고 소회를 밝히며 이 사건이 너무 오랜 세월 잊혀 왔다는 사실에 대해 안타까움을 표하기도 했지만, JMS총재 정명석이 재판을 앞두고 수용된 현시점[2024년 10월 2일 항소심에서 징역 17년이 확정됨]에서 사회적 관심이 이 사건에 집중되는 것은 바람직한 일이라 생각하며, 교회 안에서 행해지는 목회적 돌봄과 목회상담의 기본적인 내용을 다루기에 앞서 돌봄에서의 윤리를 다루는 것이 필요하다 여겨진다.

"나는 신이다"라는 다큐멘터리는 그루밍 성범죄의 가장 단편적인 모습을 보여준다고 할 수 있는데, 'grooming'이라는 영어 단어는 고양이나 강아지의 털을 손질해 줄 때 사용하는 단어로 '길들이다'라는 의미를 가진다. '그루밍 성범죄'란 친분을 쌓고 심리적으로 의지하게 만든 후 누군가의 성적자기결정권을 동의 없이 침해하는 성범죄를 의미한다.

누군가 나에게 목회를 정의하라고 한다면 나는 "목회는 관계다(ministry is all about relationship)"라고 말하고 싶다. 흔히 주일 예배인도와 설교를 목사의 가장 큰 임무라고 생각할 수 있지만, 설교와 예배 인도만큼 중요한 일은 사람들과 관계를 쌓고 돌보는 일이다. 형식적인 관계가 아니라, 어느 정도의 교감이 이루어지는 친밀한 관계를 쌓는 것이 성공적인 목회에서의 핵심 덕목이 아닐까 생각한다.

상담의 가장 기본적인 요소는 도움을 호소하는 사람인, 내담자와 그 내담자가 호소하는 문제, 그리고 이를 듣는 상담자로 구성된다. 상담은 두 사람 간의 관계 속에서 이루어지는 예술이라 할 수 있다. 목회 사역에서 예배인도와 설교만큼 중요한, 목회 돌봄과 목회 상담 역시 관계 속에서 이루어진다. 이러한 관계를 쌓다 보면, 성도들은 심리적으로 목회자를 믿을 수 있는 사람으로 느끼게 되고 자신의 어려움을 나누었던 사람으로 인식하면서 심리적으로 애착이 생겨나면서 어느 정도의 의지를 하게 마련이다.

어린아이들과 중고등학생을 담당하는 교육전도사, 대학생들과 그 이후 청년 시기의 대상을 담당하는 사역자, 그리고 결혼해서 가정을 이룬 대상을 담당하는 목회자까지 그 정도는 다르겠지만, 목회자와 성도들 사이에는 교사와 학생들 사이에 힘의 불균형이 있는 것처럼 상당한 힘의 불균형이 있음을 인정해야 한다. 대학교에서 교수자가 학생에 비해서 더 큰 힘을 가졌지만, 그렇다고 학생이 무력한 존재일 수 없다. 학생 역시 강의평가를 통해서 교수의 가르침에 대한 평가를 할 수 있을 뿐 아니라, 교수자가 중간 평가에 열려있다면 중간 평가를 통해서도 향후 수업의 방향과 질에 영향을 미칠 수 있기 때문이다.

그럼에도 불구하고 일반적으로 교육 현장에서 학생보다 교수자가 더 많은 힘을 가졌다는 것은 부인할 수 없는 현실일 수 있다.[1] 교수자와 학생 사이에 있는 힘의 차이보다 더한 힘의 차이가 한국 교회에서 목회자와 성도들 사이에 존재하지는 않는지 생각해 봐야 한다. 교회 안에서 목회자의 리더십과 설교 등 목회자의 수행에 관해 피드백을 제공해 줄 주체는 있는가? 내가 경험한 한국 개신교회 내에서 목회자는 성도보다 아주 큰 힘을 가지고 있다.

내가 경험한 미국 교회에서 성도들이 목회자에게 갖는 태도와 한국 성도들이 목회자를 대하는 태도에는 확연한 차이가 있음을 느낀다. 모든 인간은 하나님 앞에서 제사장임을 선포했던 종교개혁 시대의 구호가 외쳐지고 상당 시간이 흘렀음에도 불구하고, 여전히 한국 교회에는 목회자만이 하나님으로부터 '기름 부음 받은 자'라는 인식이 강하게 뿌리 내리고 있는 듯하다. 이러한 현실을 인정하고 목회자에게 주어진 힘을 어떻게 사용할 것인지 고민할 때, 한국 교회가 더욱 건강하게 영향력을 미칠 수 있을 것이다. 케리 도링(Carrie Doehring)은 힘을 목회적 돌봄관계에서 두 번째로 핵심적인 요소로 손꼽으면서, "목회돌봄 사역자는 돌봄 관계에서 힘의 역동성을 인식하고 점검하는 방법을 배워야 한다"[2]고 주장하기도 한다.

사실 존재하는 모든 관계에는 크고 작은 힘의 차이가 존재한다. 상담자

---

1) 이 글을 쓰면서 죽음을 선택한 초등학교 교사들 관련 뉴스가 머리를 스치면서 예외적 상황이 있음을 떠올린다. 선생님들이 약자의 위치에 놓여 비극적인 선택을 하도록 내몬 예외적 상황을 모두 다룰 수 없음을 안타깝게 여기며, 제도와 법률의 보완으로 교권이 회복될 수 있길 소망한다.

2) Carrie Doehring, *The Practice of Pastoral Care: A Postmodern Approach* (Louisville, Kentucky: Westmister John Knox Press, 2006), 21.

와 내담자의 관계 역시 예외는 아니다. 물론, '환자'라는 용어를 '내담자'라는 용어로 바꾸려는 시도는,[3] 상담자와 내담자 사이에 존재했던 뚜렷한 위계 구조를 완화하고자 하는 노력의 일환이기도 했다. 그럼에도 불구하고, 도움을 요청하러 온 내담자보다 상담가가 더 많은 권한과 영향력을 지니고 있다는 점은 여전히 유효한 현실이다. 특히, 심리·사회·경제적으로 여러 형태의 상실을 경험한 내담자라면, 그 사람의 처지는 더욱 취약할 수밖에 없으며, 그에 따라 관계 안에서의 힘의 불균형은 더욱 커질 수 있다.

하지만, 모든 관계에서 그렇듯 한쪽이 절대적인 힘을 가진 경우는 드물다. 중요한 것은 자신이 가진 힘의 존재를 부인하지 않고, 그것을 어떻게 사용할 것인지 성찰하는 자세를 갖는 것이다. 텍사스 브라이트 신학교(Brite Divitiy School) 목회상담학 교수였던 낸시 램지(Nancy Ramsay)는 "힘은 부인될 때 가장 남용되기 쉽다"[4]고 말한 바 있는데, 나는 이 말에 깊이 공감한다.

"목회자에게 무슨 힘이 있습니까?"라고 반문할 수 있는 이도 있겠지만, 우리의 일상과 관계 속에는 언제나 보이지 않는 힘이 작용하고 있음을 인정해야 한다. 목회돌봄 사역자들은 돌봄 요청자들의 정체성을 분석함에 있어서 힘과 차이의 관점에서 탐색할 수 있도록 준비되어야 한다. 크리스티 누거(Christie Neuger)는 "권력과 차이의 역동성은 포스트모던 상황 속에서 목회상담의 중심적인 관심사"라는 것을 주장한 바 있다.[5] 권력과 차이의

---

3) 내담자 중심 상담의 핵심 인물인 칼 로저스(Carl Rogers)를 중심으로 1940~50년대 '환자(patient)'라는 용어는 '내담자(client)'라는 용어로 대체됐다. 1890년대 후반 인기를 얻으며 많은 이의 호응을 얻었던 정신분석에서 선호했던 '환자'라는 용어는 상담자와 내담자 사이의 협력적인 관계 보다 위계를 내포한다고 볼 수 있다.

4) Nancy Ramsay, *Pastoral Diagnosis: A Resource for Ministries of Care and Counseling* (Minneapolis: Fortress Press, 1998), 113.

5) Christie Cozad Neuger, "Power and Difference in Pastoral Theology," in *Pastoral Care and Counseling: Redefining the Paradigms*, ed. Nancy J. Ramsay (Nashville: Abingdon Press, 2004), 65.

역동성은 돌봄의 실제 상황을 형성할 뿐 아니라 돌봄을 주고받는 이들의 정체성 자체를 규정하기 때문이다. 다원성과 다양한 담론이 공존하는 세계에서, 목회상담학은 권력이 행사되고, 저항되며, 공유되는 방식에 주목해야 하며, 동시에 성별, 인종, 계급, 문화, 장애의 정도가 모든 목회적 만남을 조건 짓는다는 사실을 심각하게 고려해야 한다. 이러한 주의 깊은 성찰이 결여될 경우, 목회상담은 해방과 치유를 도모하기보다는 지배를 강화하는 결과를 낳는 위험에 놓일 수 있다.

중세 시대 힘은 칼과 방패 같은 물리적 수단을 통해 표현되었다. 하지만, 현대 사회에서의 힘은 훨씬 더 미시적이고 섬세한 방식으로 작용한다. 철학자 미셸 푸코(Michel Foucault)는 힘이 더이상 소수 엘리트나 기관에만 집중된 것이 아니라, 사회 전반과 우리가 맺는 모든 관계 안에서 작동한다고 지적한 바 있다. 힘은 대통령이나 국회의원 같은 정치적인 인물이나 기업의 대표, 혹은 키가 크고 체격이 큰 사람만 가지는 것이 아니다. 우리가 일상에서 맺는 모든 관계 속에서 힘은 미세하게 작동하고 있음 기억하자. 예를 들어 "자식 이기는 부모 없다"는 말은 부모와 자녀 사이에 존재하는 독특한 힘의 한 양상을 잘 보여준다.

또, 학교폭력 피해자의 복수를 다룬 네플릭스 드라마 *더 글로리(The Glory)*는 친구와 친구 사이, 또래 간에도 힘의 관계가 존재한다는 사실을 지적하고 있다. 돈의 유무, 나이가 많고 적음, 장애의 유무, 성적지향, 성별, 출신 지역, 학력, 등등 다양한 요소들은 관계 속에서 미묘하게(subtle) 힘의 차이를 만들어내며, 때로는 영향력의 크고 작은 차이로 작용하기도 한다. 목회자는 이러한 미시적인 힘의 흐름을 인지해야 하며, 그 힘을 어떻게 사용할 것인가에 대해 책임감을 가져야 한다. 주어진 힘은 지배나 통제를 위해서가 아니라, 사람을 세우고 회복시키는 방향으로 사용되어야 한다.

예수께서는 마태복음 20:26 절에서 “너희 중에 누구든지 으뜸이 되고자 하는 자는 너희를 섬기는 자(servant)가 되어야 한다”고 말씀하신다. 이 말씀은 제자들 사이에서 누가 더 높은 자리를 차지할 것인지 논쟁하던 상황에서 주어졌다. 예수님은 이방인들이 권력을 이용해 지배하고 억누르지만, 자신을 따르는 이들은 종이 됨으로써 참으로 큰 사람이 될 수 있다고 말씀하신다.

당시 일반적으로 통용되던 힘과 위대함에 대한 이해를 근본적으로 뒤흔들면서, 힘을 소유한 자가 그것을 어떻게 사용할 것인지에 대한 근본적인 물음을 던지고 계신 것이다. 예수님의 가르침을 따라, 소외된 이들의 목소리에 귀 기울이고, 그들의 아픔에 함께하는 자세로 자신에게 주어진 힘을 사용할 수 있길 바라본다. 그럴 때 비로소 우리는 진정한 의미의 ‘큰 자’가 되어가는 길에 서게 될 것이다. 교회 안에서 목회 돌봄과 목회상담으로 사람들을 섬기게 될 우리가, 우리에게 주어진 힘을 어떻게 윤리적으로 다루어야 하는지 살펴보도록 하자.

1) 다중관계

효과적인 상담을 위해서 상담자에게 금지되는 중요한 원칙 중 하나는 “다중관계(dual-relationship)”이다. 다중관계란 상담자와 내담자가 상담실에서 맺는 치료적 관계 외에 다른 형태의 관계를 동시에 맺는 것을 의미한다. 원어의 의미를 살린다면 이중관계로 해석되어야 하나, 이중을 넘어 삼중 사중의 관계를 맺을 가능성이 있기에 다중관계로 이해하는 것이 바람직하다. 나의 지인 중 한 상담사는 이런 이야기를 들려준 적이 있다. 딸아이가 “아빠는 상담할 때만 쓰는 [특별한] 목소리가 있는 거 같아”라고 말했다는 것이다.[6] 이는 상담사로서의 아버지의 모습이 가정 내에서의 아버지와는 다르다는 점을 직관적으로 지적한 말로, 아버지의 이중성을 비난하는 말이었다.

상담사의 이중성에 대한 더 흔한 반응 중 하나로 "상담 전공했다면서?"라는 말일 것이다. 상담을 전공한 사람이라면, 가족이나 가까운 지인들에게서 한 번쯤은 들어봤을 법한 말이 아닐까? 어떤 상담자는 이런 반응에 대해서 "그럼 당신도 상담비를 내라"고 유쾌하게 응수했다고 하는데, 이 일화는 상담 관계가 일상생활 속에서 맺는 여타의 관계와는 다르다는 점, 즉 일종의 계약적이고 제한된 치료적 관계임을 단편적으로 보여준다.

내담자는 상담가를 찾아와 상담실이라는 안전한 공간에서 정해진 시간 동안 치료적 관계를 형성해 간다. 이 관계가 깊어지고 신뢰가 쌓이면, 우리는 이를 "치료적 동맹(therapeutic alliance)"이라 부르며, 이는 효과적인 상담 결과를 기대할 수 있는 토양이 된다. 그런데 이 관계에, 가족관계, 연인관계, 또는 상거래 관계 등이 겹치게 된다면, 치료의 효과는 반감될 뿐 아니라, 내담자에게 심리적 상처를 입히거나 내담자의 권리를 침해하는 결과로 이어질 수 있다는 것을 명심해야 한다. 교제 관계에 있는 파트너와 영적 지도자로서의 관계가 동시에 있는 것은 큰 무리가 따를 수 있으므로, 교회 사역에 임할 때 나름으로 윤리적 원칙을 정하고 행동하는 것은 바람직하다 할 수 있다. 따라서 목회자와 상담자는 다중관계의 가능성을 철저히 인식하고 예방하는 태도가 필요하다.

6) 이 상담가는 필요에 따라 자신의 집[미국의 굉장히 큰 집]에서 상담을 할 때가 있었는데, 딸 아이가 상담하는 장면을 우연히 지나치며 목격했던 것이라 추측해 본다.

❙ 잠깐 생각해 볼 문제

1. 교인과의 상업적 거래는 다중관계에 해당하는가?
   만약 해당된다면, 어디까지 허용 가능하고 어디부터는 윤리적을 위험한가?

2. 목회자가 교인과 친밀한 우정을 맺는 것은 자연스러운가, 아니면 사역적 관계를 혼란스럽게 만들 위험이 있는가?
   우정과 사역적 관계의 경계는 어떻게 설정해야 할까?

목회자가 자신의 교회 성도를 상담할 때 특별히 신중해야 하는 이유가 여기에 있다. 교회 안에서 목회자는 단순한 상담자를 넘어 여러 역할을 감당해야 한다. 설교와 각종 성경공부를 통해 가르치는 교사이자, 가족 구성원 중 한 명과만 관계를 맺는 것이 아니라 교회를 출석하는 가족 구성원 모두와 관계를 맺게 된다. 또한 목회자는 교회 안에서 진행되는 다양한 행사와 사역의 기획자, 조정자, 또는 실행자로서도 활동하게 된다. 이러한 특성 때문에, 일반 상담가가 내담자와 치료적 관계 외에 다른 관계를 제한할 수 있는 것과 달리, 목회자는 성도들과 필연적으로 이중적 혹은 삼중 이상의 관계를 맺게 된다.

따라서 자기 교회 성도를 직접 상담하는 일은 신중해야 하며, 자신이 훈련받은 범위 내에서만 돌봄과 상담 사역을 감당해야 한다. 도링(Doehring)은 최면기술을 배우지 않았다면 그 기술을 치료 과정에서 사용하지 말아야 하는 것처럼, 목회돌봄 사역자 역시 장기 상담에 대한 훈련이나 감독을 받지 않았다면 장기적 상담은 피해야 한다고 말한다.[7] 자신의 훈련 범위를 넘어선 문제를 마주했을 때, 목회돌봄 사역자가 줄 수 있는 가장 좋은 도움은 신뢰할 수 있는 외부 전문가에게 의뢰하는 것이다. 이것은 목회자의 무

7) Doehring, *The Practice of Pastoral Care: A Postmodern Approach*, 60.

능함을 드러내는 것이 아니라, 성도를 보호하고 신앙 공동체 내 지속 가능한 관계 유지를 위한 책임 있는 선택이다.

실제로 부부 갈등과 같은 민감한 사안을 목회자에게 털어놓았다가 결국 그 교회를 떠나게 되는 안타까운 사례들은, 목회자가 다중관계의 위험성을 충분히 인식하지 못했을 때 관계가 손상되고 그 대가를 치르게 됨을 보여준다. 이처럼 다중관계는 다음으로 다룰 '비밀보장의 원칙'과도 밀접하게 연결된다. 목회자는 상담자이자 공동체의 영적 지도자로서, 관계의 경계와 윤리적 책임 사이에서 늘 신중하게 분별하며 행동해야 할 소명을 지닌 존재임을 기억해야 한다.

사례연구 ▌ 다중관계의 위험성

박목사는 새벽기도회를 마치고 집으로 돌아가는 길에 핸드폰이 울리는 소리를 들었다. 화면에는 '김영희 집사'라는 이름이 떠올라 있었다. 영희집사는 지난 3개월 동안 박목사와 정기적으로 상담을 이어온 성도였다. 남편의 외도 문제로 깊은 상처를 받은 그녀는 박목사에게 큰 정서적 의지를 하고 있었다.

"목사님, 죄송해요. 이렇게 새벽에 전화드려서... 그런데 정말 견딜 수가 없어서요."

영희 집사의 목소리에는 울음기가 섞여 있었다. 전날 밤 남편과의 심한 갈등 끝에 남편이 집을 나가버린 상황이었다.

이 가정은 교회 안에서 여러 차원으로 얽혀 있었다. 영희 집사는 주일학교 교사로 봉사하고 있었고, 그녀의 딸(고등학생)은 박 목사의 아들과 같은 학교, 같은 반에 다니고 있었다. 두 가정은 자주 함께 식사하며 가족 모임을 가진 적도 있었다. 또한 박 목사의 아내는 영희 집사와 같은 여선교회에서 활동 중이었다.
문제는 여기서 끝나지 않았다. 영희 집사의 남편인 철수 형제는 교회 재정위원회의 핵심 위원장인 정 장로님의 아들이었으며, 교회 리모델링 공사도 철수 형제가 운영하는 인테리어 회사에 맡겨졌다. 박 목사 개인 또한 그의 회사를 통해 집 수리를 의뢰한 적이 있었다. 곧 열릴 재정위원회에서 정 장로와 예산안을 논의해야 하는 상황이었다.

잠깐 생각해 볼 문제

1. 이 사례에서 다중관계의 위험성이 어떻게 발생할 수 있는지 생각해 보자.
2. 상담자이자 목회자인 박 목사는 이 상황에서 영희 집사의 새벽 전화에 어떻게 반응하는 것이 바람직할까?
3. 이런 복잡한 상황 속에서 목회자는 어떤 윤리적 원칙과 경계 설정을 지켜야 할까?
4. 목회자가 혼자 감당하기 어려운 경우, 교회 차원에서 어떤 대안적 상담/돌봄 구조를 마련하는 것이 필요할까?

2) 비밀보장(confidetiality)

상담에서의 가장 기본적이며 핵심적인 원칙은 비밀보장이다. 물론 비밀보장을 지켜야 하는 의무를 이행할 수 없는 예외적인 경우들이 일어날 수 있지만,[8] 그러한 상황을 제외하고는 상담자는 어떤 경우에도 내담자의 비밀을 유지할 책임이 있다. 상담에서의 성공 여부는 내담자가 낯선 상담자에게 얼마나 솔직하게 자신을 드러낼 수 있느냐에 달려있다 해도 과언이 아니다.

그러한 진솔한 나눔을 가능하게 하는 전제 조건은, 상담자에 대한 신뢰

8) 비밀보장을 지킬 수 없는 예외상황은 다음과 같다: 내담자가 자신의 생명이나 타인의 생명을 위협할 수 있다고 판단되는 경우. 내담자가 전염병을 가졌다는 확실한 증거가 있을 경우. 내담자가 학대를 당하고 있을 경우. 내담자의 보호 아래 있는 아동이나 노인이 학대를 당하고 있다고 판단되는 경우. 법원으로부터 정보 공개에 대한 요청이 있을 경우[단, 무조건 제공해야하는 것은 아니며, 내담자 보호를 위한 정당한 사유가 있다면 제출을 거부할 수 있다].

와 자신이 털어놓은 이야기가 상담실 밖으로 나가지 않을 것이라는 확신이라 할 수 있다. 이러한 신뢰가 형성될 때, 상담 공간은 내담자에게 심리적 안전기지처럼 느껴지게 되며, 내담자는 자신의 내면을 더 깊이 성찰하고 자유롭게 표현할 수 있게 될 것이다. 목회자는 단지 상담자의 역할에 그치지 않고, 예배 때마다 설교자로서 공적인 역할을 동시에 수행해야 한다는 점에서, 비밀보장에 대한 더 높은 책임 의식을 가져야 한다.

얼마 전 내가 가르치는 교양 수업에서 있었던 한 경험을 통해 비밀보장의 중요함을 다시금 깨닫는 일이 있었다. 한 학생이 수업 후 나를 찾아와, 수업 시간에 내가 비유로 들었던 사건이 혹시 자신이 신고했던 사건이 아니었는지 물어왔다. 많은 학생 앞에서 이름을 밝힌 것은 아니었지만, 자신의 이야기가 공개된 것 같은 큰 충격을 받았다는 것이 요지였다. 이번 학기 특정 학생이 내 수업을 수강하고 있다는 사실을 나는 인지하고 있었고, 나는 그 학생이 신고한 사건을 의도적으로 피해온 게 사실이다. 그리고 그 학생이 자신의 이야기라고 생각했던 내가 언급한 사건은 전혀 다른 사건이었다. 하지만, “두꺼비 보고 놀란 가슴, 솥뚜껑 보고 놀란다”라는 속담처럼 트라우마를 경험한 학생의 입장에서 느낄 수 있는 예민함은 충분히 이해할 만한 것이었다. 나는 오해였음을 설명하고 학생을 위로했지만, 이 경험은 비밀보장에 대한 또 다른 교훈을 남겼다.

학교 인권센터에의 경험을 바탕으로 학생들의 이해를 돕기 위해 실제 사례를 사용하곤 했는데, 이 사건을 계기로, 업무상 알게 된 정보를 교육을 목적으로 사용하는 것의 한계와 윤리적 책임에 대해 다시금 진지하게 고민하게 되었다. 그와 동시에 일반 직장을 다니는 사람들에게 업무상 알게 된 정보에 대한 비밀보장의 의무가 있는 현실을 목회 상황에 접목하여 생각하기에 이르렀다. 목회자는 돌봄을 제공하는 과정에서 다양한 사적인 정보들을 수집하게 될 수 있다. 표면적으로 비밀보장에 대한 약속을 언급하지 않았더라도, 비밀을 유지할 의무가 있음을 기억해야 한다.

비밀보장의 의무는 목회자가 다양한 역할을 동시다발적으로 수행한다는 사실 때문에 더욱 주의를 기울여야 한다. 특별히 설교할 때나, 교인들을 교육하기 위해 적당한 예화를 찾던 중 최근 만남을 가졌던 성도의 경우가 떠오를 수 있다. 하지만, 비밀보장의 의무를 마음속에 떠올리며, 다른 예화를 찾으려는 수고를 아끼지 않을 수 있길 바래본다. 특별히, 성도들이 겪고 있는 고난과 역경에 대해서 되도록 언급하지 않도록 각별한 주의를 기울여야 한다. 자신의 이야기가 설교와 같은 공적인 자리에서 흘러나오는 순간, 당사자는 대중 앞에서 벌거벗겨진 것 같은 수치심과 함께, 신뢰했던 목회자로부터 배신당했다는 깊은 상처를 경험할 수 있음을 기억하자. 신뢰는 돌봄의 핵심이며, 비밀보장은 그 신뢰를 지탱하는 가장 기본적인 기둥임을 잊지 않길 바란다.

3) 자율성과 선행

상담자는 내담자의 자율성을 최대한 존중해야 할 책임이 있다. 내담자의 선택이나 결정이 상담자의 눈에 최선으로 보이지 않더라도, 그 선택을 존중하고 지지하는 것이 상담자의 역할이다. 나는 대학 상담센터에서 약 3년간 대학생 내담자를 주로 만났던 적이 있다. 2025년은 내가 대학을 입학한 지 30년이 되는 해로, 그 시기에 만났던 학생들은 대부분 자녀뻘 되는 세대였다. 학생들이 호소하는 고민은 다양했지만, 인생의 경험과 연륜으로 볼 때, 크게 낯선 문제는 많지 않았다. 그러나 그들의 삶의 자리에서 그 문제들은 결코 가볍게 여겨질 수 없는, 누구나 진지하게 경청할 가치가 있는 문제들임은 분명하다. 그래서 나는, 내담자의 선택이 최선이 아닐지라도 판단하거나 훈계하기보다 경청과 공감으로 반응하려고 애썼다. 그 선택이 어떤 결과를 낳더라고, 내담자가 스스로 풀어갈 수 있도록 곁에서 지지하는 것이 상담자의 책임이기 때문이다.

경험이 많은 산파일지라도 아이를 대신 낳아줄 수는 없다. 진통을 견디고 힘을 주어 생명을 탄생시키는 일은 오직 산모만이 할 수 있다. 산파는 다만 곁에서 지켜보며 지지하고, 산모가 두려움 없이 자신이 가진 힘을 발휘할 수 있도록 도울 뿐이다. 목회상담자 역시 이와 같다. 내담자가 자유롭게 선택할 수 있도록 지지하는 것은 목회상담자의 중요한 책임이며, 이 자율성은 반드시 타인의 권리와 존엄을 침해하지 않는 범위 안에서 보장되어야 한다.

또한 상담자는 내담자의 성장과 복지에 헌신해야 한다. 예수님의 섬김의 리더십은 상담자가 감당해야 할 이러한 윤리적 소명과 맞닿아있다. 우리는 돌봄과 상담을 통해서 내담자가 더 풍성한 삶으로 이끌림 받을 수 있기를 바라는 마음으로 임해야 한다. 하지만, "성장을 돕는다"는 명분 아래, 오히려 자율성을 침해하고 있지는 않은가 성찰해야 한다.

"계란이 밖에서 깨지면 생명이 끝나지만, 안에서 깨지면 생명이 시작된다"는 말처럼, 내담자 스스로 문제를 인식하고 해결하려고 할 때에야 비로소 진정한 변화와 성장이 가능하다. 자녀가 성장하며 더 많은 자율성을 부여받을 때 삶을 배우고 성숙해 가듯, 상담에서도 자율성을 억압하는 '선한 의도'는 건강한 성장을 막는다. "다 너를 위해서야"라는 명분으로 자율성을 억압하는 양육이 결코 건강한 성인을 길러내지 못하듯, 상담에서도 선한 의도만으로 내담자의 자율성을 침해해서는 안 된다. 상담자의 역할은 문제를 대신 해결하는 것이 아니라, 내담자가 자신의 삶을 살아낼 수 있도록 곁에서 지지하는 것임을 잊지 말아야 한다.

이 점에서 드라마 *이상한 변호사 우영우*의 한 장면은 꽤나 깊은 인상을 남겼다. 자폐 스펙트럼을 가진 영우가 아버지에게 자신이 변호사로 입사하게 된 것이 아버지와 회사 대표의 인맥을 통한 낙하산 인사였다는 사실을 확인하는 순간이다. 이에 대해 아버지는 "영우도 부모가 돼 보면 알거야…. 자식이 실패하는 걸 보는 게 얼마나 고통스러운지…."라고 말한다. 이 말을 들은 영우는 "오롯이 좌절하고 싶습니다"라고 항변한다. 그러면서 "좌절해야 한다면, 저 혼자서 오롯이 좌절하고 싶습니다. 저는 어른이잖아요…. 아버지가 매번 이렇게 제 삶에 끼어들어서 좌절까지도 대신 막아주는 거… 싫습니다. 하지 마세요!"라는 말을 남기고 자리를 떠난다. 영우의 "오롯이 좌절하고 싶다"는 말은 실패조차도 자신이 온전히 경험하고 싶다는 고백이었다. 나는 스스로에게 묻는다. 우리는 내담자에게 오롯이 좌절할 기회를 허락하고 있는가? 실패를 경험하도록 진정으로 허용하고 있는가?

상담 훈련은 나로 하여금 자기 절제, 경청, 그리고 타인의 삶을 존중하는 태도를 배우게 했다. 내가 살아오며 경험한 방식이 다른 이에게 동일하게 적용되지 않는다는 사실을 깨닫게 되었고, 그 깨달음은 내담자의 이야기를 더욱 주의 깊게 경청하도록 이끌었다. 아직도 갈 길은 멀지만, 예전처럼 오지랖 넓게 참견하고, 답을 주려 들던 태도는 조금씩 변화했다. 훈련은 참으로 중요하다.

해롤드 쿠쉬너(Harold Kushner)는 하나님의 전능하심을, 인간 세상에 벌어지는 고난과 고통에 일부러 개입하지 않으시는, 스스로를 제한하는 능력으로 해석했다.[9] 우리가 목회자로서 묵상해 볼 깊은 통찰을 제공해 준다.

9) Harold S. Kushner, *When Bad Things Happen to Good People* (New York: First Anchor Books, 1981). 하나님의 전능에대한 쿠쉬너의 해석은 과정신학과 맥을 같이 한다. 절판된 번역서의 제목은 『왜 착한 사람에게 나쁜 일이 일어날까?』인데, 원제목에서 쿠쉬너가 이야

전능하신 하나님께서도 자신을 제한하고 계신다면, 한낱 인간인 우리는 "나는 지금 돕고 있는가, 아니면 간섭하고 있는가?"를 늘 물어야 한다. 돕는다는 명분 아래 자율성을 침해하지 않도록 신중하게 경계하며 돌보는 목회자들이 될 수 있길 바란다.

임상목회교육(CPE)에서 얻게 된 중요한 교훈 중 하나는 "Let them be where they are", 즉, "사람들이 그들이 있는 곳에 있도록 허락하라"는 것이다. 환우들이 느끼는 것과 호소하는 문제를 고치려 하기보다, 그 자리에 함께 있어 주는 것이 더 큰 사역임을 뜻한다. 목회자는 설교와 가르침에 익숙해 '고치는 사람(fixer)'이 되기 쉽지만, 돌봄과 상담의 현장에서는 문제 해결의 책임이 우리에게 있지 않다. 우리가 해야 할 일은 내담자가 최선의 선택을 할 수 있도록 곁에서 창의적으로 돕는 것이다.

잠깐 생각해 볼 문제

◇ 경청과 공감의 실천

1. 나는 내담자의 선택이 내 기준에 맞지 않을 때에도 여전히 경청과 공감으로 반응할 수 있는가?
2. 판단하거나 조언하려는 습관을 줄이고, 있는 그대로 들어주는 훈련을 어떻게 이어갈 수 있을까?

◇ 하나님의 자기 제한과 목회자의 태도

3. 해롤드 쿠쉬너가 말한 "자신을 제한하시는 하나님"의 개념은 목회상담자의 태도와 어떤 연관이 있을까?
4. 하나님의 자기 제한을 본받아, 내 힘을 내려놓고 상대방의 자율성을 존중하는

기하는 바는 'why'가 아니라 'when'임을 기억할 수 있길 바란다. 미국 M.Div. 과정을 하는 동안 꼭 한 번은 읽어보도록 교과목에서 다루는 이 책의 한국어판이 절판이 되어 안타깝지만, 목회자가 되길, 그리고 목회상담을 통해서 고통받는 사람들과 함께 하기를 바라는 사람들이 꼭 한 번 진지하게 읽어볼 수 있길 바라는 책이다.

태도를 실천해야 하는 영역은?

◇ CPE의 교훈 적용

5. "Let them be where they are(그들이 있는 곳에 있도록 하라)"는 원칙을 나의 목회 현장에서 어떻게 구체적으로 실천할 수 있을까?

4) 유능성과 전문적인 책임

영어 속담 중에 "The road to hell is paved with good intentions (지옥으로 가는 길이 선의로 포장되어 있다)"라는 말이 있다. 어떤 행동이 선한 의도에서 시작되었음에도, 결국 상처를 주는 결과로 이어질 수 있다는 경우를 일컬을 때 종종 사용되는 표현이다. 다시 말해, 선한 의도만으로는 좋은 결과를 보장할 수 없다는 사실을 강조하는 말이다. 앞서 언급했듯이, "다 너를 위해서야"라는 부모의 항변은 분명 선한 의도였음을 강조하는 말이다. 그러나 자녀가 받는 스트레스나 상처를 고려할 때, 그 의도는 더는 중요하지 않게 된다.

마찬가지로, 교회 안에서 이루어지는 돌봄과 상담도 내담자를 돕고자 하는 선한 의도에서 출발했음은 분명하지만, 그 의도만으로 회복과 치유라는 결과를 도출해 낼 수 없다. 상담자는 선한 의도만으로 충분하지 않으며, 전문적인 지식과 꾸준한 훈련을 통해 실력을 갖추어야 할 책임이 있다. 한국목회상담협회 윤리강령에서 첫 번째로 "전문적 능력"을 언급하면서, "상담과 돌봄에 대한 지식·임상·교수·연구·영성의 전문성을 확보한다"라고 지적하고 있는 것도 이와 같은 이유라 할 수 있다.

그렇다면 어떤 상담가가 '유능한 상담가'일까? 물론 다양한 이론과 자격증을 갖추는 것은 중요하다. 심리치료 현장에서는 "상담을 하면 집안 기둥 뿌리가 뽑힌다"는 우스갯소리가 종종 회자하는데, 이는 그만큼 인간의 문제가 단순하지 않고, 누구에게나 딱 맞는 하나의 완벽한 이론이나 기법은 없다는 사실을 반영한다. 세계적으로 우울증 치료에 효과가 있다고 평가받는 인지행동치료조차도, 모든 내담자에게 효과적인 것은 아니다. 그만큼 상담사는 평생학습자로 살아가며 다양한 접근을 배우고 통합해 나가고자 노력해야 한다. 하지만 이처럼 끊임없이 지식을 확장하는 노력은 반드시 '자기자각(self-awareness)'이라는 기반 위에 이루어져야 한다는 점을 기억하자.

'유능하다'는 말은 단순한 기술이나 지식이 풍부하다는 의미를 넘어서, 자신에 대한 명확한 인식과 통찰을 갖추고 있다는 것을 포함한다. 즉, 자신의 강점과 약점, 자신이 익힌 기술의 효용과 한계를 정확히 아는 능력이야말로 상담자의 유능성을 구성하는 핵심 요소다. 그러므로 상담가가 되기를 희망하는 사람이라면, 끊임없는 자기 성찰과 자기 관찰의 훈련을 위해 꾸준한 노력을 기울여야 한다. 그리고 이러한 요청은 일반 상담가들에게만 해당하는 것이 아니다. 오히려 목회자에게는 더욱 절대적으로 요구된다는 것을 시간이 지날수록 실감하게 된다. 암은 자기 몸을 해치지만, 자기 자신을 알지 못하는 사람은 주변 사람들을 아프게 하는 경우를 왕왕 접했기 때문이다. 공동체의 리더가 자기 자각이 부족할 때, 그 피해는 구성원 전체로 확산될 수 있다는 사실을 잊지 말아야 한다.

우리는 24시간 내내 자신과 함께 살아가지만, 정작 자기 자신에 대해 잘 모르는 경우가 많다. "너 자신을 알라"는 말이 시대를 초월하여 울려 퍼지는 이유는, 그만큼 자기를 아는 일이 중요하지만 실천하기 어렵기 때문일 것이다. 학생들을 상담하다 보면, 폭력적인 부모님들이 자신이 얼마나 부족한 부모인지조차 인식하지 못하는 경우가 자주 있음을 목격하게 된다. "내가 이만큼 해줬음 됐지? 뭐가 부족해서…."라는 말로 자녀의 감정을 무시하며, 오히려 자녀 안에 쌓인 분노에 기름을 붓는 경우도 많다.

초등학교 저학년 때 일기 숙제를 떠올려 본다. 하루를 돌아보며 써야 하지만, 늘 미뤄두었다가 며칠 치를 몰아서 쓰기 일쑤였다. 하루를 돌아보는 일이 몇 분밖에 걸리지 않지만, 우리는 바쁘다는 이유로 그것조차 잊고 살아간다. 뜸을 들인 밥이 맛이 있는 것처럼, 우리 삶도 뜸 들이는 시간이 필요하다. 많은 성인들이 그렇게 자기 삶을 돌아보지 않은 채 하루하루를 흘려보내고 있다. 자신을 돌아보고 성찰하는 습관이야말로 자기 자각을 키우는 첫걸음이다. 그 위에 이론과 기술의 습득이 더해질 때, 비로소 건강하고 유능한 상담자로 목회자로 성장할 수 있을 것이다.

자신의 한계를 자각하고 있는 상담가는 필요하다고 판단될 때 다른 상담가나 전문가에게 자문을 구하고 내담자를 의뢰하는 것까지 포함할 수 있음을 기억하자. 자기의 능력 밖에 있는 문제를 가지고 조언을 구하는 내담자나 성도에게 다른 전문 기관을 소개하는 것은 무능력함을 뜻하지 않는다. 도링(Doehring)은 "상담자를 위한 모든 전문 윤리 강령은 자신의 전문성의 한계를 인식하고, 필요할 경우 적절히 [다른 전문가에게] 의뢰해야 한다는 점을 분명히 하고 있다"[10]고 진술한다. 모든 종류의 상담가에게 적용돼야 하는 이와 같은 요청은 목회상담가에게 예외가 아님을 기억하자.

5) 자기 돌봄의 책임

35) 그 중의 한 율법사가 예수를 시험하여 묻되
36) 선생님 율법 중에서 어느 계명이 크니이까
37) 예수께서 이르시되 네 마음을 다하고 목숨을 다하고 뜻을 다하여 주 너의 하

10) Doehring, *The Practice of Pastoral Care: A Postmodern Approach*, 60.

나님을 사랑하라 하셨으니
38) 이것이 크고 첫째 되는 계명이요
39) 둘째도 그와 같으니 네 이웃을 네 자신 같이 사랑하라 하셨으니
40) 이 두 계명이 온 율법과 선지자의 강령이니라

마태복음 22:35~40

마태복음 22장의 말씀은 가장 큰 계명이 무엇이냐는 물음에 대한 예수님의 대답이다. 이천 년 전 한 율법사에게 하신 예수님의 대답은 오늘을 사는 우리에게도 여전히 유효하며, 구체적이고 살아 있는 실천을 요구한다. 예수님은 여전히 눈에 보이지 않는 하나님 사랑과 내가 볼 수 있고 만질 수 있는 이웃을 사랑하는 책임으로 부르고 계신다. 이 땅에서 그리스도인으로 살아간다는 것은 눈에 보이지 않는 하나님을 가장 큰 가치로 두며 삶을 하나님 중심으로 운영하면서 하나님을 향한 사랑을 키워가는 것을 의미한다. 눈에 보이지 않는 하나님을 사랑한다는 말은 무척 추상적이며 손에 잡히지 않는 개념이라 여겨질 수 있지만, 이러한 하나님을 향한 사랑은 내 눈앞에 있는 이웃을 얼마나 사랑하는 지로 증명될 수 있다.

야고보서가 말하듯, "행함이 없는 믿음은 죽은 믿음"이다. 하나님을 사랑한다고 고백하면서도 이웃의 아픔에 무관심하거나, 필요를 채우기 위해 가진 것을 희생할 수 없다면, 그 믿음이 진실한지 점검해야 한다. 이 땅에서 하나님의 손과 발이 되어 이웃 사랑을 실천해 나가는 것은 예수님께서 우리에게 주시는 가장 큰 계명이다.

그런데, 이 계명에는 종종 간과되는 한 요소가 있다. 이웃 사랑을 명령하시는 39절의 말씀을 천천히 음미하며 다시 읽어보자. "네 이웃을 네 자신 같이 사랑하라"라고 말씀하시면서 예수님께서는 이웃 사랑과 자기 사랑의 실천까지도 명령하고 계신다. 하나님의 손과 발이 되어서 이웃 사랑을 실천

할 때, 그 실천의 범위를 정해 주신 것이다. 이웃 사랑의 척도는 바로 '자기 사랑'인 것이다. 자신을 미워하고 경멸하는 사람이 베푸는 이웃 사랑은 예수께서 요구하는 진정한 이웃 사랑과 동등하게 여겨지지 않을 수 있다.

전통적으로 하나님보다 높게 여기는 교만을 죄로 이해하면서, 죄에 대한 처방전으로 자기 부인(selflessness)을 강조했던 신학자들의 영향력이 굉장했던 탓에,11) 자기 사랑을 이기적인 것으로 이해하고, 상대적으로 자기 사랑은 강조되지 않아 온 것이 사실이다. 하지만, 자기 사랑은 이기적인 것이 아니며, 이웃 사랑을 위해서 반드시 선행되어야 한다. 어쩌면 더 나은 이웃 사랑을 실천하기 위해서 다양한 방법의 자기 사랑을 실천해야 할 수 있다.

자기 사랑은 목회자나 상담가가 유능함의 책임을 위반하게 되는 경우와 밀접한 관련이 있기도 하다. 자기 자신의 내면의 큰 문제를 가지고 있을 때, 이웃 사랑이라는 책임을 다할 수 없다는 것은 길게 설명하지 않아도 알 수 있을 것이다. 우울, 불안, 스트레스 등으로 어려움을 겪고 있다면, 반드시 자기를 먼저 돌보고 자기 자신을 치료하기 위해 집중해야 한다. 또한 너무나 많은 책임을 혼자서 짊어지고 있을 때 역시 자신의 유능함이 제약을 받을 수 있음을 기억하자. 자기가 무엇을 좋아하는지, 자기를 기쁘게 하는 것은 무엇인지 등 자신에게 관심을 갖고 자기 사랑을 실천으로 옮길 수 있길 권하고 싶다. 무엇보다, 죄책감을 느끼지 않으면서 충분한 휴식을 취할

11) Valerie Saiving, "The Human Situation: A Feminine View," in *Womanspirit Rising: A Feminist Reader in Religion* edited by Carol P. Christ and Judith Plaskow, (New York: HarperCollins, 1992), 25~26. 이 소고는 처음으로 *The Journal of Religion*의 1960년 4월 호에 실렸고, 1972년 이 책이 처음 출간될 때 이 책에 다시 출판됐다. 이 소고에서 Saiving은 인간의 상황을 평가하는 방식에 대해 여성의 경험이라는 관점에서 비판하고자 한다고 밝힌다. 자신이 비판하고자 하는 견해들은 Anders Nygren과 Reinhold Niebuhr의 저작에서 가장 단호하게 표현되어 있지만, 이들이 보여주는 관점은 현대 신학 전반에 널리 퍼진 경향을 대표할 뿐이라고 한다. 그 경향이란, 인간의 처지를 '하나님과 분리'과 그로 인한 '불안'에서 기인한 것으로 설명하고, 죄를 자기 주장(self-assertion)'과 동일시하며, 반대로 '자기 부인(selflessness)'을 사랑으로 정의하는 방식임을 밝힌다.

수 있길 바래본다.

자기 사랑을 이야기할 때면 언제나 신경숙의 『엄마를 부탁해』라는 소설이 떠오른다. 이 소설은 치매를 앓는 엄마를 서울 지하철 역 어딘가에서 잃어버리며 시작된다. 이 책을 덮으며, 신경숙씨가 그려낸 '치매를 앓고 있는 엄마'는 자식을 위해, 남편을 위해 자신을 아낌없이 내어준 뒤, 더이상 나눌 어떤 것도 갖지 않은 텅 빈 자아를 가진 한국 사회의 어머니들의 모습이 아닐까 생각했었다.

신경숙의 치매를 앓는 어머니는 나에게 1960년대 여성주의 신학의 관점에서 인간의 상황에 대해 분석한 벨러리 세이빙(Valerie Saiving)의 글을 떠오르게 했다. 세이빙은 동시대에 만연했던 자기 주장을 죄로 여기던 남자 신학자들을 중심으로 만들어진 인간의 상황에 대해 정의 내린 신학에 반기를 들면서, 여성들에게는 자기 부인이 아니라, 자기 사랑이 무엇보다 필요함을 주장하면서 큰 화제를 불러일으켰다.

세이빙은 자녀를 위해서 자기를 희생하는 어머니들의 경험이 심오한 자기 초월의 경험임을 인정하지만, 어머니들은 그게 인생의 전체 의미가 아니라는 것 역시 안다고 말한다. 그러면서 "어머니로서의 그녀가 전인적인 인간으로서 존재하기를 원한다면, 자기를 내어주는 순간들은 그녀 자신만의 시간, 또는 자기를 풍요롭게 하는 순간들과 균형을 이루어야 한다"12)고 주장한다. 지나칠 정도로 자신을 내어주기만 한다면, 그녀는 다른 사람들에게 줄 것이 남아 있지 않게 될 뿐 아니라, 자기 자신과 하나님 앞에서까지 자신의 가치를 잃어버린 자리로 내몰릴지 모른다.

치매가 무서운 이유는 현대의학이 아직 이 질병의 원인을 찾아내지 못했기 때문이며, 또한 종국에는 자신이 누구인지조차 잊게 만들어 인간으로서

12) Saiving, "The Human Situation: A Feminine View," 37.

의 존엄성을 빼앗긴 채 죽음에 이를 수 있게 할 수 있기 때문이다. 세이빙은 자신을 지나치게 내어줘서, 텅 빈 자아를 갖게 되는 것이 죄일 수 있음을 지적한다. 전통적으로 여성에게 더 큰 희생을 강요해 왔기 때문에, 여성들에게 더 큰 울림을 줄 수 있지만, 남성이 예외적이라고 주장하는 것은 아니다. 여성이든 남성이든, 인간은 채우지 않고 주기만 할 수 있는 존재가 아니다. 기계도 기름칠하고 돌려야 하는 것처럼, 충분한 휴식이 있을 때, 더 나은 봉사와 더 나은 섬김이 있을 수 있는 법이다.

신학대학원 학생들과 자기 돌봄에 대해서 논의하던 중, 한 전도사님이 담임목사님께서 "목회자에게 휴일이 어디 있습니까? 아무 때나 전도사에게 연락하세요"라고 하는 광고를 했다는 나눔을 한 적이 있다. 나도 자라오면서 어디선가 한 번은 들어 봄 직한 말이었다. "목회자에게 휴일이 있어서는 안 된다"라는 통념의 뿌리에 이웃 사랑과 자기 사랑을 연결하지 못한 오해가 자리잡고 있지 않을지 생각해 본다. 한국 교회 안에서 하나님 사랑, 이웃 사랑, 그리고 자기 사랑 사이에 조화를 이루는 건강한 실천이 이루어질 수 있길 바란다. 자기 돌봄은 사역을 포기하는 것이 아니라, 사역을 지속 가능하게 하는 길이다. 채우고 난 뒤에야 우리는 다시 흘려보낼 수 있다. 그리고 그때야 비로소, 예수님께서 말씀하신 "가장 큰 계명"이 온전히 실천될 수 있다.

나에게 관심 가져보기

▪ 나의 긍정적인 면모 발견하기

1. 내가 가장 행복한 때는?
2. 내 친구들이 이야기해주는 나는?
3. 내가 자랑스러운 것은?

4. 나의 원가족들은 내가 ~ 할 때 칭찬했다.
5. 내가 잘하는 것은?
6. 나를 특별하게 만드는 것은?

■ **나의 강점과 성장 탐색하기**

1. 어려운 상황을 극복했던 경험과 그때 발휘한 나의 능력은?
2. 내가 자연스럽게 하게 되는 행동이나 습관 중 긍정적인 것들은?
3. 스트레스 상황에서 나만의 대처 방식은?
4. 내가 타고난 재능이라고 생각하는 것은?
5. 노력을 통해 발전시킨 능력은?

■ **나의 가치관과 의미 찾기**

1. 내가 중요하게 생각하는 가치는?
2. 내 삶에 의미를 주는 활동이나 관계는?
3. 내가 세상에 기여하고 싶은 것은?
4. 내가 절대 포기할 수 없는 것은?
5. 10년 후 내 모습을 상상할 때 가장 중요한 요소는?

■ **나의 감정과 욕구 이해하기**

1. 내가 가장 편안함을 느끼는 순간은?
2. 나를 충전시켜주는 활동은?
3. 내가 무시하거나 억누르고 있는 감정이나 욕구는?
4. 나에게 동기부여가 되는 것들은?
5. 내가 진정으로 원하는 것은?

■ **나의 성장과 변화 인정하기**

1. 1년 전의 나와 비교했을 때 달라진 점은?
2. 내가 극복한 두려움이나 한계는?
3. 실패나 실수를 통해 배운 소중한 교훈은?
4. 나에게 가장 의미있었던 변화의 순간은?
5. 앞으로 도전해 보고 싶은 새로운 영역은?

제4장

신학적 성찰(Theological Reflection)

제4장

신학적 성찰(Theological Reflection)

신학적 성찰의 교육적인 가치는 지난 40여 년 동안 미국과 영국 등지의 신학 교육 현장에서 활발히 논의됐다. 나 역시 2004년부터 2008년까지 미국에서 신학 석사(M.Div.)과정을 밟았을 때, 신학적 성찰이 신학 교육에서 매우 중요하게 다루어졌던 기억이 생생하다. 지금도 하워드 스톤(Hward W. Stone)과 제임스 듀크(James O. Duke)의 책 *How to Think Theologically* (신학적으로 생각하는 방법)와 같은 저서가 교과서처럼 활용되고 있을 것이라 의심하지 않는다.[1]

---

1) 신학적 성찰에 대해 언급한 책들은 그 외에도 다양하다: Paul Tillich, *Systematic Theology Volume One* (Chicago: The University of Chicago Press, 1951), *Formation and Reflection: The Promise of Practical Theology* (Philadelphia: Fortress Press, 1987) edited by Lewis S. Mudge and James N. Poling., James D. Whitehead and Evelyn Eaton Whitehead, *Method in Ministry: Theological Reflection and Christian Ministry* (New York: Sheed & Ward, 1995), Elaine Graham, Heather Walton, and Frances Ward, *Theological Reflection: Methods* (London: SCM Press, 2005), Judith Thompson, Stephen Pattison, and Ross Thompson, *SCM Studyguide to Theological Reflection* (London: SCM Press, 2008), Helen Cameron and et al., *Theological Reflection for Human Flourishing: Pastoral Practice and Public Theology* (London:

쥬디스 톰슨(Judith Thompson)과 동료들은 신학적 성찰이 실천신학 분야에서 구별된 방법론으로 등장한 정확한 시기를 특정하기는 어렵다고 보면서도, 그 기원을 20세기 일어난 다음의 세 가지 주요 흐름에서 찾고 있다.2): 첫째는 1950~60년대 라틴아메리카에서 발전한 해방신학(liberation theology)이다. 둘째는 1920년대 미국에서 안톤 보이슨을 중심으로 시작된 임상목회운동(clinical pastoral movement)이다. 세째는 존 듀이(John Dewey)의 철학에 기반하여 다양한 전문 분야에서 성찰적 실천(reflective practice)이 도입된 움직임이다.

1930년대 철학자 존 듀이(John Dewey)의 사상에서 영향을 받아, 성찰적 방식이 교육학 분야에서 중요한 전문적 훈련 방법으로 점차 자리잡아 갔다. 듀이가 제시한 접근법이 여러 분야의 학자들에 의해 다양하게 해석되고 발전해 나가는 과정에서, 1984년 다니엘 콜브(Daniel Kolb)는 다음과 같은 '경험학습 순환(experiential learning cycle)'을 제안하게 된다.

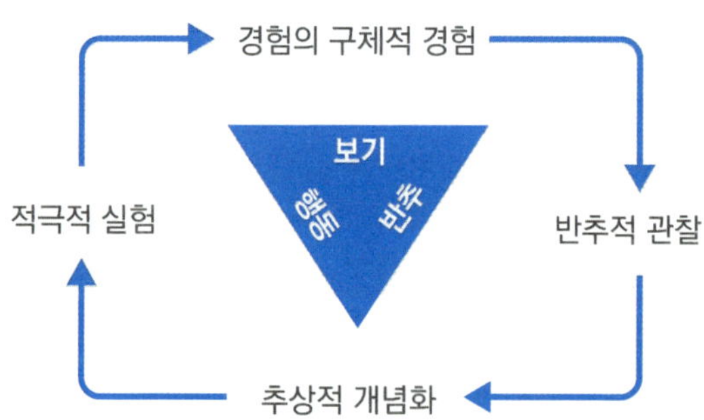

경험학습 순환(experiential learning cycle)

SCM Press, 2012).

2) Judith Thompson, Stephen Pattison, and Ross Thompson, *SCM Studyguide to Theological Reflection* (London: SCM Press, 2008), 17.

학습이란 외부의 지식을 암기해서 내 것으로 체화하는 것으로 생각하기 쉽지만, 콜브는 학습이란 "[내가 겪은] 경험이 변화를 통해 지식으로 빚어지는 과정"이라고 정의한다.[3] 즉, 단순히 경험을 많이 한다고 해서 배움이 일어나는 것이 아니라, 경험을 성찰하고 해석하며 적용하는 과정 속에서 새로운 지식이 형성됨을 강조하고 있다. 그렇기 때문에 콜브는 "지식은 경험을 이해하고 그것을 변형시키는 과정이 결합할 때 생겨난다"[4]라고 이해했다.

※ 콜브의 경험학습 순환을 살펴보면 다음과 같다.

1단계: 구체적인 경험

- 살아있는 인간문서의 구체적인 경험에서 시작

2단계: 반성적 관찰

- 경험을 흘려보내지 않고, 차분히 되돌아보고 여러 관점에서 살펴보기
- 예: "왜 이런 일이 일어났지?" "내가 느낀 감정은 무엇인지?"
  "다른 사람들은 어떻게 느꼈을까?"와 같은 질문을 던지며 성찰한다.

3단계: 추상적 개념화

- 반성적 관찰의 내용을 바탕으로 개념이나 이론을 정리한다.
- 경험에서 교훈을 뽑아내고, 기존의 지식·이론과 연결하여 이해를 심화한다.
- 예: '공감적 경청이 신뢰 형성에 효과적이구나'라는 원리를 깨닫는 것.

---

3) David A. Kolb, *Experiential Learning: Experience as the Source of Learning and Development*, 2nd ed. (Upper Saddle River, NJ: Pearson Education, 2015), 51.
4) 위의 책.

4단계: 적극적 실험

- 새로 얻은 개념이나 통찰을 실제 상황에 적용해 본다.
- 예: 다음 상담에서 의도적으로 공감적 반응을 시도하거나, 교회 소그룹에서 새로운 리더십 방식을 실험하는 것.

교회에서 돌봄과 상담을 진행하는 과정에서 목회자들은 수많은 경험을 접하게 된다. 그러나 단순히 많은 경험을 접한다는 것만으로는 성장과 성숙으로 이어지지 않는다. 신중한 성찰이야 말로 경험과 성장을 연결하는 핵심적인 통로라 할 수 있다. 따라서 상담 실습에서 감독(supervision) 과정은 지지와 격려를 제공함과 동시에 적절한 성찰을 위한 합당한 질문을 제기하도록 설계되어야 한다. 실제로 실천신학 자체를 신학적 성찰로 이해하려는 움직임이 나타날 정도로, 성찰은 신학적 교육에서 핵심적으로 다루어져야 할 요소다. '살아있는 인간문서(living human document)'를 신학의 출발점으로 삼는 목회상담에 있어서 신학적 성찰은 어떤 기법보다 본질적인 도구가 된다. 이런 이유로 목회/실천신학은 전통적인 적용신학의 범주를 넘어, 신학적 성찰을 중심 과제로 삼는 방향으로 발전해 왔다.

1) 적용신학에서 신학적 성찰로의 확장

어떤 목회자가 좋은 목회자일까? 누군가는 설교와 가르침의 탁월함으로 회중에게 은혜와 깨달음을 전하는 목회자를 떠올릴 것이고, 또 다른 이는 찬양 인도를 통해 심령을 울리며 하나님의 임재를 경험하도록 돕는 특별한 재능을 가진 목회자를 생각할 수 있다. 반대로, 언변이나 음악적 재능이 부족하더라도, 사랑과 진실함으로 성도들을 품고 위로하는 따뜻한 성품을 가진 목회자도 있을 것이다. 사람마다 다르듯, 목회자도 그 수만큼 다양하다. 각기 다른 은사와 성품을 가진 목회자들이 저마다 고유한 방식으로 교회를 섬기며, 하나님의 나라가 이 땅에 임하도록 돕는다.

그러나 목회자 양성을 위한 신학 교육이 지나치게 이념적인 내용에 치중한 나머지, 실제 목회 현장의 요구와 괴리되어 있다는 비판도 존재한다. 일부는 이러한 이유로, 신학 교육 자체의 필요성을 의심하기도 한다. 그러나 진정한 의미에서 좋은 목회자가 되기 위해서는, 설교나 찬양 인도와 같은 외형적 · 기술적 역량뿐 아니라, 지난 이천 년 동안 교회가 축적해 온 전통과 신학적 논쟁, 그리고 실천적 지혜와 그로 인한 변화를 배움으로써 신학적 안목과 분별력을 갖추는 과정이 필수적이다.

사실, 목회자를 양성하는 신학 교육에서의 방향과 내용의 변화를 요구하는 목소리는 18세기 계몽주의 시대 이후 지속적으로 제기되어 왔다. 특히 신학이라는 학문이 대학 내에 존재해야 할 정당성을 설명해야 했던 슐라이어마허(Friedrich Schleiermarcher) 이후, 이러한 문제의식은 더욱 뚜렷해졌다. 이러한 비판과 요구는 신학의 분과 중 하나로서 '목회/실천신학'의 성장을 촉진했다. 앞서, '목회신학이란 무엇인가'를 다룬 장에서 언급한 바와 같이, 성서신학 · 역사신학 · 조직신학은 비교적 일찍부터 독립된 분과로 인정을 받았지만, 목회/실천신학은 19세기에 들어서야 비로소 부록이 아닌 독립된 학문 분과로서 자리매김하게 되었다. 그럼에도, 지난 반세기 동안 목회/실천신학은 실천에 대한 새로운 이해를 바탕으로 자신의 정체성을 재정립할 필요를 직면해 왔다.

그레함(Elaine Graham)과 동료들은 "지난 20년 동안 목회신학과 실천신학의 역사와 정체성은 심도 있는 재검토의 대상이 되어 왔다"고 밝히면서, 특히 '적용신학'이라는 전통적인 이해에서 '신학적 성찰'로의 발전해 온 인식론적 변화가 그 핵심이라고 밝힌다.[5] 이러한 인식론적 변화를 언급하면서, 그레함과 동료들은 목회/실천신학의 역사적 발전 과정을 여섯 단계로 나누어 설명한다. 이 설명은 내용적으로 충분한 가치를 지니고 있어, 본문에서는 그 설명을 충실히 번역하여 전달하고자 한다:

▎목회/실천신학의 발전 단계[6]

1단계: 기독교가 시작된 첫 두 세기 동안, 신앙 안에서 서로를 세워가려는 열정을 지닌 그리스도인 공동체의 구성원들에 의해 이루어진 돌봄으로, 가장 기초적인 형태임.

2단계: 시간이 지나며 사도적 사역의 제도화가 강화되었고, 교회의 권위 아래에서 성직자들이 개인과 공동체 돌봄을 규율하는 구조가 자리 잡음. 이 시기에 '도덕 신학(moral theology)'이 등장했는데, 이는 목회 돌봄의 실천을 성례전 사역과 긴밀히 연결시켰으며, 그 전통은 오늘날까지도 로마 가톨릭 목회신학에서 이어지고 있음.

3단계: 계몽주의 이후, 신학적 탐구가 '적용 신학(applied theology)'이라는 학문 분야로 체계화되었고, 18세기 독일 학계에서 프리드리히 슐라이어마허가 '실천신학(practical theology)'이라는 독자적인 영역을 정립한 업적을 통해 대표됨.

4단계: 20세기 초반, 전문직화와 세속화의 흐름이 본격화되면서 성직자들의 역할은 점차 '전문화'되는 방향으로 발전하였음.

5단계: 치유적 지식의 원천이 세속적 영역, 특히 현대 심리학과 그 임상적 적용으로 전환 됨. 이러한 강조는 20세기 후반 서구의 안수받은 목회자 양성 과정에서 핵심적인 위치를 차지하게 됨.

6단계: '심리학 중심'이자 '성직자 중심'인 패러다임에 대한 비판이 제기되면서, 기독교적 돌봄의 이론과 실천에서 새로운 방향이 등장. 이는 목회적 실천이 치료 중심 모델에서 해석학적 모델로의 전환과정을 수반했으며, 그 속에서 신학적 성찰이 중심적인 역할을 담당하게 됨. 이러한 변화는 교회의 신앙이

---

5) Elaine Graham, Heather Walton, and Frances Ward, *Theological Reflection: Methods* (London: SCM Press, 2005), 2.

세상 속에서 어떻게 구체적으로 작동하는지를 탐구하도록 만들었고, 동시에 교회가 바라보는 세계에 대한 질문을 던지며 그 질문을 다시 신학에게 되돌려 묻게 하였음.

그레함과 동료들은 여섯 단계에 걸친 목회/실천신학의 발전 과정을 설명하면서, 목회돌봄과 상담의 영역이 미국과 영국 등 서구 사회에서 어떻게 확장되어 왔는지를 보여준다. 이 중에서도 여섯 번째 단계에서의 일어난 변화가 특히 주목할 만하다. 본 단원의 소제목인 "적용 신학에서 신학적 성찰로의 확장"은 바로 이 여섯 번째 단계에서 일어난 핵심적 변화를 함축하고 있다. 즉, 여섯 번째 단계는 목회상담 분야에서 신학적 성찰이 중심적 위치를 차지하게 된 중요한 전환점으로 평가된다. 그레함과 동료들은 목회/실천신학 분야에서 중요하게 여겨지는 신학적 성찰이 성서신학, 역사신학, 조직신학과 같은 다른 신학 분과에서도 수용되어야 하며, 신학교육 전반에 걸쳐 강조해야 한다고 주장한다. 이들의 저서를 통해 일곱 가지 유형의 다른 방법의 신학적 성찰을 다음과 같이 제시하고 있다.

1. '마음으로 하는 신학': 살아있는 인간 문서('Theology by heart': the living human document)
   신학을 추상적인 교리나 이론이 아닌, 한 개인의 삶과 경험 속에서 읽어내는 방식으로, 개인의 경험과 내면의 감정을 신학적 성찰의 출발점으로 삼는다. 우리의 삶 자체가 하나님의 이야기와 만나는 '살아있는 문서'라는 것을 강조한다. 신학적 개념을 먼저 적용하기 보다, 각자의 삶 속에서 신을 어떻게 경험하고 있는지 깊이 탐색한다. 개인의 고통, 기쁨, 상실과 같은 진솔한 경험이 신학적 이해를 풍부하게 할 수 있음을 강조한다.

6) 앞의 책. "목회/실천신학의 발전 단계"라는 제목은 내가 넣은 것임을 밝힌다.

2. '비유로 말하기': 구성적 이야기 신학('Speaking in parables': constructive narrative theology)
   예수님이 비유를 통해 가르치셨던 것처럼, 새로운 비유나 이야기를 통해 듣는 사람들이 스스로 신학적 의미를 발견하도록 돕는 접근방법이다. 기존의 교리나 딱딱한 언어 대신, 현대 사회의 맥락에 맞는 이야기를 통해 신학적 의미를 재구성한다. 청자가 상상력을 발휘하도록 초대하며, 현실과 신앙을 연결짓는 창조적 서술이 중심을 이룬다.

3. '하나님의 이야기 말하기': 정경 이야기 신학('Telling God's Story': cannonical narrative theology)
   성경적 이야기 자체를 신학적 성찰의 중심으로 삼는 방법으로, 창세기부터 요한계시록까지의 성경에 기록된 정경(cannonical) 이야기를 하나의 구속사적 이야기로 바라본다. 성경 이야기와 등장인물들의 삶을 통해 하나님의 본성과 구원의 계획을 이해하려 한다. 개인의 경험이나 새로운 이야기에 초점을 맞추기 보다, 교회의 전통과 성경에 권위를 두고 있다.

4. '그리스도의 몸 쓰기': 공동체적 신학적 성찰('Writing the body of Christ': corporate theological reflection)
   신학을 한 개인이 아니라 교회 공동체가 함께 쓰고 해석하는 과정으로 이해한다. 즉, 신학은 개인의 사유가 아니라, 함께 예배하고 봉사하는 공동체의 삶 속에서 형성된다고 믿는다. 교회는 '그리스도의 몸'으로서 살아있는 신학의 장이 되며, 공동체 구성원들이 함께 모여 자신의 경험과 성경적 가르침을 나누며 신학적 의미를 찾아간다. 공동체의 다양한 목소리가 모여 하나의 몸을 이루는 과정이다.

5. '공적으로 하나님에 대해 말하기': 상관관계('Speaking of God in public': correlation)
   현대 문화와 신학 사이의 상관관계를 탐구하여, 신학을 공적 담론으로 확장하고 교회 밖과도 의미 있는 대화를 나누는 방법이다. 문화의 언어와 개념으로 기독교 진리를 설명하며, 인간의 이성과 탐구 속에서도 하나님의 진리의 흔적을 찾는다. 그리스도 안에서 완성될 계시를 전제로, 문화와 상호 보완적인 관계를 지향하며, 역사학·사회학·철학·젠더연구 등 신학 외부의 통찰과 자료를 비판적 보완제로 활용하기도 한다.

6. '행동 속의 신학': 실천('Theology-in-action': praxis)
   행동과 반성이 서로 순환하며 신학을 형성해 가는 접근법으로, 실천(praxis)이 신학의 필수적인 부분임을 강조하는 방법이다. 신학적 성찰은 단순히 생각에 그치는 것이 아니라, 사회적 정의, 빈곤 퇴치, 평화 운동과 같은 구체적인 실천으로 이어져야함을 강조한다. 실천을 통해 신학을 이해하고, 다시 그 실천을 성찰하여 신학적 통찰을 심화시키는 순화적 과정을 중시한다.

7. '자국어로 하는 신학': 지역 신학('Theology in the vernacular: local theologies)
   복음을 특정 시대나 지역의 지배 문화가 입힌 덧옷에서 벗겨내어, 본래의 복음 메시지를 드러내고, 이를 다른 문화와 시대 속에서도 제대로 이해하고 표현하도록 하는 것이다. 서구 중심의 역사적이고 문화적인 틀에 가두지 않고, 다양한 문화권에서 자기 목소리로 신학을 세우도록 격려한다. 아프리카 신학, 라틴 아메리카 해방 신학 등이 여기에 해당한다. 신학은 특정 문화에 의해 제약받는 것이 아니라, 각 문화의 고유한 특성을 통해 풍성해질 수 있음을 보여준다.

저자들은 신학적 성찰의 일곱 가지의 유형을 제시하고 있으나, 이것은 반드시 따라야 할 규범적인 절차임을 강조하고 있지 않다. 이 일곱 가지의 유형은 규범적 틀이라기보다는 실제 존재하는 다양한 방법을 묘사하고 소개하는 것을 목적으로 한다. 그레함과 동료들은 자신들의 저서가 신학을 결과물이면서 동시에 과정이라는 관점에 기반하고 있다고 밝히며, "신학적 성찰은 특정한 환경에서 발전되었고, 역사적으로 초대 기독교인 공동체의 요구를 해결하기 위해서 태어났다"[7]고 강조한다. 이처럼 신학적 성찰은 초대

7) 앞의 책, 15.

교회부터 현재까지 이어져 온 기독교 공동체의 지속적인 응답과정으로 이해될 수 있다.

목회/실천신학에서 '적용신학'에서 '신학적 성찰'로의 전환은 단순한 방법론적 변화가 아니다. 이는 신학의 존재 이유를 재정의하는 인식론적 전환이다. 즉, 신학이란 완결된 교리를 일방적으로 적용하는 행위가 아니라, 신앙 공동체와 세상의 현실이 만나는 지점에서 벌어지는 해석과 대화의 과정임을 인정하는 것이다. 이러한 전환은 목회자 교육에도 중요한 함의를 가진다. 목회자는 설교나 예배 인도뿐 아니라, 신학과 현실의 긴장을 해석할 수 있는 '성찰적 리더'가 되어야 한다. 그러므로 신학교육 과정 전반에 걸쳐, 성서신학·역사신학·조직신학을 포함한 모든 분과가 신학적 성찰의 방법론을 통합해야 한다. 그렇다면 신학적 성찰이란 무엇이고 어떻게 해야 하는 걸까?

2) 신학적 성찰이란?

신학적 성찰은 믿음과 실천을 연결하려는 지속적인 노력이다. 그리스도인의 믿음은 삶 속에서 구현되어야 하며, 신실한 실천으로 이어질 수 있어야 한다. 야고보서의 "행함이 없는 믿음은 죽은 믿음"이라는 말씀과 더불어, 예수님께서도 마태복음 7:21에서 "나더러 주여 주여 하는 자마다 다 천국에 들어갈 것이 아니요 다만 하늘에 계신 내 아버지의 뜻대로 행하는 자라야 들어가리라"라고 말씀하시며, 하나님의 뜻을 일상에서 실천하는 것의 중요성을 가르치고 계신다. 우리가 맺어야 하는 성령의 열매도 모두 삶을 통해서 나타나야 한다. 따라서 우리는 자신의 믿음이 삶 속에서 실천으로 이어지고 있는지 지속적으로 성찰해야 한다. 많은 경우 교회의 공예배에 출석, 성가대나 교회학교 교사로서 봉사, 일정한 헌금 등을 통해 행함이 실현되고 있다고 여길 수 있다.

그러나 "그리스도인의 믿음은 주일 아침 교회에서가 아니라, 월요일 밥상머리에서 나타난다"는 말이 있다. 이는 신앙의 진정성이 일상의 삶에서 검증된다는 의미이다. 한 중학생 내담자는 "주일 아침 예배당에서 주보를 나눠주며 생글생글 웃고 있는 엄마가 너무 가증스러워요"라고 호소한 바 있다. 바로 직전까지 집에서 자기에게 폭언을 퍼부었던 엄마가 교회에서 보이는 다른 모습에 대한 괴리감을 표현한 것이다. 또한 미국에 계셨던 한 목사님께서 장로님이 운영하시는 사업체를 방문했을 때, 그 장로님께서 멕시칸 종업원에게 심한 욕설을 하는 것을 목격했다고 증언하기도 하였다.

믿음과 실천을 연결하는 것은 결코 쉬운 일은 아니다. '사랑의 하나님'이라는 개념이 전쟁, 고문, 고통과 같은 현실과 충돌하는 신정론적 문제를 차치하고라도, 우리 일상에서 믿음과 일치하지 않는 실천을 하는 순간들은 우리가 인식하는 것보다 더 빈번하게 일어날 수 있다. 믿음과 실천 사이의 불일치에 대해 다음의 예들을 통해 살펴보자.

1. 요한복음 13:34~35 "서로 사랑하라. 내가 너희를 사랑한 것 같이 너희도 서로 사랑하라"는 말씀이 있음에도 불구하고, 교회 안에서 조차 갈등과 분열, 경쟁이 지속되고 있다. 이에 대한 어떻게 생각하는가?

2. 야고보서 1:27 "하나님 아버지 앞에서 정결하고 더러움이 없는 경건은 곧 고아와 과부를 그 환난 중에 돌보고.."라 하였다. 구약과 신약을 통해 나타나는 하나님의 사회적 약자에 대한 관심에 비추어, 오늘날 우리들의 태도는?

3. 마태복음 18:21~22 "일곱 번뿐 아니라 일곱 번을 일흔 번까지라도 용서하라."고 하신 예수님의 말씀에도 불구하고, 실제로는 오래된 상처와 원망을 놓

지 못하고 살아가는 경우는 없는가?

4. 자신이 속한 교회 공동체에서 성경 말씀과 일치 하지 않는 실천들을 발견할 수 있는가?

믿음이 신실한 실천으로 이어지고 있지 않은 많은 경우에도 사람들은 자신이 참된 믿을 가지고 있다고 여기며 살아갈 수 있다. 더 나아가 자신의 신념과 다른 실천을 하는 사람을 악마화하고 혐오를 조장하는 경우도 발생한다. 이러한 현상은 사도행전에 기록된 초대교회의 경험에서도 찾아볼 수 있다.

사도행전 11:1~3에 따르면, 베드로가 이방인 고넬료의 집에 들어가 함께 식사한 일로 인해 예루살렘의 할례받은 유대인들로부터 비난을 받았다. 할례는 1세기 유대인들에게 이방인과 구별되는 자신들만의 정체성을 결정짓는 핵심적인 실천이었다. 유대인들은 이방인과 함께 식사하지도 않았으며, 무할례자의 집에 들어가 함께 먹고 마시는 일은 상상조차 할 수 없었던 일이다. 그러나 하나님께서는 사도행전 10장에서 베드로에게 환상을 통해 하늘로부터 내려온 보자기에 담겨있는 다양한 종류의 짐승을 "잡아 먹으라"는 명령을 하셨고, 이후 베드로는 이방인 고넬료의 집으로 초청받는 일이 일어났다.

베드로는 사도행전 10:28에서 "유대인으로서 이방인과 교제하며 가까이 하는 것이 위법인 줄은 너희도 알거니와 하나님께서 내게 지시하사 아무도 속되다 하거나 깨끗하지 않다 하지 말라 하시기로"라고 말하며, 자신이 이방인인 고넬료의 집에 사양하지 않고 온 이유에 관해서 설명하였다. 이러한 베드로의 행동은 예루살렘의 할례받은 유대인들에게 논란을 불러일으켰고, 사도행전 11장에서 베드로는 자신의 행동에 대해 변론해야 했다.

사도행전 15장에서는 더 구체적인 갈등이 드러난다. 유대에서 안디옥으로 내려온 어떤 사람들이 “너희가 모세의 법대로 할례를 받지 않으면 능히 구원을 받지 못하리라”(15:1)고 가르쳤으며, 바리새인 중 어떤 사람들은 “이방인에게 할례를 행하고 모세의 율법을 지키라 명하는 것이 마땅하니라”(15:5)고 주장하였다. 이에 대해 많은 변론이 있었고, 베드로는 할례라는 실천이 없이도 이방인 가운데 임하시는 성령의 역사를 증언하였다.

많은 변론 끝에 결국 사도와 장로들과 온 교회는 사도행전 15:22~29에 기록된 편지로 이방인 기독교인들에게 할례를 요구하지 않되, “우상의 제물과 피와 목매어 죽인 것과 음행을 멀리할 것”만을 당부하는 결정을 내렸다. 이는 “성령과 우리는 이 요긴한 것들 외에는 아무 짐도 너희에게 지우지 아니하는 것이 옳은 줄 알았노니”(15:28)는 판단에 근거한 것이었다.

---

22) 이에 사도와 장로와 온 교회가 그 중에서 사람들을 택하여 바울과 바나바와 함께 안디옥으로 보내기를 결정하니 곧 형제 중에 인도자인 바사바라 하는 유다와 실라더라
23) 그 편에 편지를 부쳐 이르되 사도와 장로 된 형제들은 안디옥과 수리아와 길리기아에 있는 이방인 형제들에게 문안하노라
24) 들은즉 우리 가운데서 어떤 사람들이 우리의 지시도 없이 나가서 말로 너희를 괴롭게 하고 마음을 혼란하게 한다 하기로
25-26) 사람을 택하여 우리 주 예수 그리스도의 이름을 위하여 생명을 아끼지 아니하는 자인 우리가 사랑하는 바나바와 바울과 함께 너희에게 보내기를 만장일치로 결정하였노라
27) 그리하여 유다와 실라를 보내니 그들도 이 일을 말로 전하리라
28) 성령과 우리는 이 요긴한 것들 외에는 아무 짐도 너희에게 지우지 아니하는 것이 옳은 줄 알았노니
29) 우상의 제물과 피와 목매어 죽인 것과 음행을 멀리할지니라 이에 스스로 삼가면 잘되리라 평안함을 원하노라 하였더라

할례가 유대인들에게는 너무나 중요한 실천이었음에도 불구하고, 복음이 유대와 예루살렘을 넘어 이방인들에게까지 전파되는 변화되는 상황에서 예루살렘의 유대인 지도자들은 자신들의 실천을 수정하는 결단을 내렸다. 이는 교회가 끊임없이 자신을 돌아보고 개혁해야 할 필요성을 보여주는 중요한 사례이다. 교회의 본질은 바로 이러한 개혁에 있다. 특히 16세기 종교개혁(reformation)으로 시작된 개신교회의 정체성은 지속적인 자기 갱신을 통해 변화하는 세상 속에서 그리스도인의 믿음이 갖는 의미를 신실한 실천으로 구현해야 한다는 사명을 지니고 있다. 이를 위해 신학적 성찰은 필수적인 과정이라 할 수 있다.

신학 교육에서 신학적 성찰이 핵심적 위치를 점하고 있음에도 불구하고, 그 개념에 대한 통일된 하나의 학문적인 정의를 도출하기는 쉽지 않다. 각 연구자들이 신학적 성찰의 개념을 다소 상이한 관점에서 접근하고 있기 때문이다. 따라서 먼저 신학적 성찰에 대한 다양한 정의를 검토해 보고자 한다.

- 제임스 화이트헤드와 에블린 화이트헤드(James D. Whitehead and Evelyn Eaton Whitehead, 1980): 사역 속에서의 신학적 성찰이란, 목회의 실제적인 결정 과정 속에서 그리스도 신앙의 자원을 적용하고 반영하는 과정이다.[8)]

- 스티븐 패티슨(Stephen Pattison, 2000): 기독교 전통과 학생 자신의 신앙적 전제, 그리고 특정한 현대의 상황 사이에서 이루어지는 비판적 대화이다.[9)]

- 패트리샤 킬런과 존 드비어(Patricia Killen and John de Beer, 2002): 종교적 전통이 가진 지혜와 대화를 함으로써 개인적·공동체적 경험을 탐색하는 훈련이다. 이 대화는 종교적 전통과 더불어 우리 자신의 신념, 행위, 관점들을 들어볼 수 있는 진솔한 의견교환을 추구하는 것이다. 이는 양자의 통전성을 존중하며, 신학적 통찰을 통해 우리 자신의 경험과 종교적 전통을 확정하고,

도전하고, 명료화하고 확장할 수 있게 한다. 그 결과는 삶의 새로운 진실과 의미의 발견이다.[10)]

- 조이스 벨루서와 댄 쉐필드(Joyce E. Bellous & Dan Sheffield, 2017): 개인이 자기 내면과 혹은 타인과 나누는 대화로, 그 형태가 개인적일 수도 있고 집단적일 수도 있다.[11)]

비록 하나의 통일된 정의에 도달하지는 못하였으나, 위의 논의들을 종합해 볼 때, 신학적 성찰은 종교적 전통과 개인의 구체적인 경험, 그리고 현대의 학문이 제시하는 다양한 지혜 사이에서 역동적이며 성찰적인 대화를 지속해 나가는 과정으로 이해할 수 있다. 그래서 킬런과 드 비어는 다음과 같은 표를 통해서 신학적 성찰을 나타내기도 한다.[12)]

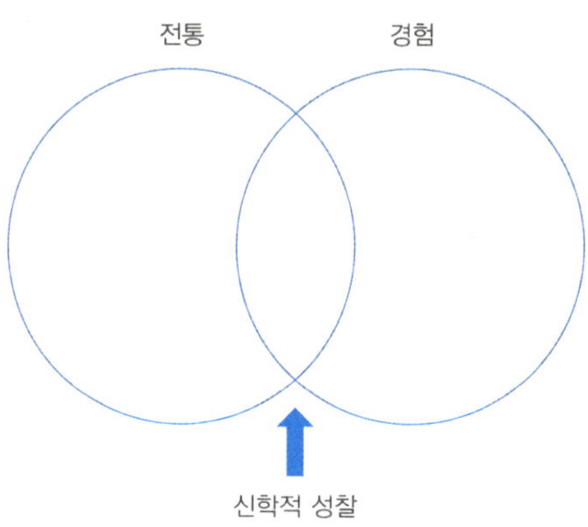

8) James D. Whitehead and Evelyn E. Whitehead, *Method in Ministry: Theological Reflection and Christian Ministry* Revised Edition (Lanham, MD: Sheed & Ward, 1995), ix.
9) Stephen Pattison, *A Critique of Pastoral Care*, 3rd ed. (London: SCM Press, 2000), 136.
10) Patricia O'Connell Killen and John de Beer, *The Art of Theological Reflection* (New York: Crossroad, 1994), 51.
11) Joyce E. Bellous & Dan Sheffield, *Conversations that Change Us: Learning the Arts of Theological Reflection*, 2nd ed. (Edmonton, Canada: Tall Pine Press, 2017), 3-4.
12) Killen and de Beer, *The Art of Theological Reflection*, ix.

스톤(Dougulas Stone)과 듀크(James Duke)는 *How to Think Theologically*의 서두에서 “모든 기독교인은 신학자다”13)라는 선언문으로 논의를 시작한다. 세례를 받은 기독교인들은 자신의 말과 행동으로 하나님의 부르심을 증언하는 믿음의 증인으로 살아가며, 이는 단순히 개인적인 신앙고백을 넘어 세상 속에서 하나님이 누구신지를 드러내는 증인의 역할을 의미이다. 스톤과 듀크는 바로 이러한 증인으로서의 부르심이 모든 신자들을 신학자로 만든다고 강조한다. 따라서 교육 수준이나 직분과 관계없이, 하나님의 부르심에 응답한 모든 기독교인은 신학적으로 사고하고 성찰하는 방법을 배우고 익혀야 하며, 여기에는 교회 안에서 다양한 형태의 돌봄 실천을 수행하는 이들이 당연히 포함된다.

일레인 그레함(Elaine Graham)과 동료들 역시 신학적 성찰은 고상하고 비범한 소수의 전유물이 아님을 강조한다. 그들에 따르면, 신학적 성찰은 인류가 하나님에 대해서 말하기 시작한 이래 이어져 온 신앙의 본질적인 행위이다.14) 따라서 하나님에 대해서 말하는 모든 이는 이미 신학적 성찰에 참여하고 있다는 것이다. 예를 들어, 매 주일 주보에 실리는 성도의 짧은 글 - 수련회를 마친 소감, 선교 여행의 경험, 일상에서 체험한 하나님의 은혜 나눔 -은 모두 신학적 행위라 할 수 있다. 또한 속회나 소그룹 모임에서 서로의 삶을 나누며 삶 속에서 역사하신 하나님을 고백하는 순간 역시 신학적인 사건이다.

‘Theology’라는 단어의 어원은 이를 잘 보여준다. ‘신’을 의미하는 그리스어 ‘*theos*’와 ‘말’ 혹은 ‘가르침’을 뜻하는 ‘*logia*’의 합성어에서 비롯된 이 용어는 신학이 거창한 지적 작업이 아니라 하나님에 대해 말하는 행위, 곧

13) Howard W. Stone and James O. Duke, *How to Think Theologically* (Minneaplois: Fortress Press, 1996), 1.
14) Graham, Walton, and Ward, *Theological Reflection*, 1.

"God-talk"임을 드러낸다. 실제로 신학의 역사는 실천과 경험에 대한 성찰에서 출발했다. 신약시대 신학은 예수의 실천적 지혜와 교회를 세우려는 바울의 노력에서 비롯되었으며, 어거스틴(Augustine)의 원죄 교리 역시 이미 시행되고 있던 유아 세례 실천에 대한 성찰 속에서 형성되었다. 신학은 이렇게 구체적 실천에 뿌리를 두고 있지만, 개인의 내적 차원을 넘어 사회적 변형을 지향해야 한다.

한국 교회의 영성 전통은 신학적 성찰의 중요성을 뒷받침하는 독특한 실천들을 만들어냈다. 새벽예배는 하루를 시작하며 보이지 않는 하나님과의 관계를 우선순위에 두는 영적 습관을 형성하게 했고, 바쁜 일상 속에서 '급한 일'보다 '중요한 일'을 선택하는 법을 배우게 했다. 또한, 여름·겨울 방학 기간에 열리는 각종 교회 수련회 역시 일상에서 벗어나 신앙의 의미를 깊이 되새기고 하나님과의 관계를 재정립하는 중요한 기회가 되었다. 그러나, 우리의 신앙은 결코 이른 새벽의 예배당이나 수련회 장소에서만 머물러서는 안 된다. 우리의 신앙은 실천(praxis)으로 삶 속에서 이어져 변화를 끌어낼 수 있기까지 성장해야 한다.

임마누엘 라티(Emmanel Larty)는 실천신학은 단순히 신학 지식의 한 분과(branch)가 아니라, '신학하기(doing theology)'와 '신학자로 존재하기(being theologians)'의 방식을 제시하는 학문으로 정의한다. 그는 실천신학은 실천(praxis) 지향적이며, 성찰적이어야 한다고 주장하면서, 신학자는 반드시 "누가 신학적 과제에 참여하고 있는지, 그들의 사회적 위치는 무엇인지, 그리고 결과로 누가 이익을 얻고, 누가 배제되며, 또 누가 억압받고 있는지"에 대해 질문해야 한다고 말한다.[15] 이와 같은 접근 방식을 취하는 실

15) Emmanuel Lartey, "Practical Theology as a Theological Form," in *The Blackwell Reader in Pastoral and Practical Theology*, eds. James Woodward and Stephen Pattison (Malden, MA: Blackwell Publishing, 2000), 131.

천신학은 라틴 아메리카의 경험에서 영감을 받은 해방신학이나, 여성주의 신학 또는 흑인 신학 등의 다양한 형태의 해방신학들과 그 맥을 같이 한다.

라티는 이를 구체화하기 위해 아래와 같은 목회적 순환(pastoral cycle)을 제시한다.

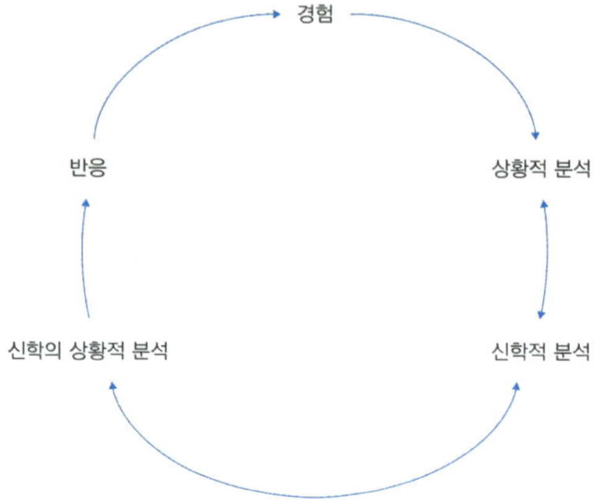

라티의 목회적 순환(Pastoral Cycle)

라티의 '목회적 순환(pastoral cycle)'의 다섯 단계를 정리해 보면 다음과 같다.

1단계: 경험 (Experience)

- 교회, 병원, 감옥 어디든지간에 살아있는 인간 문서를 직접 만나 경험한 구체적인 경험.
- 단순한 이론이 아니라 현실에서 마주한 삶의 이야기가 출발점임.

2단계: 상황적 분석 (Situational Analysis)

- 경험을 둘러싼 맥락을 분석하는 단계.

- 경험을 단순한 사건으로 두지 않고, 더 넓은 구조적·사회적 맥락 속에서 이해.
- 사회학, 심리학, 문화분석 등 다양한 학문적 도구를 사용할 수 있음.
- 모든 학문 분야에서의 진리는 하나님으로부터 온 것임을 신뢰하고, 분명한 통찰을 얻는 가장 좋은 방법은 함께 바라보거나 서로의 시각을 비교하는 것임.

3단계: 신학적 분석 (Theological Analysis)

- 경험과 상황을 기독교 신앙과 전통, 성서, 교리의 빛 아래서 성찰하는 단계.
- "상황적 분석을 통해서 나의 신앙은 어떤 질문이 생겼나?" "하나님은 이 상황에서 어떻게 말씀하시는가?" "성경과 기독교 전통은 이 문제를 어떻게 다뤄왔는가?" "이 상황에 적용할 수 있는 예언자적 통찰은 있는가?" 와 같은 질문을 던질 수 있음.

4 단계: 신학에 대한 상황적 분석 (Situational Analysis of Theology)

- 신학 자체가 경험과 상황으로부터 도전을 받는 단계
- "전통적인 기존 신학이 이 문제를 설명하기 충분한가?"라는 질문을 통해, 기존 교리나 신학적 해석이 수정·보완될 필요성을 성찰함.

5 단계: 응답

- 성찰을 바탕으로 구체적인 실천적 대응을 결정하는 단계.
- 단순한 성찰에 머무르지 않고, 현실을 변화시키는 실천으로 이어져야 함.

라티는 신학 자체가 경험과 상황으로부터 도전을 받는 네 번째 단계를 기술하며, 신학은 고정된 것이 아니라, 경험과 사회적 분석을 통해 더 적절하게 재형성(reformation)될 수 있음을 말하고 있다. 그렇기 때문에 그 단계를 '신학의 갱신'이라고 부를 수 있을 것이다.

경험→ 분석 → 신학적 성찰 → 신학의 갱신 → 실천

신학적 성찰은 위와 같은 순환적 과정을 반복하면서 신학과 삶을 대화시키고, 신자들이 변화하는 세상 속에서 소금과 빛의 역할을 감당하도록 돕는다.

따라서 신학적 성찰은 개인적인 경건 훈련을 넘어, 대화와 상호작용을 통한 공동체 차원에서 이루어져야 한다. 스톤과 듀크는 이에 대해서, 신학적 성찰을 위해서 우리는 다른 사람들의 의견에 귀 기울여야 한다고 주장하면서, "그 의견은 성경의 저자의 의견이거나, 동시대를 사는 누군가의 의견일 수도 있다. 물론 이 의견들에는 자기 자신의 의견도 포함된다"[16]고 진술한다. 이런 맥락에서, 신학적 성찰에 참여한다는 것은 끊임없이 전개되고 확장되는 대화의 장에 동참하는 것이다. 이 대화의 장에 더 많은 파트너들이 참여할 때 더 큰 배움을 얻게 될 것은 자명하다. 우리의 선입견으로 대화에 참석자들을 제한한다면 어떤 손실이 일어날지 고민해 볼 수 있길 바란다.

물론, 그 대화의 과정은 결코 순탄치만은 않다. 때로는 갈등과 좌절을 경험해야 하며, 자신의 견해가 도전받는 위험을 감수해야 할 수도 있다. 그러나 이 대화에 참여해야 하는 이유는 분명하다. 어떤 신학도 완벽하지 않기 때문이다. 역사 속에서 백인 남성 중심의 신학이 유색인종과 여성의 경험을

16) Stone and Duke, *How to Think Theologically*, 4.

반영하지 못했기 때문에 흑인신학, 여성신학, 해방신학 등이 등장했던 사실은 신학의 불완전함을 분명히 보여주고 있다. 신학은 고대나 중세에 완결된 채 우리에게 전해져 그것을 전수받은 우리는 그 내용을 암기하고 삶에 적용해야만 하는 것이 아니다. 오히려 신학은 새로운 참여자와 새로운 목소리를 통해 계속해서 확장·갱신되는 살아있는 담론이어야 한다. 살아있는 담론으로서 계속적인 확장과 발전을 거듭하기 위해서 대화를 기반으로 한 신학적 성찰 모델이 중요하며, 대화를 기반으로 한 신학적 성찰이 있을 때, "다양성의 존중, 건강한 토론, 그리고 창조적인 긴장감"[17]이 가능해진다. 그렇다면 무엇이 불완전한 신학을 더 풍성하게 만들 수 있는 이러한 신학적 성찰을 방해할 수 있을까?

3) 신학적 성찰을 방해하는 태도

전문성을 갖춘 실천가에게는 도구가 필요하듯, 변화하는 시대 속에서 기독교 신앙에 근거한 의미 있는 실천을 해 나가고자 하는 목회자에게는 '신학적 성찰'이라는 도구가 필수적이다. 패트리샤 오코넬 킬런(Patricia O'Connell Killen)과 존 드 비어(John de Beer)의 책 『신학적 성찰의 기술』의 한국어판을 출간하면서 권수영은 "이 시대의 신학도들이 신학이라는 방대한 학문을 마스터하려는 무모한 생각보다 먼저 일상의 사소한 경험들을 신학적으로 사고하고 성찰하는 법부터 배워야 함은 우리 신학계의 절실한 과제"[18]라고 이야기한다.

신학교육에서 절실히 필요한 것은 일상에서의 경험을 기독교 전통과 신

17) 앞의 책, 6.
18) 권수영, "역자의 글," in 『신학적 성찰의 기술』 by Patricia O'Connell Killen and John de Beer, trans. 권수영 외 (서울: 대한기독교서회, 2013), 6.

앙의 빛 아래서 깊이 성찰하도록 가르치는 것이다. 의사에게 메스와 수술 침대가 미용사에게 가위와 가발이 전문성 향상을 위해서 필요하듯, 변화하는 시대 속에서 의미 있는 신앙 실천을 이어가려는 목회자들에게는 신학적 성찰이라는 도구가 필수적이다. 제아무리 뛰어난 신학자라 해도 신학이라는 방대한 학문을 모두 통달할 수 없기에, 모든 인간은 자신에게 주어진 한계 안에서 하나님에 대해 알아가려고 노력할 뿐이다.

그렇기에 일상의 경험을 기독교 전통과 신앙의 빛 아래서 깊이 성찰하도록 가르치는 것이 오늘날 신학교육의 절실한 과제라 할 수 있다. 신학적 성찰은 성숙한 목회자뿐만 아니라, 전인적 인간을 만들어 내는 데 효과적인 도구이기도 하다. 따라서 신학을 넘어, 교육, 의학, 사회복지, 상담 등 여러 전문 분야에서도 '성찰적 실천(reflective practice)'은 전문성 향상을 위한 핵심 요소로 자리 잡고 있다.

신학적 성찰을 종교적 전통과 현대인의 경험 사이의 대화로 정의하면서, 킬런과 드 비어는 개인적인 성숙을 위해서도 신학적 성찰이 필수불가결의 요소임을 역설한다. 종교적 전통과 현대인의 경험 사이에서 일어나는 진솔한 대화를 방해하는 요소로 두 가지를 언급하는데, 바로 확실성(certitude)과 자기 확신(self-assurance)이다. 킬런과 드 비어는 확실성과 자기 확신을 지양하고, 탐구(exploration)의 관점을 가져야 통전성을 잃지 않는 신앙인으로 성장해 갈 수 있음을 주장한다. 이들이 이야기하는 확실성과 자기 확신, 그리고 탐구의 관점을 내가 이해한 대로 풀어보려 한다.

확실성(certitude)

신앙인에게 확실성을 갖는 일은 흔들리지 않는 믿음을 소유하는 일로 여겨질 수 있다. 변화무쌍한 현실에 발을 딛고 살아가면서, 흔들리지 않는 믿음을 지켜나가는 것은 결코 쉽지 않다. 평상시에 살아계신 하나님과 하나님의 임재를 믿기는 쉽지만, 삶에 어려움이 닥치거나 뜻한 대로 일이 풀리지 않을 때 그러한 믿음을 유지한다는 것은 큰 도전이 된다. 그래서 많은 신앙인은 어려움 앞에서도 그들의 믿음이 흔들리지 않기를 소망하며 기도하기도 한다. 하지만, 신앙생활을 하면서 확실성은 역동적으로 일하시는 하나님을 새롭게 경험하고 이해하는 데 걸림돌이 될 수 있음을 기억해야 한다. 무엇보다 복음서에 기록되어 있는 예수님의 삶의 기록과 사도행전에 기록되어 있는 바울 스스로에게 있었던 회심의 경험과 회심 후 그가 경험한 초대교회에서의 갈등이 이를 잘 나타내준다.

마태복음 12:14절에는 "바리새인들이 나가서 어떻게 하여 예수를 죽일까 의논하거늘"이란 말씀이 나온다. 마태복음 12장에서는 예수님이 밀밭 사이로 지나가실 때, 제자들이 배가 고파 이삭을 잘라 먹는 장면이 기록되어 있다. 이 일은 안식일에 일어났기에, 바리새인들은 "당신의 제자들이 안식일에 하지 못 할 일을 한다"고 지적한다. 이를 향해서 예수님은 인자가 안식일의 주인임을 선포하시고, 급기야 이어서 안식일에 손 마른 사람을 치유하시는 사역까지 마치시는데, 이를 본 바리새인들이 예수를 어떻게 죽일까 논의를 하기에 이른다. 이스라엘로 성지순례를 다녀오신 어떤 목사님의 경험에 따르면, 여전히 유대인들은 "안식일에 일하지 말라"는 명령에 순종하기 위해서 이스라엘에 있는 한 호텔의 엘리베이터는 안식일에는 모든 층마다 멈추도록 세팅이 되어 있다고 한다.

사도행전 9:1절은 "사울이 주의 제자들을 대하여 여전히 위협과 살기가 등등하여"라고 쓰고 있다. 사울은 예수를 따르는 제자들을 잡아 결박하고 예루살렘으로 잡아 오려는 열심을 가지고 있었는데, 이는 그의 확신에서 비롯된 것이었다. 다메섹으로 가는 길에서 예수를 만나는 회심의 경험을 한 사울은 바울로 변화를 받고 기독교 역사에서 큰 획을 긋는 사역을 감당하게 되는데, 바울이 사역을 하는 동안 죽을 고비를 직면하게 된다. 그러한 고비는 또 다른 확신에 찬 사람들의 열심에서 비롯되었다는 것을 사도행전을 통해서 알 수 있다. 사도행전 9:23의 "여러 날이 지나매 유대인들이 사울 죽이기를 공모하더니"라는 말씀과 사도행전 23:12의 "날이 새매 유대인들이 당을 지어 맹세하되 바울을 죽이기 전에는 먹지도 아니하고 마시지도 아니하겠다 하고"라는 말씀이 확실성에 대한 신념을 가진 사람들이 불러올 수 있는 최악의 상황을 단편적으로 보여준다 할 수 있다.

몇 일 전 캘리포니아에서 함께 신앙생활을 했던 친구로부터 연락이 와서 짧은 통화를 나눌 수 있었다. 자기들 부부가 결혼에 이어지기까지 내가 큰 역할을 했다는 고마움의 인사로 시작된 대화는, 십일 년간 이어온 결혼생활이 이혼으로 끝날 것 같다는 안타까운 소식으로 이어졌다. 최근 아내와의 대화에서 "지난 십일 년의 결혼생활이 지옥과 같았다"는 말을 들었다며, 이 친구는 깊은 충격과 상처를 받은 듯 했다. 통화를 마치고 나서, '먼 타국에서 인생의 위기를 겪으며 마음을 털어놓을 사람이 필요했구나'싶어 잠시 친구의 신발에 발을 넣어보는 순간을 가질 기회가 있었다.

친구 아내의 "지난 십일 년의 결혼생활은 지옥과 같았다"라는 말을 곰곰히 생각해 본다. 물론 누군가의 주관적 경험을 타인인 내가 함부로 판단할 수는 없다. 그러나 희로애락이 교차하며 흘러가는 것이 우리네 인생이란 걸 생각한다면, 결혼생활 내내 오직 슬픔과 분노만이 지속되었다고 보기는 어렵다. 다만 이런 확고한 인식에 사로잡혀 있다면, 그 과정에서 분명히 존재했을 웃음과 애정의 순간들을 되돌아보기는 쉽지 않을 것이다.

이렇게 확실성은 우리가 보고 싶은 것만을 보게 하여 현실을 왜곡하는 경향을 강화한다. 흔들리지 않는 믿음은 신앙인에게 소중하지만, 불확실성과 모호함으로 가득한 삶 속에서 하나님은 신실하시되 때로는 새로운 방식으로 역사하신다는 사실을 잊지 않아야겠다. 복음서에 기록된 예수님의 삶과 사도행전의 초기 교회 갈등은 이러한 종교적 확실성이 어떻게 걸림돌이 될 수 있는지를 보여준다. 특히, "안식일이 사람을 위해서 있다"라고 선언하시며 기존의 종교적 관습에 변화를 가져오신 예수님의 가르침을 기억할 수 있길 바란다. 내가 가진 확신이 혹 새롭게 일하시는 하나님의 역사를 보지 못하게 막고 있지는 않은지 끊임없이 성찰해야 하는 이유가 바로 여기에 있다.

킬런과 드 비어는 성경의 가르침이나 종교적 진리를 그저 단순하게 적용하는 접근 방식은 신학적 성찰을 방해한다고 지적하면서, "단순하게 적용하고, 우리 삶의 경험을 이미 만들어진 해석적 틀에 끼워 맞추는 것은 신학이 아니고… 이데올로기일 뿐"[19]이라고 비판한다. 이것은 곧 우리의 믿음이 삶의 경험을 확장하고 변화시키는 역동적인 대화가 아니라, 현실을 고정된 틀에 가두는 획일적인 사고방식에 머물러서는 안된다는 뜻이다. 우리의 신앙이 변화하는 세상 속에서 의미와 영향력을 잃지 않으려면, 이데올리기가 아닌 살아있는 신학으로서의 성찰이 필수적이다.

자기 확신(self-assurance)

신학적 성찰을 방해하는 두 번째 요소는 자기 확신이다. 확실성의 관점을 가진 사람이 전통을 절대시하며 경험을 부차적으로 여긴다면, 자기 확신을 신뢰하는 사람은 전통과 경험 중 자신의 현재 경험과 주관적 판단을 훨씬 더 우위에 둔다. 말하자면, 자신이 보고 느끼고 생각하는 것이 전부이며, 그것이 다른 모든 기준보다 옳다고 확신하는 태도이다.

19) Killen and de Beer, *The Art of Theological Reflection*, 9.

이런 사람에게 전통은 시대에 뒤떨어진, 새로운 시대의 필요를 따라가지 못하는 구시대 유물처럼 보일 수 있다. 그러나 문제는, 이러한 자기 확신이 곧 다른 가능성에 마음을 열지 못하는 폐쇄성으로 이어진다는 것이다. 새로운 정보나 다른 사람의 경험이 제시되어도, 자기 경험이 절대적 기준이 되기에 수용이 어렵다. 결국 신학적 성찰이라는 대화가 시도되기도 전에 문이 닫히는 셈이다.

성경 속에도 이런 자기 확신이 위험성을 보여주는 장면이 있다. 사사기 17~18장에 나오는 미가와 단 지파의 이야기를 보자. 미가는 자신이 만든 신상과 제사장이 있기에 하나님을 잘 섬기고 있다고 확신했지만, 그것은 여호와의 뜻과 무관한 자기만의 종교 체계였다. 결국 그의 확신은 단 지파의 우상 숭배로 이어져 공동체 전체를 오염시켰다.

더욱 극명한 예는 누가복음 18장의 바리새인과 세리의 비유에서 찾아볼 수 있다. 바리새인은 "하나님이여 나는 다른 사람들 곧 토색, 불의, 간음을 하는 자들과 같지 아니하고 이 세리와도 같지 아니함을 감사하나이다"라며 자신의 종교적 성취를 자랑한다. 그의 기도는 하나님과의 대화가 아닌 자기 자신에 대한 독백이었다. 반면 세리는 "하나님이여 불쌍히 여기옵소서 나는 죄인이로소이다"라고 겸손히 간구했다. 예수님은 세리가 의롭다 하심을 받고 집에 내려갔다고 말씀하신다. 바리새인의 자기 확신은 하나님의 은혜를 경험할 기회조차 차단했던 것이다.

구약의 욥기는 자기 확신의 한계를 더욱 깊이 있게 보여준다. 욥의 친구들인 엘리바스, 빌닷, 소발은 각자의 경험과 지혜에 근거하여 욥의 고난을 해석하려 했다. 그들은 "고난은 죄의 결과"라는 확고한 신념을 바탕으로 욥을 비판했다. 특히 엘리바스는 자신의 신비한 체험(욥 4:12~16)을 근거로 자신의 주장이 옳다고 확신했다. 하지만 하나님은 결국 욥기 42:7에서 "너희가 나를 가리켜 말한 것이 내 종 욥의 말 같이 정당하지 못하니라"고 말씀하시며, 친구들의 자기 확신이 잘못되었음을 지적하신다.

목회 현장에서도 자기 확신의 함정은 종종 나타난다. 예를 들어, 목회자나 성도 중 일부는 "나는 성령의 인도하심을 받았기 때문에 내 결정은 옳다"는 전제를 깔고, 비판이나 검증을 불필요한 것으로 여긴다. 또한 "하나님께서 나에게 직접 말씀하셨다"는 확신으로 다른 신앙 공동체의 지혜나 성경 전체의 가르침을 무시하는 경우도 있다. 심지어 개인의 감정적 체험이나 직관을 하나님의 뜻으로 확신하여, 성경적 원리나 공동체의 분별을 거부하는 일도 발생한다. 그러나 아무리 경건한 경험이라 해도, 그 해석과 적용은 여전히 오류 가능성이 남아 있을 수 있다. 자기 확신은 경험을 절대화하여, 성령의 새로움보다 자기 생각의 울타리에 머무르게 할 위험이 있다.

킬런과 드 비어가 말하듯, 신학적 성찰은 전통과 경험이 서로 대화하는 과정에서 이루어진다. 전통을 무시한 자기 확신은, 마치 한쪽 귀를 막고 대화하는 것과 같다. 경험은 소중하지만, 그것이 진리를 담보하지는 않는다. 오히려 전통과 성경, 그리고 다른 신앙인의 목소리를 통해 자신의 경험을 비추고 재해석할 때, 성찰은 깊어지고 신앙은 균형을 얻게 될 것이다. 그렇다면 탐구적인 자세를 갖고 살아간다는 것은 무엇을 의미하는 것인지 다음에서 살펴보자.

4) 이해를 추구하는 믿음

전통과 경험이 대화를 나눌 때, 과도한 확실성이나 자기 확신에 기반한 태도는 진정한 통전성을 훼손한다. 이러한 폐쇄성을 극복하기 위해 킬런과 드 비어가 제시하는 대안은 "탐구(exploartion)의 관점"을 갖는 것이다. 탐구란 이미 정해진 해답을 방어하거나 확증하는 과정이 아니라, 오히려 열린 마음과 비판적 성찰을 통해 더 깊이 이해하려는 여정을 의미한다. 이러한 탐구의 여정을 거치는 사람들은 열린 마음으로 다음과 같은 질문을 던질 수 있다.

∴ 우리는 어떤 자원을 참고하고 고려할 것인가?

∴ 성경과 기독교의 가르침 속에 스며 있는 지혜에 어떻게 접근할 것인가?

∴ 우리가 처한 새로운 상황 속에서, 이미 소유하고 있는 가치를 어떻게 검증할 것인가?

∴ 예수님의 제자들처럼 삶 속에서 우리의 자리를 파악하려고 애쓰면서, 현대의 과학적 틀을 어떻게 활용할 것인가?

∴ 우리의 시간과 공간 속에서 예수님의 제자들처럼 '길을 찾는 탐험가'로서 우리는 어떻게 앞으로 나아갈 것인가?

이러한 질문들은 단순한 정보 수집 획득이나 이론적 호기심을 넘어서, 신앙과 삶의 현장에서 진리를 발견하고 구현하는 실천적 지혜를 형성하는 데 목적이 있다.

탐구는 곧, 자신의 전제와 가치, 경험을 전통과 대화시키는 과정이며, 그 안에서 우리는 자신과 하나님, 그리고 세계에 대한 이해를 새롭게 재구성하게 된다. 따라서 탐구는 한 번의 결론으로 종결되는 행위가 아니라, 성령의 인도하심 속에서 계속 확장되고 심화하는 순례와 같다. 우리가 이러한 질문들 앞에서 진지하게 씨름할 때, 우리는 "통찰을 향한 움직임(movement toward insight)"[20] 속에 서게 되며, 그 통찰은 우리를 보다 성숙한 신앙과 넓은 세계에 대한 이해로 이끌어 갈 이다.

이들이 말하는 '탐구의 관점'은 중세 신학자 안셀무스(Anselmus)가 제시한 고전적 신학 명제인 '이해를 추가하는 신앙(*fides quaerens intellectum*/faith seeking understanding)'과 깊이 맞닿아있다. 안셀무스가 말한 바와 같이, 신앙은 단순히 지적인 동의나 감정적 확신에 머무는 것이 아니라, 하나님과 그분의 진리를 더 깊이 이해하려는 지적이고 영적인 여정이다. 이러한 이해의 추구는 신앙을 약화시키는 것이 아니라 오히려 그 기초를 견고하게 하고, 삶의 전 영역에서 신앙의 의미를 새롭게 조명한다.

그렇다면, '탐구의 관점'을 갖는다는 것은 맹목적인 신앙을 거부한다는 것을 의미한다. 그것은 비판적인 성찰을 배제한 채 주어진 교리나 전통을 무비판적으로 수용하는 태도와 구별된다. 오히려 참된 신앙은 질문하기를 두려워하지 않고, 전통과 경험, 성경과 현대의 지식을 상호 비추어 주며, 그 과정에서 더 깊은 이해와 변화를 추구하는 역동적 과정을 통해서 얻을 수 있게 된다.

5) 성찰적 신학

앞에서 고찰한 바와 같이, 실천신학 분과는 단순한 적용신학에서 신학적 성찰로의 패러다임 변화를 경험해왔다. 신학적 성찰은 현대 신학교육에서 핵심적인 위치를 점하며, 변화하는 세상 속에서 기독교 신앙의 의미와 실천의 연속성을 보장하는 중요한 기능을 수행한다. 이는 목회자뿐만 아니라 모든 믿음의 사람들에게 요구되는 필수적인 과제로, 현재의 구체적인 경험과 기독교 전통 간의 "비판적인 대화(critical conversation)"를 지속적으로 수

20) 앞의 책, 17.

행하는 과정을 돕는 효과적인 도구이다. 이러한 비판적 대화의 궁극적인 목적은 '몸에 밴 신학'에서 '성찰적 신학'으로의 발전에 있다고 할 수 있다.

나는 스톤(Stone)과 듀크(Duke)의 저서, *How to Think Theologically* 를 통해 '몸에 밴 신학'과 '성찰적 신학'이라는 개념을 처음 접하게 되었다. 원어인 'Embedded Theology'와 'Deliberative Theology'는 종종 '내재적 신학'과 '심의신학'으로 번역하기도 하지만, 직관적인 이해를 돕기 위해, 이 글에서는 '몸에 밴 신학'과 '성찰적 신학'이라는 용어를 사용하고자 한다. 이러한 개념적 구분은 목회돌봄 사역자들의 신학적 역량 개발에 있어 중요한 함의를 갖는다.

몸에 밴 신학(embedded theology): 무의식적 신앙 규범의 형성과 작동

'몸에 밴 신학'은 우리가 일상적인 신앙생활 속에서 비공식적으로 습득하고 내면화하는 신학을 의미한다. 이는 학문적으로 체계화된 신학이 아니라, 경험과 공동체의 전통 속에서 형성되어 무의식적으로 우리의 신앙과 행동을 이끄는 신념이다.

내가 중학교 2학년 처음 교회에 나갔을 때의 일이다. 중고등부 예배 후, 전도사님이 학생들의 이름을 부르자 아이들은 "2장이요", "5장이요" 또는 "없어요"라고 대답했다. 나중에 그것이 일주일 동안 읽은 성경 장수를 보고하는 것임을 알게 되었다. 나는 그 경험을 통해 "기독교인은 성경을 꾸준히 읽어야 한다"는 암묵적인 신앙 규범을 학습하게 되었다. 또 다른 예로, 매주 예배에 빠지지 않던 한 신자가 여행으로 주일을 결석한 후, 교통사고를 당했다고 가정해 보자. 이 신자는 "주일을 지키지 않으면 하나님께 벌을 받는다"는 신념을 형성할 가능성이 크다. 이러한 신념 역시 몸에 밴 신학의 한 형태가 될 수 있다.

몸에 밴 신학의 작동 방식은 성찬식 집례 사례를 통해서도 확인할 수 있다. 신학대학원 재학학생들에게 성찬식 집례 교육 경험을 질문했을 때, 대부분 "아니요"라고 답했다. 신학 교육을 통해 공식적으로 배우지 않았더라도, 목회 현장에서는 성찬식 집례를 요구받게 된다. [사실, 목회 현장은 배우지 않은 많은 것을 실행하기를 요구한다.] 이때 대부분의 목회자들은 과거에 교회의 성찬식을 보고, 직접 참여했던 기억과 교단이 제공하는 예전서를 참고하여 집례를 진행하게 될 것이다. 이처럼 정식 교육을 통해 공식적으로 학습하지 않았지만, 신앙생활 속에서 자연스럽게 학습되고 체화된 하나님에 대한 이해가 바로 몸에 밴 신학이다.

성찰신학(Deliberative Theology): 기존 신념의 재구성

반면, '성찰적 신학'은 "몸에 밴 신학적 신념들을 신중하게 성찰하는 과정을 통해 나타나는 신앙에 대한 이해"를 뜻한다.[21] 이는 기존 신념을 비판적으로 점검하고, 성경·전통·이성·경험을 토대로 재구성하는 과정을 포함한다.

대학생 시절, 내가 섬기던 교회에서 중·고등부 부장으로 헌신하시던 한 권사님은 하나님께 나아갈 때 단정한 옷차림이 필수라고 믿으셨다. 특히 양말을 신는 것을 단정함의 기준으로 삼으셨다. 나는 당시 여름에 유행하던 샌들을 신으며 양말을 신지 않아 권사님의 지적을 받기도 했다. 이 경험은 나의 무의식에 '교회에 갈 때는 양말을 신어야 한다'는 신념으로 내면화되었다.

하지만 캘리포니아에서 생활하면서 이 신념이 재검토되는 기회를 가질 수 있었다. 일 년 내내 온화한 기후로 인해 현지인들이 자연스럽게 샌들을 신고 양말 없이 교회에 참석하는 것을 관찰했다. 양말을 신지 않고도 신실

21) Stone and Duke, *How to Think Theologically*, 16.

하게 하나님을 예배하는 그들을 보며 나는 어릴 적 권사님을 통해 배웠던 신념이 특정 문화적 맥락에서 형성된 것으로 큰 제한점이 있음을 깨달았다. '아프리카 사람들은 신발 없이도 하나님을 예배를 할 텐데…'라는 깨달음과 함께, 외면보다 중요한 것은 마음이라는 성찰적 신학을 발전시킬 수 있었다.

성찰적 신학으로의 발전 필요성은 우리의 삶이 형통한 날과 곤고한 날로 얽혀 구성되어 있다는 현실에서 더욱 분명해진다. 목회돌봄 사역자들이 만나는 이들 중 상당수가 곤고한 시간을 지나고 있으며, 이들은 "왜?"라는 실존적 질문을 제기한다. 그러나 이러한 질문에 논리정연한 답을 제시할 수 있는 경우는 실제 삶에서 그리 많지 않다. 우리의 삶은 역설로 가득 차 있고, 몸에 밴 신학만으로는 이러한 역설 고난 앞에서 신실한 믿음을 지켜나가기 쉽지 않다. 고난을 경험한 많은 사람들이 신앙을 포기하고 교회를 떠나는 이유가 성찰적 신학의 발전을 통한 이해를 추구하는 신앙을 개발하지 못했기 때문일 가능성이 있다.

목회돌봄 사역자는 돌봄을 요청한 사람들과의 관계에서 그들의 몸에 밴 신학은 무엇인지, 그리고 그것이 현재 당면한 고통을 더욱 심화시키는지 여부를 주의 깊게 경청하고 탐색해야 한다. 도링(Doehring)은 목회돌봄 사역자나 돌봄을 요청한 사람들이 성찰적 신학을 발전시켜 나갈 때 "그들은 상실과 폭력의 경험, 그리고 삶 속에서 살아가기 위한 노력 속에서 하나님을 찾는 것"이라고 지적하기도 한다.[22] 하나님을 찾아가면서 몸에 밴 신학에 기반을 둔 하나님을 발견하고 위로를 얻을 수 있지만, 완전히 다른 하나님 이해에 도달 하여 진정한 자유를 맛볼 수도 있는 일이다.

나 역시 언니의 죽음 앞에서 "왜?"라는 질문과 씨름했다. 고등학교 선생님이었던 언니는 외도한 남편과 이혼을 준비하고 있었다. 마지막 법원 출석

22) Doehring, *The Practice of Pastoral Care*, 113.

일에 혼자 간 언니는 남편에 의해 살해되어 차가운 주검으로 발견되었다. 하나님을 신실하게 믿었던 언니의 죽음은 내가 그동안 형성해 온 몸에 밴 신학에 대한 믿음을 근본적으로 흔들어 놓았다. 선하신 하나님에 대한 이해가 송두리째 흔들리는 고통 속에서, 성찰적 신학을 정립하려는 몸부림이 없었다면 신앙을 포기했을 가능성이 크다. 그리스도인의 삶에서 만나는 곤고한 날들을 통과하기 위해 몸에 밴 신학에 머물지 않고 성찰적 신학을 정립해 나가야 한다.

영적 2차 피해 방지

성찰적 신학 발전의 또 다른 중요한 이유는 영적 2차 피해를 방지하기 위해서다. '2차 피해'라는 용어는 성희롱·성폭력 사건을 계기로 우리 사회에 널리 알려지게 되었다. 이는 피해자 자신에게 일어난 1차 피해를 해결하거나 처리하는 과정에서 주변의 부적절한 대응이나 사회적 시선, 제도적 한계 등으로 피해자가 추가적으로 입게 되는 정신적·정서적 피해를 지칭한다. 예를 들어, 성폭행을 당한 피해자를 향해서, "무슨 옷을 입었길래?" "왜 그 늦은 시간에 밖에 있었어?"와 같은 추궁을 하는 것은 성폭행의 원인을 행위자에게서 찾지 않고, 피해자에게 돌린다는 점에서 큰 2차 피해를 불러 올 수 있다. 목회돌봄 사역자들이 몸에 밴 신학에 머물러 있을 때, 유사한 2차 피해가 영적인 차원에서 발생할 수 있다.

수련 목회를 하던 교회에서 경험한 사례가 이를 잘 보여준다. 나는 주일학교와 청년부를 맡아 사역했고, 주중에는 새가족 성경공부를 이끌었다. 새가족 성경공부는 분기별로 진행되었는데, 성경 공부 모임에 참여했던 한 자매님이 나누어 주었던 이야기가 아직도 생생하다. 자매님이 새가족 성경공부 모임에 등록을 한 것은 우리 교회에 출석하고 거의 일 년이 지나서였다.

자매님의 아이가 주일학교 예배를 출석했기에 새롭게 온 가정이란 걸 알고 있던 터였다. 성경 공부가 거의 끝날 때 즈음에 자매님은 왜 자기가 새가족 성경 공부를 일 년이 넘어서 시작하게 됐는지, 그리고 왜 교회를 옮기게 됐는지 나눠 주셨다.

자매님이 교회를 옮겼을 때는 초등학생 아들 한 명만 있었는데, 교회를 옮기기 전 자매님은 딸과 아들 두 명의 자녀를 두고 있었다고 했다. 사고로 딸 아이를 잃게 되었는데, 딸을 잃은 자매님 가정을 찾은 목사님께서 기도를 하시겠다고 하시면서 내뱉은 첫마디는 "회개합시다"였다고 한다. 이를 시작으로, 자매님 가정을 향해 "하나님께 잘못한 것이 무엇인지 생각해 보라"는 가까운 교회 지체들로부터의 말이 자매님께는 큰 상처가 되었다. 그 후 이어지는 사람들의 시선을 견디기 어려워 교회를 옮길 수밖에 없었고, 새로운 교회에서도 자신의 아픔을 쉽게 털어놓지 못했다.

유사한 사례로 박사과정에서 실천신학 교과목을 포함한 다양한 수업을 가르쳐주셨던 캐써린 그라이더(Kathleen Greider) 교수님의 경험도 주목할 만하다. 선생님의 어머니가 심한 우울증으로 정신 병원에 입원했을 때, 어머니를 심방하러 오신 목사님께서 "기도하지 않아 우울증이 심해졌다"는 식의 발언을 한 것을 옆에서 듣고 있던 교수님께서는 깊은 분노와 상처를 받게 되었다고 회고해 주셨다.

이러한 사례들은 목회돌봄 사역자들의 몸에 밴 신학으로 인한 영적 2차 피해가 생각보다 빈번하게 발생함을 보여준다. 나 역시 언니의 죽음에 대한 진실을 타인에게 공개하지 못했던 이유가 이러한 우려 때문이었을 가능성이 있다. 수많은 목회자와 선교사들이 건강의 문제를 겪으면서 진솔한 나눔을 하지 못하는 이유 역시 여기에 놓여있지 않을까 생각해 본다. 그리스도인들이 성찰적 신학을 발전시킨다면, 곤고한 시간을 지나는 공동체구성원들에게 더욱 효과적인 위로를 제공할 수 있을 것이다.

도링(Doehring)은 자신의 저서 *The Practice of Pastoral Care*(목회적 돌봄의 실제)에 "*A post modern approach*(탈근대적 접근법)"라는 부제를 붙였다. 도링은 돌봄 현장에서 전근대적·근대적·탈근대적 삼중초점 렌즈를 사용할 수 있는 목회돌봄 사역자가 될 때 돌봄 사역의 한계를 덜 느낄 수 있을 것이라 주장한다.[23] 도링이 자신의 저서에 탈근대적 접근법이라는 부제를 붙인 주된 이유는 탈근대적 시대를 살아가는 현대인들에게 적절한 돌봄 실천을 제공하기 위해서라고 판단된다. 특별히 7장에서 도링은 신학적 성찰의 필요성을 진술하면서, 몸의 밴 신학에서 성찰적 신학으로 발전해야 함을 강조한다.

포스트모던 시대를 살아가는 사람들에게 전근대적이거나 근대적인 방법만으로 접근하는 돌봄은 필연적으로 한계를 가질 수 있다. 따라서 목회돌봄 사역자들은 시대의 변화를 직시하면서, 오늘날의 삶의 맥락 속에서 적합한 하나님 이해가 무엇인지 탐구해야 하며, 동시에 탈근대적인 접근법을 적극적으로 수용하여 성찰적 신학을 발전시켜 나가야 한다. 도링(Doehring)은 이러한 성찰적 신학을 전개하는 과정에서 목회돌봄 사역자들이 반드시 "의심의 해석학(hermeneutics of suspicion)"을 통합해야 한다고 주장한다. 이는 단순히 개인의 내적 경험이나 심리적 상처만을 해석하는 차원을 넘어, 그 배경에 자리 잡고 있는 사회적·문화적 구조, 권력의 불균형, 그리고 내면화된 억압의 흔적까지 함께 성찰할 수 있어야 한다는 것이다.

이를 실제 사례와 연결해 보면 이해가 더 깊어진다. 미국 병원에서 채플린으로 사역할 때, 아일랜드인들을 만나 교제할 기회가 여러 번 있었다. 이들 중 많은 이들은 독실한 천주교 신자들이었고, 여성들은 왕관을 두 손으

23) 앞의 책, 4.

로 받쳐 든 모양의 은반지를 착용하고 있었다. 시간이 지나면서, 이 반지를 낀 이들이 아일랜드 사람이라는 것을 쉽게 알아차릴 수 있었다. 또 하나의 두드러진 특징은 그들이 대체로 아주 많은 자매와 형제를 두고 있다는 사실이었다. 다섯 남매는 보통 수준이었고, 여덟이나 열 명의 자매와 형제를 둔 경우도 흔했다.

대화를 이어가며 알게 된 이유는 천주교 전통이 피임을 죄로 규정했기 때문이었다. "생명을 주시는 분은 하나님이시기 때문에 피임은 하나님의 창조 사역을 거스르는 죄"라는 가르침은, 아일랜드 천주교 신자들의 몸에 밴 신학으로 구체화되어 있었다. 만약 한 신실한 천주교 부부가 결혼을 했지만, 아직 아이를 낳을 준비가 되지 않았다고 생각했을 때, 이들은 어떤 선택을 할까? 전통적인 가르침에만 매여 있다면 깊은 갈등과 고통을 경험할 수밖에 없다.

만약 목회돌봄 사역자가 이러한 아일랜드 천주교 부부를 만나 그들의 괴로움을 경청하며, 의심의 해석학을 통합하는 돌봄을 실천할 수 있다면, 그 부부의 고백 속에서 개인적 불안과 갈등뿐 아니라, 그 배경에 깊이 뿌리내린 종교적 규범과 제도적 권위가 어떻게 작동하고 있는지를 성찰할 수 있어야 한다.

예를 들어, 부부가 "우리는 아이를 당장 가질 준비가 되지 않았지만, 피임을 하는 것이 죄라는 가르침 때문에 괴롭습니다"라고 말한다면, 목회돌봄 사역자는 그 괴로움을 곧바로 죄책감이나 믿음의 부족으로 해석하지 않는다. 오히려, 그 고통이 교회 전통이 만들어 낸 신학적 담론과 규범의 산물일 수 있음을 인식할 수 있다. 의심의 해석학을 적용하는 돌봄사역자는 개인의 고난과 괴로움이 제도적 권위와 사회적 담론과 깊은 연결 관계에 있는 것을 성찰하도록 돕는다. 동시에, 그 부부가 교회를 떠나지 않고도 자신들의 상황을 신앙 안에서 새롭게 해석할 수 있는 성찰적 신학을 형성하도록 격려한다. 이렇게 할 때, 목회돌봄은 단순한 개인적인 위로를 제공하는 차원을 넘어, 억압적 구조를 드러내는 해방적인 하나님 이해로 나아가게 된다.

제5장

경청하기

제5장

경청하기

"이스라엘아 들으라"라는 구절로 시작하는 신명기 6장 4절은 "쉐마*(the shema)*"라고 일컫는 유대인들의 가장 기초적인 기도문이며, 그들의 믿음의 핵심이다. "우리 하나님 여호와는 유일한 여호와시니 너는 마음을 다하고 뜻을 다하고 힘을 다하여 네 하나님 여호와를 사랑하라"라는 중요한 메시지를 전달하기 전, "들으라"라는 동사를 통해서 주의를 환기시키고 있다. 또한 예수님께서도 복음서의 많은 비유들을 말씀하시며 "귀 있는 자는 들으라"라는 구절로 끝맺음하시곤 했다. 또한 로마서에서는 "믿음은 들음에서 나며"라고 말하지 않는가?

듣는 행위는 기독교인의 삶에서 중요한 부분을 차지한다. 특별히 다른 예전보다, 설교가 큰 비중을 차지하도록 디자인된 한국 개신교회 예배가 익숙한 한국 개신교 교인들이라면 매주 한 번 이상 설교를 듣고, 설교의 요지를 삶 속에 적용하는 삶의 태도를 가졌을 것이다. 그래서 설교자의 설교는 끝났지만, 그 여운과 역동이 성도들의 삶 속에 작은 메아리처럼 퍼져나가

변화를 가져오기도 한다.

목회자의 설교에 귀를 기울이는 것을 넘어, 우리가 만나고 교제하는 모든 관계 속에서 경청하여 듣는 것은 그리스도인들이 훈련해야 하는 덕목 중 하나다. 인격적이고 상호적인 대화를 통해 남에게 자신을 알리고, 타인을 알아가야 한다. 경청하여 듣는 것(attentive listening)은 그리스도인에게 중요한 덕목이며, 목회적 경청(pastoral listening)은 목회자와 목회상담가가 제공할 수 있는 가장 큰 선물이 선물이라 할 수 있다. 임상훈련과 전문적인 상담 훈련 등을 통해서 말해진 것 이상을 들을 수 있는 능력을 배양할 수 있길 바란다. 꾸준한 경청의 실천은 우리 자신의 인식의 지평선을 확장하여 더 많이 보고 더 많이 이해할 수 있는 자리로 우리를 이끌어 갈 것이다.

1) Don't Bring Your Agenda to the Room

상담자가 갈고닦아야 할 중요한 기술 중 하나는 듣는 기술, 곧 경청이다. 청각에 특별한 문제가 없다면 누구나 듣는 것은 가능하다고 생각할 수 있지만, 진정한 경청은 단순히 귀로 듣는 것만을 의미하지 않는다. 진정으로 듣는 것은 마음과 삶의 태도로 듣는 것이다. 그래서 잘 듣는 것은 결코 말처럼 쉽지만은 않다. 나 역시 상담 훈련을 받으며 이 점을 깊이 깨달을 수 있었다. 지금도 내담자를 만나는 순간마다 스스로에게 "내가 잘 듣고 있는가?"를 묻고, 그들의 말 너머에 담긴 의미까지 들으려 애쓰고 있다. 듣는 일은 절대 단순하지 않으며, 잘 듣기 위해서는 반복적인 훈련과 자기 성찰이 필요하다는 것을 처음 깨달은 것은 미국에서 임상목회교육(Clinical Pastoral Education-추후 CPE)[1)]이란 과정을 밟으면서였다.

1) 임상목회교육(CPE)은 2025년 현재 ACPE(Association of Clinical Pastoral Education)에서 주관하는 교육 프로그램으로, 미국 내 여러 병원에서 10주간 풀타임으로 일하며 진행된다. 이

사실 CPE는 목회상담의 시작점으로 여겨지며, 1925년 보이슨(Boisen)이 네 명의 신학생과 함께 우스터 주립 병원에서 처음으로 CPE를 시작한 것이 그 기원으로 알려져 있다. 교회에서 나고 자라 신학교에 입학한 신학생들은 종종 교회 밖의 삶을 접할 기회가 제한적이다. 특히 미국처럼 신학을 대학원 과정에서 전공하는 것이 일반적인 환경과 달리, 한국에서는 학부 시절부터 신학을 전공하는 경우가 많기 때문에 신학생들의 경험적 폭은 더욱 좁아질 수 있다. 그러므로 다양한 '살아있는 인간문서(living humam documents)'를 직접 만나고, 그들의 삶에서 우러나오는 지혜를 듣는 경험은 인간과 하나님에 대한 깊은 이해를 길러주는 귀한 교육적 도구가 된다.

나의 CPE 여정은 2007년, 뉴저지 Overlook Medical Center에서 시작되었다. 당시 병원 훈련 책임자였던 감독님과 함께 5명의 동료 훈련생들과 10주간의 과정을 마쳤고, 이어 2008년 9월부터는 뉴욕 롱아일랜드의 Mercy Medical Center에서 레지던시 프로그램(residency program)에 참여해 총 5 Units을 수료했다. 지금까지 나는 총 6 Units의 CPE를 마쳤으며, 이 경험은 내 삶에 있어 커다란 전환점이 되었다. 첫 해 레지던시 프로그램을 마칠 즈음, 돈으로 살 수 없는 배움을 얻을 수 있다는 확신으로 일 년을 더 연장해서 교육을 이어갔다. 캐봇(Cabot)과 보이슨이 강조했던 '임상적 훈련의 필요성'을 몸소 체험하는 소중한 기회가 되었다.

처음 CPE에 발을 내딛던 순간은, 석사과정을 위해 처음 미국 생활을 시작한 후 3년이 지난 시점이었지만, 여전히 영어는 나에게 큰 도전이었다. CPE 과정의 첫날, 병동에 들어서며 느꼈던 두려움과 긴장감은 지금도 선

10주 과정이 1 Unit에 해당하며, 1년짜리 레지던시 프로그램(residency program)은 일반적으로 3 Units으로 구성된다. 병원 내 Pastoral Care 혹은 Spiritual Care 분서의 지도 아래, 훈련생들은 환자들을 방문해 위기에 처한 이들과 함께 하며 돌봄을 실천하고, 동시에 자신을 돌아보는 훈련을 받는다. 훈련생은 주로 개신교 신학생들 이지만, 천주교 사제와 수녀, 이슬람교 이맘, 유대교 랍비 등 다양한 종교전통 속에서 영적 지도자가 되기 위해 훈련받는 이들로 구성된다.

명하다. 살아있는 인간 문서와의 직접적이고 심도 있는 만남은 내 인식의 지평선을 확장하는 데 큰 도움을 주었다. 이 과정을 통해 얻게 된 가장 큰 배움 중 하나는 듣기에 대한 깊은 깨달음이었다. 무엇보다 내가 얼마나 잘 듣지 못하는 사람인지 인식하게 되었고, 그것은 나를 깊은 성찰로 이끌어 더 나은 행동을 할 수 있도록 이끌어 주는 계기가 되었다.

CPE 교육 과정에서 가장 강조되었던 원칙은 바로 “Don't bring your agenda to the room”이었다. 이는 곧 “환자의 병실로 당신이 이야기하고 싶은 주제를 가져가지 말라”라는 의미였다. 이 짧은 문장은 채플린의 사명을 명료하게 요약한 표현이라 할 수 있다. 환자를 방문하는 채플린은 자신이 말하고 싶은 것을 말하는 사람이 아니라, 환자가 하고 싶은 말을 할 수 있도록 허용하고 주의 깊게 들어야 하는 사람이란 의미이다.

환자에게 자신이 담당 채플린임을 알리고 인사를 건넨 뒤에는, 대화의 주도권을 환자에게 온전히 넘겨야 했다. 환자의 이야기를 들으며 다음에 무엇을 말해야 할지를 고민하기보다는, 상대의 이야기에 주의를 기울여 듣고 감정적으로 반영하며, 내용을 재진술하거나 명료화하는 식으로 반응하는 법을 배우고 익혔다. 이러한 반응은 자연스럽게 되는 것이 아니며, 꾸준한 훈련과 자기 성찰이 있어야 한다는 것을 배우는 과정이었다. “당신의 아젠다를 환자의 병실로 가지고 가지 말라”는 원칙은 나에게 큰 도전이 되었고, 나는 진정으로 다른 사람의 이야기를 듣지 못하는 위치에 있음을 깨닫게 되었다.

나는 2003년 4월 개신교 교단에서 안수를 받은 뒤, 그해 여름 제주도에서 6개월간 진행되는 한 선교단체의 훈련을 받았다. 그 후, 2004년 여름 한국을 떠나 미국으로 향했다. 대학 졸업 후 지역 교회에서 수련 목회자로 3년간 사역하며, 다양한 전도 훈련과 성경공부 과정을 수료하고 인도하기도 했다. 내가 사역하던 당시에는 '고구마 전도법'이 유행했는데, 이는 전도 대상자들에게 반복적으로 "예수 믿으세요"라고 복음을 전하다 보면, 고구마를 캘 때 뿌리가 붙어 줄줄이 딸려 나오듯이, 때가 되면 전도 대상자 한 명뿐 아니라 그 주변 지인들까지도 함께 교회로 인도할 수 있다는 발상이었다.

"땅끝까지 복음을 전하라"는 예수님의 명령과 함께, 어린 시절부터 전도의 중요성을 배우며 자란 나에게, 누군가를 만났을 때 가장 먼저 관심을 가지는 질문은 '이 사람이 예수를 믿을까?'였다. 인사를 나누는 순간부터 이 질문을 던질 타이밍을 노리는 것이 마치 내 사명처럼 느껴졌다. 그러나 지금 돌아보면, 이와 같은 내면의 숭고한 목표는 정작 내 앞에 있는 사람의 이야기를 진심으로 듣는 데 방해물이 되고 있었다. 내가 중요하다고 여기는 아젠다가 가득 차 있었기에, 타인의 이야기가 들어올 자리는 없었다. 상대를 나의 목적을 위한 수단으로 보는 태도 속에서, 나는 진정한 경청과 존중을 잃어가고 있었던 것이다.

CPE를 통해 나는 깨달았다. 타인을 제대로 듣기 위해서는 먼저 내 안에 가득한 소리를 비우고, 침묵하며, 나 자신을 먼저 들어야 한다는 것을. 아무리 그 내용이 숭고하다 할지라도, 내가 하고 싶은 말로 가득 차 있을 때, 나는 타인의 말에 귀를 기울일 수 없는 마음상태를 갖게 된다. 경청의 시작점은 자기 자신에게 귀 기울이는 데 있다. 자기 마음의 움직임, 내면의 소리, 억눌린 감정과 해결되지 않은 과거의 경험을 들을 줄 아는 사람만이, 타인의 말에 온전히 귀 기울일 수 있다. 그리스도인에게 자기 자신을 듣는다는 것은, 하나님의 형상으로 지음받은 존재로서 하나님이 나를 어떻게 바라보시는지를 다시금 묵상하는 일이다.

자신을 듣는 과정은 쉽지 않다. 외면해 왔던 감정이나 불편한 기억이 올라올 수 있기 때문이다. 그러나 바로 그 자리에서 우리는 하나님의 치유와 회복을 경험할 수 있다. 그리고 그러한 경험이야말로 다른 사람을 경청하는 힘의 원천이 된다. 그렇다면 어떻게 자신을 들을 수 있을까? 그 실천의 첫 걸음은 잠잠히 있는 것(be still)이다.

2) Be still(자기 자신을 듣기)

이스라엘 백성이 애굽을 빠져나온 직후, 눈앞에는 홍해가 가로막고 뒤에서는 애굽 군대가 추격해 오는 진퇴양난의 상황이 펼쳐졌다. 이 위기에 속에서 모세는 이스라엘 백성에게 두려워하지 말 것을 권하며 이렇게 선포한다. "여호와께서 너희를 위하여 싸우시리니 너희는 가만히 있을지니라"(출애굽기 14:14). 영어 성경(NIV)은 이 구절을 이렇게 번역한다. "The Lord will fight for you; you need only to be still." 여기서 "Be still"이라는 표현은 단순히 신체적인 움직임을 멈추라는 뜻을 넘어, 마음과 영혼을 하나님의 주권 앞에 멈추게 하라는 초대이다. 위기 앞에 놓인 이스라엘 백성에게 필요한 것은 '무엇을 해야 하는가?'보다 '하나님이 하실 일을 신뢰하며 멈추는 용기'였다.

'잠잠함'의 영성은 이곳 외에 성경 여러 곳에서 강조된다. 시편 46편 10절에서도 이렇게 말한다. "너희는 가만히 있어 내가 하나님 됨을 알지어다." 하지만 현대를 살아가는 우리에게 잠잠히 있는 것은 낯설고 어려운 일이다. 아침에 눈을 뜨는 순간부터 잠자리에 들 때까지 끊임없이 움직이며, 문제 해결을 위해 즉시 행동해야 하는 압박 속에서 살아간다. 간혹 움직이지 않는 것은 무책임하게 여겨질 수 있고, 가만히 있는 것은 시간을 낭비하는 듯 느껴지기도 한다. 그러나 성경이 말하는 잠잠함은 '아무것도 하지 않는 상태'가 아니라, '하나님 앞에서 마음의 소용돌이를 멈추고 내면을 고요히 하는 상태'를 뜻한다.

잠잠함은 동작이 멈춘 상태에서만 오는 것이 아니다. 겉으로는 활발히 움직이고 있어도 마음 깊은 곳에서 고요를 경험할 수 있다. 마치 수영을 할 때 손과 발은 계속 움직이지만, 물속에서 몸을 맡길 때 느껴지는 그 고요함처럼 말이다. 반대로 아무런 행동을 하지 않아도, 마음이 불안과 염려로 가득 차 있다면 적막이 흐르는 곳일지라도 잠잠함은 찾을 수 없게 된다.

목회상담에서 경청은 단순히 귀로 듣는 기술이 아니라, 내면 깊은 곳에서 상대방의 존재와 말을 온전히 담아내는 태도이다. 그러나 다른 사람을 경청하려면 먼저 자기 자신을 경청하는 법을 배워야 한다. 자신의 내면이 불안과 자기 목소리로 가득 차 있다면, 타인의 이야기가 들어올 자리가 없기 때문이다. 잠잠히 있는 훈련은 자기 자신을 듣는 가장 좋은 방법 중 하나다. 통성기도가 자연스럽게 실천되는 한국 개신교 교회에 침묵기도를 소개하고 실천할 수 있도록 돕는 이유 중 하나가 여기에 있다고 할 수 있다.[2)]

이때 '자기 자신을 듣는다'는 것은 자기 생각과 흐름을 떨어져서 관찰하는 것을 의미한다. 한국어 표현으로 "속이 시끄럽다"는 말이 있듯, 우리는 때로 자기 내면에서 끊임없는 대화, 걱정, 평가가 오가고 있다는 것을 발견한다. 이 소리들을 있는 그대로 알아차리고 바라보는 훈련은 자기 자각(self-awareness)을 키워가는 데 효과적이다.

제임스 화이트헤드(James Whitehead)와 이벨린 화이트헤드(Evelyn Whitehead)는 *Method in Ministry*(목회방법론)에서 목회현장에서 사용할 수 있는 신학적 성찰의 3단계 방법을 소개하면서 첫 단계를 "주의집중(attending)"이라 부른다. 그리고 이것을 "내면적 주의집중(intrapersonal attending)"과 "대인관계적 주의집중(interpersonal attending)"으로 구분한

2) 이효주, "목회상담과 신경과학-침묵기도가 가져오는 변화,"『한국기독교신학논총』 126(2022), 295~325를 참고하라.

다.[3] '목회는 관계다'라고 정의 내릴 수 있을 만큼, 목회자는 다양한 사람들과 만나서 소통하며 관계를 쌓아간다. 건강한 대인관계를 위해서는 먼저 내면적 주의집중이 선행되어야 한다. 페기 웨이(Peggy Way)가 "교회에서 제일 문제가 되는 것은 목회자 자신"[4]이라고 지적한 것도 같은 맥락이다. 목회자가 자기 내면의 상처와 불안을 자각하지 못하면, 그것이 무의식적으로 관계 속에 투사되어 갈등을 만들어 내기도 한다.

이런 의미에서 "Be still"은 단순히 조용히 있으라는 명령이 아니라, 목회자와 신앙인 모두에게 주어진 중요한 영적 훈련이다. 내면의 소음을 줄이고, 하나님의 음성을 듣기 위해 멈추며, 자기 안에서 일어나는 동기나 확신, 그리고 가치를 성찰하는 시간이다. 이것은 곧 메타인지(metacognition)-즉, 자신의 생각과 감정을 관찰자 시선으로 바라보는 과정-와 맞닿아 있다.

화이트헤드에 따르면, 자기 마음의 움직임에 주의를 집중하면서, "자신의 동기들, 확신들, 그리고 가치들에 대해 점점 더 자각하게" 되고 이러한 자기 자각은 목회자의 영적 성장에서 필수적인 요소가 된다.[5] 하나님과의 관계를 발전시키고, 나아가 이웃과의 관계를 발전시켜 나가기 위해서 목회자는 반드시 자기 자신과의 관계에 집중해야 하며 자기 자신의 소리에 귀를 기울이고, 내면에 고요가 임할 수 있도록 잠잠히 머무는 실천을 수행하여야 한다. 잠잠히 머무는 시간을 꾸준히 가지는 사람은, 관계 속에서 더 깊이 경청할 수 있는 내적 공간을 얻게 된다. 목회자는 그 공간에서 하나님과 친밀히 만나고, 동시에 이웃의 이야기를 온전히 품어낼 수 있는 마음의 그릇을 키워간다. 그리고 그 마음의 고요함은, 위기 속에서도 "여호와께서 너희를 위하여 싸우시리니 너희는 가만히 있을지니라"는 말씀을 신뢰하게 만드

---

3) Whitehead and Whitehead, 『목회방법론(*Method in Ministry: Theological Reflection and Christian Ministry*)』, 허일찬·오성춘 역 (서울: 한국장로교출판사, 1994), 39~40.
4) Peggy Way, "What's Wrong with the Church: The Clergy," *Renewal III-7* October (1963), 8.
5) Whitehead and Whitehead, 『목회방법론』, 40.

는 힘이 된다.

3) I may be wrong(내가 틀릴 수도 있어)

귀로 듣는 것 이상의 경청을 위해서 무엇보다 길러야 하는 태도가 있다면 판단을 유보하는 자세이다. 여기서 '판단을 유보한다'는 말은 내가 가진 신념에 대해서 포기하거나 부인한다는 것을 의미하지 않는다. 오히려, 자신의 신념조차도 성찰의 대상으로 삼을 수 있는 내적 여유와 겸손을 겸비해야 함을 의미한다.

얇지만 경청하는 목회자가 되는 길에 대해서 이해하기 쉽게 써 내려간 엠마 저스츠(Emma Justes)는 *Hearing Beyond the Words*(말 너머를 듣기)라는 책에서 "효과적인 경청은 적절한 겸손과 솔직한 자기 인식(self-awareness)의 맥락 속에서 이루어진다"[6]고 말한다. 솔직한 자기 인식에 대해서 이 책의 여러 곳에서 이미 언급했기에, 여기서는 저스츠가 말하는 적절한 겸손에 집중해 보자. 저스츠는 그리스도인이 하나님의 작품으로서 자신을 긍정적으로 수용하고 자부심을 갖는 것은 매우 중요한 일이라고 인정한다. 하지만, 그 자부심이 지나쳐서 다른 사람을 무시하거나 존중하지 않게 된다면, 그것은 더 이상 '적절한 겸손'이 아닐 수 있다. 이런 태도는 다른 사람들이 삶의 경험 속에서 쌓아온 지혜를 들을 수 없게 만들며, 결국 인격적이고 상호적인 관계 형성을 불가능하게 만든다.

목회상담에서도 마찬가지다. 내담자의 이야기를 들을 때, '내가 더 많이 안다', '내가 해결해줄 수 있다'는 전제가 깔리면, 상담자는 이미 경청의 자리에서 물러난 셈이다. 저스츠는 "상대의 말을 들을 때 우리가 문제를 해결

---

6) Emma J. Justes, *Hearing Beyond the Words: How to Become a Listening Pastor* (Nashville: Abingdon Press, 2006), 21.

해 줄 수 있고, 상대를 더 나은 상태로 만들 수 있다고 생각하며 그렇게 말하고 행동한다면, 우리는 겸손을 잃고 진정한 경청의 태도에서 멀어지게 된다"[7] 라고 경고한다. 경청의 목표는 상대를 고치거나 문제를 없애는 데 있지 않다. 그것은 타인이 경험하는 세계를 일시적으로 살아보려는 상상력의 행위이며, 그 과정을 통해 나의 이해의 지평을 확장하는 것이다.

이와 관련해, 현상학적 질적 연구 방법에서 강조하는 '에포케(epoche)' 개념은 목회상담자에게 중요한 시사점을 준다. 에드문드 후설(Edmund Husserl)이 제시한 이 개념은 '판단중지' 또는 '괄호 치기(bracketing)'라고도 일컫는다. 연구자가 연구대상의 경험을 있는 그대로 이해하기 위해, 자기의 선입견과 경험을 괄호 안에 잠시 묶어 두는 내적 과정을 말한다. 목회상담자 역시 내담자의 이야기를 들을 때, 자신의 신학적 전제나 인생 경험을 잠시 괄호 안에 넣어둘 필요가 있다. 그래야만 그 사람의 고유한 이야기와 경험이 온전히 들릴 수 있다.

이는 곧 "I amy be wrong(내가 틀릴 수도 있어)"라는 태도를 마음 깊이 품는 것이다. 이 태도는 자기 비하가 아니라, 하나님의 무한한 지혜 앞에서 나의 이해가 제한적임을 인정하는 신앙적인 겸손이다. 성경은 "사람이 귀를 돌이키고 율법을 듣지 아니하면 그의 기도가 가증하니라"(잠 28:9)고 말한다. 듣지 않는 마음은 결국 하나님 앞에서도 닫힌 마음이다. 반대로, 열린 귀와 열린 마음을 가진 사람은, 비록 자신의 생각이 틀릴 수 있음을 인정하더라도, 그 과정 속에서 하나님과 이웃을 더 깊이 알아가게 된다.

목회상담에서 경청은 단순한 기술이 아니라 마음과 마음이 연결되는 거룩한 통로다. 그 통로는 내가 옳음을 주장하는 순간 좁아지고, 내가 틀릴 수도 있음을 받아들이는 순간 넓어진다. 그렇게 넓어진 마음의 통로를 통해 우리는 하나님의 은혜를 더 깊이 경험하고, 상대방 역시 자신의 이야기를

7) Emma J. Justes, *Hearing Beyond the Words*, 24.

안전하게 풀어낼 수 있다. 이것이 경청이 단순한 듣기를 넘어 관계와 변화를 낳는 영적 행위가 되는 이유이다.

제6장

공감(Empathy)

목회상담
: 교회에서의
돌봄을 위한 안내서

제6장

공감(Empathy)

목회자이자 상담가로 살아가면서, 나의 가장 큰 관심사 중 하나는 "변화를 어떻게 이끌어낼 수 있을까?"라는 질문이다. 내담자들은 대개 자신이 가진 문제를 스스로 해결할 수 없다고 느낄 때 상담자를 찾아온다. 때로는 그것이 마지막 수단이 되기도 한다. 친구나 지인에게 조언을 구하고 길을 모색하다가 더 이상 방법이 없다고 느낄 때, 비로소 상담자를 떠올리는 경우가 많다. 한편, 내가 목회자로서 만나는 성도들은 예수님의 제자로 이 땅을 살아가는 신앙 공동체의 일원으로서, 단순한 생존이 아니라 의미 있는 삶, 성장하는 삶을 갈망하고 있다. 우리 모두는 크든 작든 변화를 원한다. 그렇다면, 이러한 갈망을 가진 이들이 실제로 변화를 경험하도록 돕기 위해 우리는 무엇을 할 수 있을까?

내가 박사과정에 있을 때, 상담 수련을 지도하시던 한 교수님께서는 "효주야, 너의 '변화의 이론(theory of change)'은 무엇이니?"라는 질문을 자주 묻곤 하셨다. 이 질문은 나로 하여금 스스로의 변화의 이론을 고민하고 정립하게 만들었다. '무엇이 사람을 변화시키는가'라는 이 질문은 여전히 나에게 도전을 주며 내가 정립한 변화의 이론을 확장하도록 자극하고 있다.

❙ 잠깐 생각해 볼 문제

1. 당신은 언제 변화를 경험했었나?

2. 당신의 변화의 이론은?

사람은 쉽게 변하지 않는다. 그것이 나의 경험이다. 그러나 그렇다고 변화가 불가능한 것은 아니다. 사람은 때때로 예상치 못한 방식으로, 크건 작건 변화를 경험한다. 어떤 사람은 마치 자동차가 로봇으로 변신하듯 극적인 변혁(transformation)을 겪기도 한다. 예수님을 인격적으로 만나는 회심의 경험이 그런 변화 중 하나가 아닐까? 결혼이 사람을 바꿀 수 있는 큰 구속력을 갖지 못한다는 것은 참으로 안타까운 현실이다. 반면 상실의 경험이 사람을 바꾸는 강력한 원동력이 될 수 있음을 자주 목격했다.

나는 당뇨 진단을 받고 하루아침에 달리기를 시작하고, 식단을 바꿔 단기간에 체중을 급격히 줄이고 건강을 회복한 사람을 가까운 거리에서 목격했다. 또 불의의 사고로 아내를 잃은 뒤, 생전에 사랑을 충분히 표현하지 못했던 자신을 돌아보며 더 인내심 있고 다정한 배우자로 변한 사람도 있었다. 당신은 언제 변화를 경험했는가? 무엇이 당신을 변하게 한 것인지, 변혁의 근원에는 무엇이 있었는지 생각해 볼 수 있길 그리고 자신만의 변화의 이론을 정립해 갈 수 있길 바란다.

공감에 대한 이야기를 시작하며 변화의 이론을 함께 언급하는 이유는, 삶 속에서 진정한 변화를 끌어내는 힘이 공감과 깊은 연결되어 있다고 믿기 때문이다. 내가 믿는 변화의 이론은 칼 롸저스(Carl Rogers)의 '무조건적 긍정적 존중(unconditional positive regard)'에 기반을 둔다. 롸저스는 상담자가 지녀야 할 핵심적 태도 중 하나로, 비판 없이 상대를 있는 그대로 수용하고 존중하는 태도를 강조한다. 어릴 적부터 들어온 '해와 바람'이야기에서도 알 수 있듯이, 결국 나그네의 옷을 벗긴 것은 따뜻한 햇살이었다. 쉽게 변화되지 않는 사람이 변화의 가능성을 경험하게 되는 순간은, 비난과 처벌이 아니라 수용과 사랑 속에서 찾아온다. 그리고 그 따뜻한 태도를 가능하게 만드는 핵심적인 도구가 바로 공감과 경청이다.

공감을 잘하기 위해서는 경청이 필수적이다. 앞서 언급했듯이, 잘 듣기 위해서는 자신의 판단 기준과 관점을 잠시 내려놓고, 판단을 유보할 수 있어야 한다. 그리고 타인의 경험을 마치 자신의 일처럼 느끼며 함께 아파할 수 있는 능력이 필요하다. 영어 표현으로는 '타인의 신발을 신어본다'는 말이 있고, 우리말에서는 '역지사지(易地思之)'라는 사자성어로 표현할 수 있다. 상대의 입장에서 생각하고 느낄 수 있는 태도야말로 공감의 출발점이여, 변화의 문을 여는 열쇠가 된다. 그렇다면 공감이란 정확히 무엇이고, 우리가 어떻게 이 능력을 익히고 길러갈 수 있을까 살펴보자.

1) 공감이란?

타인의 경험을 자신의 경험처럼 경험하고 동일시할 수 있는 능력. 이는 타인의 인지적이고 감정적인 세계에 들어가기 위해서(가능한 한 많이) 자기 자신의 준거의 틀을 내려놓음으로써 이루어진다. 공감은 상담의 현장에서 매우 필수적이다. 내담자는 상담자가 공감적으로 자기를 이해한다고 느낄 때, 더 깊이 상담자를 신뢰하게 되며, 치료 과정에 더 깊게 그리고 생산적으로 들어가게 된다.[1]

1) David E. Massey, "Empathy," in *Dictionary of Pastoral Care and Counseling*, ed.

공감에 대한 위의 정의는 『목회 돌봄과 상담 사전(Dictionary of Pastoral Care and Counseling)』에서 그대로 번역한 것이다. 한국어 번역본에서는 '감정이입'이라는 표현을 사용하고 있지만, 나는 보다 친숙하고 널리 쓰이는 '공감'이라는 단어를 선택했다. 상담에서 공감이 차지하는 중요성을 생각할 때, 이 사전에서 공감에 할애된 분량이 의외로 적다는 사실에 다소 충격을 받았다. 돌이켜보면, 미국에서 신학석사 과정이나 목회상담학 박사과정을 거치며 공감을 배우고 익힌 시간은 생각보다 짧았음을 깨닫게 된다.

박사과정 중 2년에 걸쳐 별도의 상담 실습을 진행하긴 했지만, 교실 수업에서 일어났던 공감에 대한 교육은 학기 중 '경청'이나 '공감'을 주제로 한 주간에 두 사람이 짝을 지어 짧게 연습하는 정도에 그쳤다. 상담에서 공감이 갖는 핵심적인 역할을 고려할 때, 신학 교육 안에서의 공감 훈련은 보다 강화되어야 마땅하다. 목회상담가가 될 계획이 없는 일반 목회자라 할지라도, 공감하는 법을 배우고 연습하는 과정을 갖는 것은 매우 필요하고 중요하다.

2006년 귀국한 이후 한국의 상담 현실을 접하면서, 나는 민간 자격증 중 하나인, '감정코칭' 자격증을 취득하고자 서울을 오가며 시간과 에너지를 투자한 경험이 있다. 그 과정에서 인상 깊었던 점은, 공감 실천을 위한 물리적 시간이 상당히 길었고, 상담 전문가들뿐 아니라 자녀와의 소통을 원했던 평범한 부모들도 다수 참여하고 있었다는 점이다. 자격증 취득을 위한 어느 단계에서는 삼사일에 걸쳐 하루 종일 짝을 바꿔가며 역할극을 통해 공감 연습을 진행하기도 했다. 마지막 즈음에는 다소 지루하게 느껴지기도 할 만큼 꽤 긴 시간 반복적으로 연습을 했지만, 공감을 실천하고자 진지하게 임하는 참여자들의 태도는 내게 다시 마음을 다잡게 하는 계기가 되었다.

Rodney J. Hunter et al. (Nashville: Abingdon Press, 1990), 354.

공감 훈련은 단순히 "그랬구나"를 기계적으로 반복하는 것이 아니다. 상대의 이야기를 경청하며, 그 사람이 느끼는 핵심 감정을 파악하고, 그 감정을 정확하고 적절하게 반영해 표현하는 것이다. 예를 들어, "유치원 가기 싫어요"라는 아이, 학원에 가기 싫다는 초등학생, 게임에 지나치게 몰두하는 중학생, 검정고시를 준비하고 싶다는 고등학생 등 다양한 환경 속에서 참여자들은 아이의 입장이 되어 보거나, 부모님이나 교사의 역할을 맡아 공감적인 대화를 시도했다. 언뜻 쉬워 보이는 공감 연습도 실제로 해 보면 절대 쉽지 않다는 사실을 절실히 느끼게 된다.

공감의 중요성을 몸소 느끼고 있었기 때문일까? 그 즈음, 교회에서 한 심방 전도사님과 나눈 짧은 대화는 내게 오랫동안 여운을 남겼다. 그것은 교회 안에서 다양한 방식으로 돌봄을 실천하는 사람들에게 '답을 주는 것'보다, 먼저 '공감하고 함께 머무는 것'이 얼마나 중요한지를 다시금 깨닫게 해 주었다. 또한, 공감을 배우고 연습하는 교육이 신학 교육 안에서 더욱 절실히 필요하다는 생각을 들게 했다. 설교를 어떻게 하는지 배우고 익히는 시간이 있는 것처럼, 공감을 연습하고 실천하는 시간이 교회 안에서 다양한 돌봄 실천에 관여하는 사람들을 교육하는 교육과정에 반드시 필요하다 느꼈다.

그날은 여느 때와 다름없는 주일 아침이었다. 조금 일찍 예배당에 도착한 나는 오랜만에 심방전도사님과 근황을 나누며 짧은 대화를 나눌 시간적 여유가 있었다. 지금 정확히 어떤 이야기를 주고받았는지 기억나지 않지만, 전도사님의 반응과 그 말을 들었을 때의 내 마음은 아직도 생생하게 남아 있다. 내 이야기를 다 들은 전도사님은 나의 등을 가볍게 두드리며, 따뜻한 목소리로 "하나님께서 목사님 더 기도하라고 하시나 봐요"라고 말씀하셨다. 전도사님의 의도를 알기에 그 말이 상처가 된 것은 아니었지만, 내 마음속에는 '그랬구나. 속상했겠어요'라고만 말해주셨더라면 더 위로가 되었을 것 같다는 아쉬움이 스쳤다. 그 순간은 나에게 반면교사가 되었고, 나는 누군가의 이야기를 들을 때, '답을 주어야 한다'는 부담감을 갖고 있지는 않았는지 스스로를 돌아보게 되었다.

우리에게 어려움을 토로하는 사람들은 반드시 문제 해결을 원해서 찾아오는 것은 아니다. 나 역시 그랬듯이, 성도들은 자신이 겪고 있는 문제를 목사나 전도사가 해결해 줄 수 있을 것이라 기대해서가 아니라, 자신의 이야기를 진심으로 들어 줄 누군가를 찾기 위해 다가오는 경우가 많다. 설교와 성경공부를 통해 사람들을 가르치는 역할에 익숙해진 사람일수록 오히려 경청하고 공감하는 기술을 배우고 연습하는 데 힘써야 한다는 필요성을 절실히 느낀다.

예를 하나 들어보자. 열 살 된 딸아이가 방학 동안 함께 지내던 두 살 터울의 사촌 언니가 자기 집으로 돌아가야 하는 상황을 앞두고 있을 때, 그 아이와 엄마가 나눈 대화의 예들 살펴보자:

상황 A

딸: (시무룩해 하며), 언니가 가면 난 누구랑 놀지?
엄마: 언니 오기 전엔 누구랑 놀았어? 친구들 있잖아.
딸: 언니가 있는 거랑 다르지. 외로울 거 같아.
엄마: 곧 괜찮아져. 걱정하지마.
딸: 엄마는 모르면서~ (눈물을 흘린다)
엄마: 아이고, 뚝 해! 열 살이나 먹은 애가 별일도 아닐 걸 가지고 눈물을 흘려. 누가 보면 엄마 잃은 줄 알겠네!

상황 B

딸: (시무룩해 하며).. 언니가 가면 난 누구랑 놀지?
엄마: 언니가 가서 서운해?
딸: 응... 언니가 떠나면 외로울 거 같아.
엄마: 우리 솔이가 외로울 거 같아서 걱정되는구나...
딸: 언니랑 있어서 너무 재미있었는데....
엄마: 나도 기쁨이가 있어서 좋았지. 방학이 끝나서 언니가 가야 하니 어떻게 하면 좋을까?
딸: 다음 방학엔 내가 언니네 집에 갈래~

아이에게 상처를 주고 싶은 부모는 한 사람도 없다. 하지만, 가장 가까운 가족들이 남기는 말이 깊은 상처가 돼서 평생 지워지지 않는 경우가 왕왕 있으니, 부모의 말이 외과 의사의 칼과 같다고 말하면서, "부모들도 외과 의사들처럼 특별한 기술을 배워야 한다"[2]는 어린이 심리학자였던 하임 기너트(Haim Ginott)의 주장은 미래 목회자와 목회상담가가 되기를 희망하는 사람들을 교육하는 나에게 중요하게 다가온다. 사람들과의 관계가 핵심인 교회 공동체 속에서 건강한 나눔과 생명을 살리는 교제가 일어나게 하기 위해서 공감은 반드시 배우고 익혀야 하는 기술이다. 감정코칭을 배우는 과정이 공감을 실천하도록 이끌어 주는데 효과적이라 판단하기 때문에, 감정코칭에서 이야기하는 공감하기를 소개하면서, 공감하는 방법에 대해서 이야기하고자 한다.

---

2) Haim Ginott, 『부모와 아이 사이: 아이에게 사랑을 전하는 기술』, 신홍민 역 (서울: 양철북, 2017), 18.

2) 감정코칭을 통한 공감하기

“감정 코칭(emotional coaching)”의 핵심은 감정은 수용하고, 행동은 수정하는 양육 기술에 있다. 우리가 흔히 사용하는 “똑바로 앉아”, “연필 바르게 잡아야지”, “싸우지 말라고 했지?”와 같은 말들은 모두 행동의 수정에 초점을 둔 소통이다. 최근 아이들과 나누었던 대화를 떠올려 보자. “속상했구나”, “화가 났구나”와 같은 감정을 먼저 수용해주는 말보다, 행동을 바로 잡기 위한 말들이 훨씬 익숙하게 떠오르지 않는가? 사실 이러한 소통은 아이들과의 관계에서만 국한되지 않는다. 우리네 소통은 생각과 감정을 나누기보다는 일어난 사건 차원에 머무를 때가 많다. 다음은 내가 박사과정 동안 임상훈련을 받을 때 수료했던 관계 개선 프로그램[3]에서 얻은 경험의 차원을 나타내는 도표이다. 경험 다이어그램(Experience Diagram)이라고 부르자.

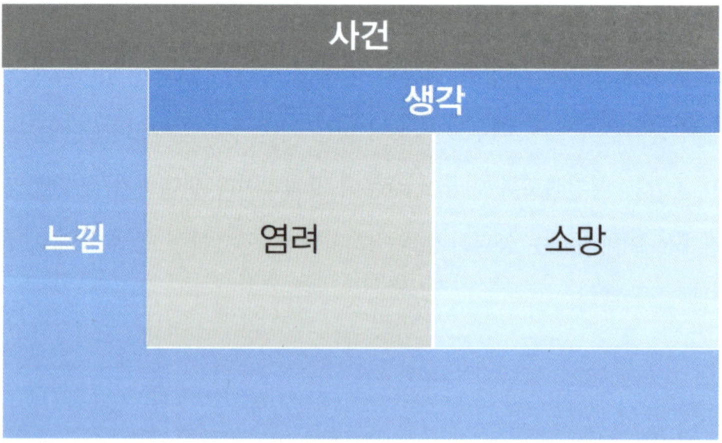

3) Marline E. Pearson, *Relationship Smarts Plus Instrutor Manual* 중에서.

행동을 지적하고, 행동을 수정하려는 부모와 자녀의 소통처럼, 우리가 나누는 대부분의 소통은 '사건' 차원에서 머무른다. 감정 표현에 서투른 아버지가 집에 들어와서 하는 세 마디가 "밥 먹자" "애는?" 그리고 "자자"라는 우스갯소리가 있다. 이 세 마디 모두 사건 차원에 머무르는 소통이다. 일상생활에서의 모든 관계에서 사건 넘어서의 소통을 기대한다는 것은 불가능에 가깝지만, 가까운 가족 그리고 교회 공동체에서의 관계 사이에서 이루어지는 소통이라면 사건 차원을 넘어서 생각과 느낌, 더 나아가서 염려와 소망까지도 나눌 수 있어야 하지 않을까? 사실, 교실 안에서 학생들 사이에서 이러한 소통이 일어날 수 있도록 이끄는 것이 교사가 해야 하는 중요한 책임 중에 하나라 생각하는 나는, 이러한 소통이 일어날 수 있도록 돕기 위해서 얼마나 많은 노력이 필요한지를 매번 마음 깊이 느끼고 있다.

아이들과 소통하면서 감정을 충분히 수용하지 않은 채, 곧장 행동을 지적하는 방식의 소통은 그 목적을 제대로 이루지 못하는 경우가 대부분이다. 오히려 아이들의 반감을 불러일으키고, 소통의 문을 닫게 만들기도 한다. 이는 우리가 흔히 겪는 '잔소리'와 유사하다. 예를 들어, "방 좀 깨끗이 치워"라는 말을 10년이 넘게 해왔지만, 여전히 효과가 없다면, 앞으로 10년 동안 같은 말을 반복해도 별다른 변화가 없을 것임을 쉽게 예측할 수 있다.

이제는 행동 수정 중심의 소통에서 벗어나, 감정을 먼저 수용하는 소통으로의 전환을 위해 노력해 보는 것은 어떨까? 가족치료사인 존 가트만(John Gottmann)이 그의 저서 *Raising an Emotionally Intelligent Child*(감성 지능이 높은 아이로 키우기)에서, 정서지능이 높은 아이를 양육하는 양육 방식의 핵심으로 감정코칭을 제안하며, 다음과 같은 다섯 단계를 소개한다.[4] 여기에서는 세 번째 단계까지 설명하기로 한다.

4) John Gottmann, *Raising An Emotionally Intelligent Child: The Heart of Parenting* (New York: Simon & Schuster Paperbacks, 1997), 69~109.

1단계: 아이의 감정 알아차리기
2단계: 아이의 감정을 친밀감과 가르침의 기회로 인식하기
3단계: 공감적으로 듣고, 아이의 감정 인정해 주기
4단계: 감정에 이름 붙일 수 있도록 돕기
5단계: 아이가 문제를 해결할 수 있도록 도우며, 한계 정하기

감정 코칭의 첫 단계는 아이의 감정을 알아차리는 것이다. 아이의 감정에 공감하려면, 우선 아이가 어떤 감정을 느끼고 있는지를 인식해야만 한다. 여기서 감정을 알아차린다는 것은 단순히 감정을 드러낸다는 의미가 아니다. 오히려 상대의 감정을 민감하게 인지하고, 동시에 자신의 감정 상태를 파악하며 적절하게 반응하는 것을 뜻한다.

감정 표현은 문화적 영향을 많이 받는다. 예를 들어, 일본이나 우리나라 사람들은 이탈리아나 라틴 아메리카 사람들에 비해 감정을 직접적으로 표현하는 데 익숙하지 않은 경우가 많다. 그러나, 감정을 겉으로 드러내지 않는다고 해서 우리나라 사람이 이탈리아 사람보다 감정을 느끼지 않는 것은 아니다. 마찬가지로, 다른 사람의 감정에 민감하게 반응할 수 있는 능력은 문화적 차이를 넘어 모든 인간이 보편적으로 지닌 능력임을 기억해야 한다. 이러한 감정 인식과 반응은 성별의 차이 또한 넘어선다. 가트만 연구팀은 남성도 여성만큼 타인의 감정을 알아차릴 수 있는 능력을 갖추고 있다고 보고한다. 사회적으로 형성된 '맨 박스(man box)-감정을 드러내지 않아야 남자답다는 고정관념-'에서 벗어나 자신의 감정을 표현하며 살아가는 남성일수록 더 건강하며, 실제로 생명 연장에도 긍정적인 영향을 미친다는 연구 결과들도 있다.

이처럼 감정을 표현하고 타인의 감정을 민감하게 인식하는 것은 성별에 상관없이 누구나 할 수 있는 일이다. 그러므로 아이의 감정을 알아차리는

것은 엄마들만의 몫이 아니다. 아버지들이 자녀의 감정에 적극적으로 반응하고 관계를 맺어 나가는 것은 건강한 아이의 발달을 위해서 뿐 아니라, 아버지 스스로의 웰빙과 나아가 가정이 더욱 건강하게 세워지기 위해서 반드시 필요하다.

말하지 않고도 타인의 감정을 알아차릴 수 있지만, 그 사람이 느끼는 감정을 더 정확히 이해하기 위해 질문을 통해서 확인할 수도 있다. 이때는 닫힌 질문보다 열린 질문을 사용하는 것이 바람직하다. 예를 들어, 아이의 표정을 보고 "화났어?"라고 묻는 닫힌 질문보다는, "기분이 어때?"처럼 감정의 범위를 넓게 열어 두는 질문이 더 효과적이다. 열린 질문은 아이가 자신 감정을 직접 묘사하고 표현할 수 있도록 허용해 주며, 타인의 감정을 깊이 있게 탐색하는 데도 도움이 된다.

두 번째 단계에서, 아이가 감정적인 경험을 할 때, 그 순간을 친밀감과 가르침의 기회로 인식해야 한다. 아이가 짜증을 내거나 투정을 부릴 때, 그 순간을 배움의 기회로 받아들이는 것은 결코 쉽지만은 않다. 어쩌면 이는 고도의 양육 기술이 요구되는 일처럼 느껴질 수 있다. 그러나 마음가짐 하나로 많은 것이 달라질 수 있다는 점을 기억한다면, 부모의 이런 태도는 좋은 결과를 가져올 수 있는 출발점이 될 수 있다.

아이가 감정적으로 반응하는 순간을 잘 포착해 감정적으로 연결되는 경험을 함께 만들어 갈 수 있다면, 아이는 부모님을 자신의 안전기지로 인식하게 된다. 이는 아이가 외부 세계를 더 자신 있게 탐색하도록 도와줄 뿐만 아니라, 실패나 좌절을 경험했을 때도 주저하지 않고 부모에게 돌아올 수 있다는 신뢰감을 형성하는 데 큰 도움이 된다. 그런데, 실제로 많은 부모들이 아이의 감정을 받아들이기보다는, 마치 변호사가 아닌, 검사처럼 잘잘못을 따지는 태도로 아이를 대하는 경우가 적지 않다. 아래는 아이들이 종종 표현하는 정서적 호소와, 이에 대해 부모가 보일 수 있는 전형적인 반응의 예시다.

호소 1: "동생이 없어졌으면 좋겠어!"
전형적 반응: "언니(형)가 되가지고 그런 말 하면 못써! 동생을 사랑해야지!

호소 2: "전도사님이 너무 싫어!"
전형적 반응: 그런 말 하면 못써! 전도사님이 싫다니!!!"
호소 3: "요즘 교회 가기 싫어요."
전형적 반응: "어떻게 좋은 것만 하고 살 수 있겠니? 몸에 좋은 건 쓴 법이야."

세 번째 단계는 아이의 감정을 공감적으로 듣고 인정해 주는 것이다. 이 단계에서는 "그랬구나"처럼 공감하고 있다는 메시지를 간결하고 진심 있게 전달하는 연습이 중요하다. 공감하기 위해 가장 중요한 태도는 감정을 판단하거나 평가하지 않고, 있는 그대로 받아들이는 것이다. 그러나 우리는 흔히 감정에 가치를 부여하는 데 익숙하다. 기쁨이나 감사과 같은 감정은 긍정적으로 여기고, 화남이나 짜증, 우울함 같은 감정은 부정적으로 여기는 경향을 가지고 있다.

가트만은 이러한 감정에 대한 감정 또는 감정에 대한 판단을 '초감정(meta-emtion)'[5]이라고 불렀다. 한 개인의 초감정은 다른 사람의 감정을 있는 그대로 받아들이고 공감하는 데 방해가 되기도 한다. 예를 들어, 기쁨, 사랑, 감사는 아이가 느끼면 좋은 감정으로 받아들여지지만, 화남, 우울, 짜증은 피해야 할 감정으로 이해되기 쉽다. 문제는 이런 감정 편향이 아이들의 정서적 표현을 제약하고, 부모가 진심으로 공감하는 데 어려움을 주게

5) John M. Gottman, Lynn Fainsilber Katz, and Carole Hooven, "Parental Meta-Emotion Philosophy and the Emotional Life of Families: Theoretical Models and Preliminary Data," *Journal of Family Psychology* 10, no. 3 (1996): 243.

된다는 점이다.

특히, 신앙적 가치와 교회 공동체의 중요성을 소중히 여기는 부모일수록, 아이의 감정 표현을 신앙의 문제로 받아들이는 경향이 강하다. 그래서 아이의 부정적인 감정 표현이 '신앙적으로 옳지 않다'는 판단으로 이어지기 쉽다. 그러나 이러한 상황일수록 감정을 억누르려 하기보다는, 아이의 마음을 들여다보려는 여유와 경청의 태도가 필요하다. 감정은 옳고 그름으로 판단할 대상이 아니라, 그 자체로 존재하는 것이며, 아이를 더 깊이 이해할 수 있는 기회가 되기 때문이다.

그렇다면 감정을 판단하지 않고 공감적으로 반응하려면 어떻게 해야 할까? 다음의 예시를 통해서 살펴보자.

호소1: "동생(가을)이 없어졌으면 좋겠어!"
공감적 반응: "가을이가 없어졌으면 좋겠을 만큼 속상하구나."

호서 2: "전도사님이 너무 싫어요."
공감적 반응: "전도사님이 싫어? 무슨 일이 있었던 거야?"

호소 3: "요즘 교회 가기 싫어요."
공감적 반응: "교회 가기 싫다고 느낄 만큼 뭔가 마음이 힘든 일이 있었나 보네."

이처럼 공감적 반응은 감정을 억누르거나 설득하려 하지 않고, 먼저 있는 그대로 받아들여주는 것에서 시작된다. 이와 같은 태도야말로 아이가 자신의 감정을 안전하게 표현할 수 있도록 돕는 출발점이 된다.

예전에 교회에서 어머니들을 대상으로 교육할 기회가 있었는데, 공감 실천에 대해 나누고 다음 주에 다시 만났을 때 한 어머니의 나눔이 아직도 생생히 기억에 남아 있다. 그 어머니는 환한 미소를 지으며 아이에게 "그랬구나"를 직접 실천해 보았고, 그 효과가 생각보다 컸다고 이야기해 주었다.

아이를 재우기 위해서 씻기고 양치까지 다 마친 상태에서, 아이가 배즙을 달라고 칭얼대기 시작했다고 한다. 평소 같았으면, 이미 이를 닦았으니 배즙을 마시면 다시 양치를 해야 한다는 점을 설명하며 설득하려 했을텐데, 이번에는 "우리 ~가 배즙이 먹고 싶구다"라고 몇 번 반복하며 공감해 주었다. 그러자 아이는 금세 진정되었고, 배즙을 마시지도 않은 채 스르르 잠이 들었다는 것이다. 어머니는 이 경험을 통해 공감의 힘을 실감했고, 더 많이 연습해 보고 싶다고 했다.

그러나 공감 실천이 항상 성공적인 결과만을 가져오는 것은 아니다. 지난 학기 신학대학원에서 학생들과 공감 훈련을 진행하던 중, 한 남자 전도사님이 자신의 취학 전 딸에게 공감을 시도했지만, 아이는 같은 말만 반복하고 상황이 나아지지 않아 당황했다는 경험을 공유해 준적이 있다. 이 사례는 가트만 박사가 자신의 딸 모라이어(Moriah)와 비행기 안에서 겪은 일화와 유사하다. 다음은 가트만 박사의 경험을 바탕으로 재구성한 대화이다.

딸 1: "아기상어 인형 주세요."

아빠 1: "어떻게 하지? 아기상어 인형은 비행기 저 뒤편에 있는걸?"

딸 2: "아기상어!"

아빠 2: "그러게... 아기상어는 여기 없어. 큰 여행가방에 넣어서 비행기 다른 칸에 있단다."

딸 3: "아기상어! 아기상어!" (목소리가 점점 커진다)

아빠 3: "쉬쉬... 여기는 우리만 있는 곳이 아니야. 아기상어는 도착하면 다시 만날 수 있어."

딸 4: "아기상어 주세요. 아기상어!!!" (눈물이 글썽인다.)

아빠 4: "아기 상어는 여기 없는데... 울어도 아빠가 지금 줄 수 없어. 뚝 해야지."

딸 5: "난 아기상어 보고 싶어."

아빠 5: "자~ 이건 어때? 여기 우리 별이 좋아하는 게임이 있는데??" (시선을 돌리려 함)

딸 6: "아기 상어! 아기 상어!!!" (짜증내며 목소리를 높임)

아빠 6: "별이, 아빠랑 약속했는데... 잊은 거야?"

이쯤 되면 주변 사람들의 시선이 의식되기 시작하고, 당신의 혈압은 오르며 얼굴을 붉어지고 이마에는 땀이 맺힐 수도 있다. 막무가내인 아이와 실랑이를 해 본 사람이라면 이런 상황이 얼마나 좌절감을 주는지 충분히 공감할 수 있을 것이다. 이 순간, 가트만 박사는 자신의 전략을 바꾸기로 결심했다. 비록 딸이 원하는 장난감을 당장 줄 수는 없지만, 아버지로서 줄 수 있는 최선의 선물, 즉 공감을 주기로 한 것이다. 이후 대화는 다음과 같이 이어졌다.

딸 7: "아기상어!!"

아빠 7: "우리 별이가 아기상어가 보고 싶구나!"

딸 8: "응." (아빠의 반응에 눈이 커짐)

아빠 8: "아기 상어를 만날 수 없어서 화가 났구나?"

딸 9: "응." (고개를 끄덕인다)

아빠 9: "아기 상어가 지금 여기 별이랑 함께 있으면 얼마나 좋을까!!"

딸 10: (호기심 어린 눈으로) "응, 아이 상어 만나고 싶어!"

아빠 10: "그래. 아빠도 아기상어가 별이 옆에 있어서 별이가 꼭 안아줄 수 있으면 너무 좋겠어. 아기상어랑 다른 인형들도 있으면 얼마나 좋을까?"

딸 11: "맞아~" (짜증섞인 목소리가 없어짐)

아빠 11: "아빠도 짐칸에 있는 아기상어를 지금 갖고 오고 싶지만, 당장은 줄 수 없어서 별이가 속상한 거잖아."

딸 12: 응

아빠 12: 아빠가 미안해, 별아...

이처럼 딸 아이의 속상함, 분노, 좌절을 하나하나 짚으며 공감해 주자, 아이의 표정에서는 서서히 긴장이 풀리기 시작했고, 진정된 아이는 곧 잠들었다는 경험을 들려준다. 아이가 원하는 것을 줄 수는 없지만, 공감이라는 최고의 선물을 줄 수 있다는 점을 기억할 수 있길 바란다.

심지어 같은 말만 반복하는 상황에서도, 이성적인 논리로 설득하려고 하기보다는 아이의 감정을 있는 그대로 읽어 주려는 시도는 충분히 의미 있고 가치 있는 일이다. 공감은 때로 문제를 곧바로 해결해 주지는 못하지만, 아아와의 관계 속에서 신뢰와 정서적 안정감을 쌓는 강력한 힘인 된다. 다음은 한 학기 온라인으로 수업을 진행하면서, 공감의 중요성을 배우고 실천했던 한 학생이 남긴 질문이다.

> 하루는 초등학교 2학년 아들이 어두운 표정으로 태권도 학원에서 돌아와 학원에서 있었던 속상한 일들을 얘기하면서 제일 좋아하는 학원을 안가고싶다고 말했습니다. 그래서 제가 '그랬구나. 제일 좋아하는 태권도 학원을 가기 싫을 정도로 기분이 안좋았구나.'하며 공감하며 위로해주었습니다. 그런데, 다음날 아들은 '엄마 나 학원 안가도 되는거지?' 라고 합니다. 아직 어려서 그런 걸까요? 제가 공감해줬던 표현을 아들은 '학원을 안가도 되는구나'하고 받아들여 살짝 난감했습니다.^^

공감은 나의 목적을 이루기 위한 수단으로 사용해서는 안 된다. 엄마에게는 '아이는 반드시 태권도 학원을 가야 한다'는 신념이 자리잡고 있다. 그 신념은 그대로인 채, 아이가 속상해하는 어느 날 "속상했구나"라고 기계적으로 반복해 주는 것은 진정한 공감일 수 없다. 아이의 감정을 알아차리고, 시간을 들여서 아이과 대화를 이어가려고 노력한 이 학생은 칭찬받아 마땅하다. 하지만, 공감을 좀 더 깊게 이해할 필요가 있다. 상대방이 그 자리에 있으며 바라보고 느끼는 것을 함께 경험하고 이해하려는 노력이 공감의 핵심이다. 나의 목적을 이루기 위해서 이해하는 척을 한다면, 그것은 진정한 공감일 수 없다.

또한 감정코칭에서 공감을 해 주는 큰 목적이 있다면, 아이가 문제를 스스로 해결할 수 있도록 이끄는 다섯 번째 단계까지 나아가는 것에 있기 때문에, 아이의 결정이 무엇이든 아이의 선택을 존중하겠다는 마음이 있을 때 진정한 공감적 소통이 이루어질 수 있다. 이러한 수업을 진행하면, 정말 부모님의 입장에서 공감하기 어려운 문제들을 가져오는 자녀들로 인한 고민을 나누시는 부모님들이 있다. 아이가 학교를 그만두고 검정고시를 하고 싶다는 이야기를 털어 놓으면, 공감을 하지만, "그래도 학교는 다녀야지"라는 결론을 갖고 대화에 임하는 경우가 있다. 정말 아이의 최종 선택이 공교육의 장을 떠나 검정고시를 치르고 싶어 하는 것이라면, 이 역시도 받아줄 수 있는 준비가 되어 있는지 진지하게 묻고 진정한 공감적 소통은 무엇인지 깊이 생각해 볼 수 있길 바란다.

공감은 다른 사람이 느끼는 감정을 함께 느껴주는 것이다. 많은 경우 우리는 대화를 나누며 감정을 공유하고 그 자리에 있어 주기보다는 답을 주고 상대방을 고쳐주려고 한다. 다음의 대화를 통해서 예를 들어보자.

호소: "아니 글쎄 내가 시험등록을 했어야 하는데, 코로나가 확진되고 하면서 정신이 없어서 시험 신청 기간을 까맣게 잊고 있었던 거 있지? 어찌나 속상했는지 몰라. 올해 목표 중 하나라 진짜 열심히 공부했는데, 신청 기간을 놓쳤다는 걸 발견하고 완전히 멘붕이었지 뭐야."

위와 같은 이야기를 가까운 누군가에게서 들었다면, 당신은 무어라고 반응해 줄지 한번 생각해 보자. 그리고 공감적인 반응은 무엇일지도 생각해 보자.

위의 경험은 나한테 진짜 있었던 일이고, 다음은 내가 가까운 가족과 동료에게서 들었던 반응들이다.

A: "아이고. 자꾸 그거 생각하지 말어. 놓친 거 자꾸 기억하면 뭐하냐? 마음을 다스려. 생각나는대로 끌려가면 하나님이 기뻐하지 않지."
B: "어머... 어째요. 캘린더에 저장 안 해 놓으셨어요?"

시험 기간을 이미 놓쳤으니 시험을 주관한 기관에 전화해서 방법이 없을지 묻고, 시험에 응시할 수 있는 방법이 없다는 걸 깨닫고, 스스로를 자책하고 있던 터였다. 뒤늦게 후회한들 바꿀 수 있는 게 아무것도 없음을 나 스스로에게 되뇌이고 있다가, 속상한 마음을 그 당시 만났던 사람들과 나누었는데, 그들의 반응은 위와 같았다.

내 생각을 지켜야 하는 것을 누구보다 뼈저리게 느끼고 있었던 건 바로 나 자신이다. 스스로에게 실망하고 자괴감을 느끼던 중, 너무나 속상해 이 마음을 나눈 것인데, 내 얘기를 듣는 상대는 나의 속상한 마음을 알아주는 과정은 생략한 채 나의 행동을 수정하려고 하고 있음을 볼 수 있었다. 캘린더에 저장을 안 해 놨는지 묻는 것도 마찬가지다. 사태가 벌어진 이유가 바로 내 사무실 캘린더에 시험 신청 일정을 표시해 놓고 핸드폰에 저장해 놓지 않았기 때문인 것을 깨달은 것은 시험 신청 기간을 놓쳤다는 것을 알아차렸던 순간부터다. '연구실 책상에 놓인 캘린더에 적어 놓을 뿐 아니라, 구글 캘린더에 저장을 했더라면...'이라고 몇 번을 되뇌었는지 모른다. 내가 이 사실을 알렸을 때, 내가 상대방에게 원하는 것은 "어떻게 해. 너무 속상했겠다" 정도의 공감이란 것을 왜 모르는 걸까?

나의 속상한 마음을 알아채 주고, 그다음 행동 수정으로 나아가야 하는데, 많은 경우 이 짧은 단계를 잊기 쉽다. 이렇게 공감의 중요함을 알고 있는 나지만, 나에게 스쿨 존에서 카메라에 찍혀 벌칙금을 내게 됐다는 친구의 말을 들었을 때, "조심하지 그랬어?"라는 말이 가장 먼저 떠오른 나를 발견할 수 있었다. 그 말이 입 밖으로 나가기 전에 '이 반응은 공감하는 반응이 아니라 행동수정을 하고 있는 것이구나...'라고 생각해서 나를 절제할 수 있었다. 벌써 벌칙금이 나왔으니, 딱지를 받은 사람은 후회하고 자신을 책망하고 다음에는 그러지 않아야겠다는 결심까지 하고 있는데, 거기에 내가 어떻게 해야 하는지에 대한 답을 제시한다면, 자신이 잘못한 것이지만 되려 화를 내는 상황이 벌어질 수도 있다. 다른 사람의 신발에 당신의 발을 넣을 준비가 되었는가?

목회적 돌봄의 가장 기초적인 단계인 공감과 경청은 쉽기 때문이 아니라 가장 필수적이기 때문에 기본이 된다. 우리는 누구나 듣고 공감할 수 있다고 생각하지만, 실제로는 생각만큼 타인의 말을 온전히 듣지 못하고, 타인의 감정에 깊이 공감하지 못한 채 살아간다. 행동 변화를 이끌기 전에, 먼저 공감의 단계를 의식적으로 실천해 보는 것은 어떨까? 진심 어린 공감의 실천이 예상치 못한 변화를 가져올 수도 있다. "백문이 불여일견"이라는 말처럼, 수많은 말보다 한 번의 공감이 더 큰 힘을 발휘한다. 이제 질문해 보자. 당신은 다른 사람의 신발에 자신의 발을 넣을 준비가 되어 있는가?

제7장

살아있는 인간 문서에서
살아있는 인간 망으로

목회상담
: 교회에서의
돌봄을 위한 안내서

제7장

살아있는 인간 문서에서 살아있는 인간 망으로

2025년 8월, 대전에서 끔찍한 교제 살인 사건이 발생했다. 26세 가해자는 금전 문제와 자신을 무시했다는 이유로, 수개월 전부터 여러 차례 살해를 시도하다가 결국 두려움에 떨던 여자친구를 죽음으로 몰아넣었다. 2022년 부산 서면 '돌려차기' 사건, 2024년 거제 '교제 폭력'[1] 살인에 이어서 최근 잇따른 교제 살인 소식은 심각한 사회 문제로 대두되고 있다. 이에 따라 피해자 보호를 위한 법과 제도 마련이 그 어느 때보다 시급하다는 목소리가 높아지고 있다.

『2024년 여성폭력 실태조사』에 따르면, "평생 신체적 폭력, 성적 폭력, 정서적 폭력, 경제적 폭력, 통제, 스토킹 피해를 한 번 이상 경험했다고 응답한 비율이 36.1 %이며, 이는 곧 우리나라 성인 여성 약 3명 중 1명은 평생 여성폭력 피해를 한 번 이상 경험했다"는 의미이다.[2] 더 안타까운 사실

1) '데이트 폭력'으로도 사용되었던 이 용어는 2024년 1월 대검찰청에서의 발표 이후 법률 용어는 아니지만, 현재 사귀거나 과거에 사귀었던 관계에서 발생하는 각종 폭력 범죄를 총칭한다. 피해를 막고 예방하기 위해 시급한 법률안 제정이 필요하다.

2) 한국여성정책연구원, 『2024 여성폭력 실태조사』 (서울: 한국여성정책연구원, 2024), 211.

은 여성이 경험하는 이러한 폭력이 가장 안전해야 할 가정에서 일어난다는 사실과 가장 신뢰했던 사람이 가해자인 경우가 대부분이란 사실에 놓여있다. 이러한 현실은 한국만이 아니라 전 세계적으로 만연해 있다.

세계보건기구(WHO)에서 2024년 3월 25일 발표한 추정치에 따르면, "전 세계 여성의 약 3명 중 1명(30%)이 평생 신체적 또는 성적 친밀한 관계에서의 폭력이나 친밀한 관계에서의 성폭력 중 하나 이상을 경험한 것"으로 나타난다.[3] 이러한 전 세계적 경향은 지역별 조사에서도 유사하게 확인된다. 유럽연합(EU) 28개국에서 2014년 실시한 여성폭력 실태조사에 따르면, "응답자 중 15살 이후 신체적 또는 성적 폭력을 경험한 비율은 33%로, 이는 곧 3명 중 1명에 해당한다"고 밝히고 있다.[4] 비록 10년의 시간 차이가 있지만, 이는 WHO의 최근 통계와 유사한 양상을 말해주면서 여성폭력이 세계 곳곳에서 얼마나 만연하게 나타나는 현실인지를 보여준다.

미국의 경우에는 여성폭력의 더욱 심각한 결과를 보여주는 통계가 있다. 미국 법무부 통계에 따르면, "2007년 친밀한 관계에서 상대방에 의해 살해된 희생자 중 70%가 여성이었으며, 이는 1993년 이후 거의 변하지 않은 수치"라고 보고되었다."[5] 이는 여성에 대한 폭력이 단순한 폭행을 넘어 생명을 위협하는 수준까지 이를 수 있음을 시사한다. 당신이 여성으로 태어났다면 자연사로 죽을 수 있는 확률이 남성에 비해 확연히 떨어진다고도 할 수 있다. 이러한 통계들을 종합해 보면, 여성에게 일어나는 폭력은 현실이

---

3) World Health Organization, "Vilonece Against Women," 온라인 자료, https://www.who.int/news-room/fact-sheets/detail/violence-against-women (2025.08.15.접속)

4) FRA-European Union Agency for Fundamental Rights, *Violence Against Women: An EU-Wide Survey* (Luxembourg: Publications Office of the European Union, 2015), 21.

5) Shannan Catalano et al., *Bureau of Justice Statistics Selected Findings: Female Victims of Violence* (2009), 온라인 자료 https://bjs.ojp.gov/content/pub/pdf/fvv.pdf

며, 한 나라에서만 일어나는 특이한 일이 아니라 전 세계적으로 공통적으로 나타나는 심각한 사회 문제임을 알 수 있다.

(단위: %)

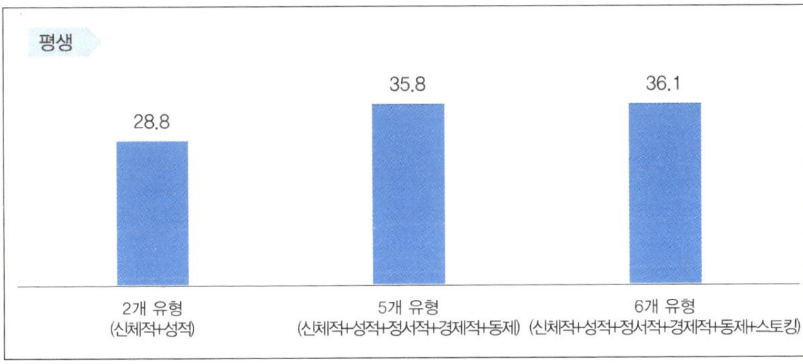

이러한 통계의 이면에는 가부장제 이데올리기가 전 세계적으로 여성에 대한 폭력을 당연시해 온 문화적 배경이 자리하고 있다. 우리나라의 끔찍한 속담 "북어와 여자는 때릴수록 맛이 난다"는 한국 문화가 남성의 폭력에 대해서 얼마나 관대했는지를 단적으로 보여준다. 16세기 영국에서도 "여성,

개, 호두나무는 때릴수록 좋아진다"는 격언이 전해 내려온다고 하니, 여성을 향한 폭력을 정당화해 온 가부장적 문화는 동서양을 막론하고 보편적으로 존재해 왔음을 알 수 있다. 이처럼 동서양을 막론하고 여성에 대한 폭력을 정당화해 온 가부장적 문화가 너무 당연한 것으로 삶 속에 자리잡고 있기 때문에, 이를 비판하고 대안을 제시할 공동체의 역할이 더욱 절실하다.

여성을 향한 폭력이 세계에서 가장 만연한 인권 침해 중 하나임에도 불구하고, 교회가 이에 대해 침묵으로 일관해 온 것은 참으로 안타까운 현실이다. 이에 목회상담 분야는 여성에 대한 폭력을 예방하고 대응하기 위해 어떤 실천을 할 수 있을지 숙고할 필요가 있다. 특히 1970년대 페미니즘의 발달과 함께 여성신학자들이 목회상담 분야에 대거 참여하면서 일어난 패러다임의 전환을 살펴보고, 이러한 신학적·실천적 움직임 속에서 교회 안에서의 돌봄 사역에 적용할 수 있는 구체적인 실천 방안을 모색해 보고자 한다.

1) 목회상담 연구의 주체로서의 여성

아멜리아 스틴손-웨슬리(S. Amelia Stinson-Wesley)는 성폭행과 강간은 구약시대부터 기록되어 있다고 이야기하면서, 사무엘하 13:1~22는 강간을 다루는 대표적인 구약성경의 한 부분이지만, 이 본문을 다루는 설교자는 거의 없다고 이야기한다.[6] 한국 기독교 내에서도 상황은 크게 다르지 않다. 나는 자라오면서 가정폭력의 문제를 다루는 목사의 설교를 한 번도 들어본 경험이 없다. 또한, 교제 폭력이 사회적 문제로 심각한 양상을 보이고 있는 현재에도 교회가 이 주제를 진지하게 다루는 것을 목격하지 못했다.

6) S. Amelia Stinson-Wesley, "Daughters of Tamar: Patoral Care for Survivors of Rape," in *Through the Eyes of Women: Insights for Pastoral Care*, ed. Jeanne Stevenson Moessner (Minneapolis: Fortress Press, 1996), 222.

그렇다면 교회는 이 문제에 대해서 침묵해야 할까? 대답은 "아니다"이다. 죽어서 천국을 가는 것만큼, 구원받은 백성으로 이 땅에서 하나님의 나라를 살아내는 것이 중요하기 때문이다. 예수님께서 가르쳐주신 주기도문에서 "뜻이 하늘에서 이루어진 것 같이 땅에서도 이루어지이다"라고 기도하는 것처럼, 평화와 정의는 하늘에서뿐 아니라 우리가 발을 딛고 살아가는 이 땅에서 실현되어야 한다. 빛과 소금으로서의 부르심은 하나님의 나라를 이 땅에 구현하려는 노력을 통해 실현될 수 있을 것이다.

이러한 신학적 관점은 목회돌봄과 상담 분야에서도 중요한 의미를 갖는다. 목회상담은 그 발전을 프로이트(Freud)의 정신분석 이론과 함께 했다고 해도 과언은 아니다. 목회돌봄을 위한 다양한 이론과 방법론들을 위해 심리학과의 긴밀한 협력을 해 온 것은 사실이지만, 목회상담은 개인의 내면 치유를 넘어, 개인이 속한 공동체에 관심을 확장해 왔다. 이미 1장에서 목회신학이 공공신학이 되어야 함을 논의한 바 있다.

그렇기 때문에 위의 질문에 대한 목회돌봄과 상담 차원에서의 답은 분명하다. 교회는 여성폭력이라는 사회적 이슈에 적극적으로 응답해야 하는 책임 있다는 것이다. 그러나 현실은 어떠한가? 많은 경우 교회에 정갈한 옷을 차려입고 예배하면서 내 옆에 앉아 있는 사람은 피해자나 생존자가 아닐 것으로 가정하기 쉽다. 목회자들 역시 자신의 설교를 듣는 청중 가운데 가정폭력 피해 아내나, 성폭력 피해자/생존자가 있을 것이라고 가정하지 않기는 마찬가지다. 하지만 여성폭력은 특정 계층이나 집단의 문제가 아니다. 교육수준이 낮거나 경제적으로 어려운 가정, 블루칼라 노동자의 가정에서만 벌어지는 일이 아니다. 화이트칼라 전문직 종사자의 가정에도, 심지어 목회자의 가정에서도 충분히 일어날 수 있는 것이 현실이다. 피해자와 생존자는 어디에나 있으며, 교회 역시 그들의 자리와 삶을 외면하지 말아야 한다.

이와 같은 이유로 목회상담에서의 패러다임의 전환은 일어났다. 1장 공공신학 부분을 다루면서, 존 패튼(John Patton)이 제시한 목회상담 분과에서의 패러다임의 전환을 간략히 소개한 바 있다. 즉, 목회돌봄과 상담은 고전적 패러다임(classical paradigm), 임상적 패러다임(clinical paradigm), 그리고 공동체적-상황적 패러다임(communal-contextual paradigm)을 거쳐 확장·발전했다. 『현대목회상담학자연구』의 서론 부분을 집필한 정연득은 "현대목회상담의 흐름"이라는 부제를 붙인 글에서 현대목회상담학의 흐름을 '살아있는 인간문서의 시대', '살아있는 인간관계망의 시대', 그리고 '다양성과 혼돈의 시대로 구분'하여 소개한다.[7] 패튼이 설명한 목회상담 분과에서의 확장을 '살아있는 인간 문서'와 '살아있는 인간관계망'이라는 두 상이한 메타포를 통해서 접근하고 있다. 이는 인간에 대한 이해의 발전이 목회상담의 확장 · 발전과 깊은 관계가 있음을 말해주고 있다.

특히 주목할 점은 독립적인 존재로서의 인간에 대한 이해가 인간이 공동체 속에서 상호 연결된 존재라는 이해로 확장 발전했다는 것이다. 인간이 태어나면서부터 독립을 향해 발전하는 존재라고 여겨졌지만, 실제로 인간은 결코 완전한 독립을 달성할 수 없다. 생산활동이 가장 활발한 40~50대라 해도 다른 사람의 도움 없이는 존재할 수 없는 것이 인간의 현실이다. 당장 오늘 문 앞에 어제 주문한 상품을 배달해 줄 배달기사가 없다면 우리의 삶은 큰 불편을 겪을 수 있다. 우리의 삶은 긴밀하게 모든 이와 연결되어 있어서, 한 개인을 이해한다는 것은 그 개인이 발을 딛고 있는 사회구조를 파악하지 않고는 불가능하다. 같은 맥락에서, 한 개인에게 더 풍성한 삶을 제공하기 위해서 내면적인 치유를 넘어 그 개인이 속한 공동체의 치유가 수반되어야 한다.

---

7) 정연득, "서론: 현대목회상담의 흐름," in 『현대목회상담학자연구』, ed. 한국목회상담학회 (서울: 도서출판 희망나눔, 2014), 14.

이러한 인간 이해의 변화를 불러온 다양한 원인이 있겠지만, 페미니즘의 발전과 여성주의 목회상담학자들이 목회상담 분야에 유입되면서 이러한 패러다임 전환이 촉진되었다는 점을 주목해야 한다. 신학 전반이 백인 남성에 의해서 주도되었던 것처럼, 목회상담 분야도 예외는 아니었다. 다음 표는 여성들이 목회상담 분야에 유입되어 책과 논문 등을 통해 여성 관점에서의 목회상담학이 반영되기 시작했던 과정을 이해할 수 있도록 해 준다.

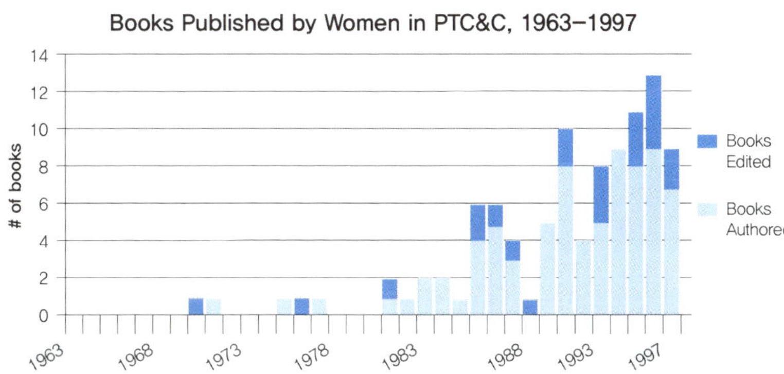

1963~1977년 목회신학, 목회돌봄과 상담 분야에서 여성에 의해 출판된 책

1925년 보이슨(Boisen)의 개척으로 시작된 목회상담 분야는 1970년대 말까지 남성학자들을 중심으로 발전해 왔다. 여성학자들의 유입은 1980년대 초반 이루어지기 시작했고, 1980년대 말과 1990년대로 본격화되었다고 볼 수 있다.

여성들의 이러한 유입은 목회상담 분과 안에 어떤 변화를 가지고 왔을까? 성별이 다른 여성이 목회상담 연구의 주체가 될 경우, 목회상담의 내용과 방법은 달라질 수 있을까? 최초의 여성 신학자 중 한 명인 벨러리 세이빙(Valeri Saiving)은 잘 알려진 논문 "The Human Situation: A Feminie

View(인간의 상황: 여성주의 시각에서)"를 다음과 같은 대조적인 진술문으로 시작한다.

"I am a student of theology; I am also a woman"[8)]
"나는 신학을 전공하는 학생입니다. 나는 여성입니다."

세이빙이 글의 서두에서 이 두 문장을 병치한 이유를 "마치 한 사람의 성적 정체성(sexual idenity)이 그 사람의 신학적 관점에 어떤 영향을 미치는 것처럼 보이도록 하기 위해서"라고 밝힌다.[9)] 참으로 흥미로운 지적이 아닐 수 없다.

그렇다면 질문해 보자. 내가 여성이란 사실, 내가 남성이라는 지정성별은 과연 나의 신학적 관점에 영향을 미칠 수 있을까? 세이빙은 13년 전만 해도 이러한 질문이 터무니없다고 여겨 거부했지만, 신학을 공부하고 13년이 흐른 지금은 더는 그렇게 확실할 수 없다고 고백한다. 여성과 남성이 공유하는 공통점이 많이 있지만, 여성의 경험은 남성의 경험과는 확연히 다른 측면이 존재하기 때문이다. 신학은 오랜 세월 남성 위주로 이루어져 왔으며, 교회 역시 남성 중심적인 권위적 구조 아래서 세워져 왔다. 상대적으로 여성은 제한된 참여와 침묵을 강요받으면서 주변화된 경험을 해왔다.

백인 남성학자들이 목회상담 분야를 이끌던 초기, 힐트너(Hiltner)를 비롯하여 윌리엄 클렙쉬(William Clebsch)와 찰스 재클(Charles Jaekle)는 목회상담의 주요 기능을 치유(healing), 지지(sustaining), 인도(guiding), 화해(reconciling)라고 이해했다. 이러한 기능은 개인의 내적 상처를 치유하고 삶에서 오는 어려움을 지탱하며, 신앙과 윤리적 방향을 제시하고 하나님과

8) Saiving, "The Human Situation," 25.
9) 위의 글.

타인의 관계를 회복해 나가는 것에 집중했다.

그러나 1970년대 이후 페미니즘 신학이 발전하면서, 여성학자들은 개인이 겪는 문제의 뿌리가 사회적 구조와 억압에 있다고 보면서, 목회상담은 사회적 정의, 성평등, 나아가 구조적 해방까지 포괄해야 한다는 새로운 관점을 제시했다. 여성학자들은 가정폭력, 성차별, 교회 내의 성역할 불평등 또는 사회 구조 속 여성 억압에 대한 문제에 관심을 가지면서 개인의 문제 뒤에 숨어 있는 사회 구조의 문제에 집중했기 때문이다. 이들은 목회상담은 단순히 개인의 심리적 고통을 다루는 것을 넘어, 성별·계급·인종 등 사회 구조적 억압까지 포괄해야 한다고 주장했다. 초기 남성학자들이 간과했던 억업받는 이들의 경험을 목회상담의 핵심 영역으로 끌어와, 주요 기능을 저항(resisting), 역량강화(empowerment), 양육(nurturing)과 자유케 함(liberating)까지 확장하기에 이른다.

남성학자들이 강조한 목회상담의 기능	여성학자들의 관점 확장
▪ 치유(Healing): 영적, 심리적 상처를 회복시키는 과정으로 죄책감, 상실감, 정신적 고통 등 내적인 문제를 다루는 것을 의미. ▪ 지지(Sustaining): 고통과 위기 상황에 처한 사람들에게 힘과 용기를 북돋아 주며, 그들이 좌절하시 않도록 돕는 기능.	▪ 저항(Resisting): 단순히 현실에 순응하거나 내면의 문제를 해결하는 것을 넘어, 불의한 사회 구조나 억압에 맞서 싸우는 기능을 의미. 이는 성차별, 인종차별, 빈곤 등 구조적인 폭력에 저항하는 것을 포함함. ▪ 역량 강화(Empowerment): 억압받는 이들이 자신의 힘과 능력을 인식하고, 스스로 목소리를 내며 삶의 주체로 설 수 있도록 돕는 기

	능. 이는 수동적인 위치에서 벗어나 능동적인 주체로 변화하는 과정을 도움.
▪ 인도(Guiding): 올바른 길을 찾도록 조언하고 방향을 제시하는 기능. 이는 성경적 가르침이나 영적인 지혜를 바탕으로 삶의 결정을 돕는 것을 의미.	▪ 양육(Nurturing): 단순히 지지하는 것을 넘어, 따뜻한 보살핌과 관계 속에서 개인이 성장하고 잠재력을 키울 수 있도록 돕는 기능. 이는 어머니의 돌봄과 유사한 개념으로, 안전하고 포용적인 환경을 제공하는 것을 강조함.
▪ 화해(Reconciling): 하나님과의 관계, 타인과의 관계, 그리고 자신과의 관계에서 깨어진 부분을 회복시키는 기능.	▪ 자유케 함(Liberating): 죄책감, 수치심뿐만 아니라 사회적, 문화적, 영적인 억압으로부터 완전히 해방되는 것을 목표로 함. 이는 개인의 내면적 치유를 넘어, 전인적인 자유를 추구하는 과정임.

2) 목회상담 내에서의 여성폭력에 대한 관심

1970년대 페미니즘 운동은 목회상담 분야에 중요한 패러다임의 전환을 가져왔다. 캐롤 길리건(Carol Gilligan)의 *In a Different Voice*(다른 목소리)와 같은 여성심리학 연구들은 기존 상담 이론의 남성중심적 관점을 비판하며, 여성의 독특한 경험과 관계적 특성에 주목했다. 이러한 변화는 상담의 접근 방식을 개인적이며 내재적 문제에서 사회구조적, 해방적 접근으로의 확장시켰다. 즉, 여성을 연구의 주체로 삼으면서 개인의 문제를 공동체와 사회적 맥락 안에서 이해하게 되었고, 내면의 치유뿐만 아니라 정의의 실현이 중요함을 강조하게 되었다. 이러한 관점의 변화를 촉발한 핵심 계기는 바로 가정폭력으로 고통받는 여성들을 대상으로 한 연구가 이루어지면서부터였다.

미국에서는 1960~70년대 페미니즘의 제2의 물결에 힘입어 친밀한 파트너 폭력 종식운동이 활발하게 일어났다. 1964년 캘리포니아 서부의 파사디나(Pasadena)에 *Haven House*(안식의 집)와 같은 가정폭력 보호소가 설립되었고, 종교단체들도 1970년대부터 성폭력과 가정폭력 예방 노력에 동참하기 시작했다. 그중 대표적인 인물이 바로 그리스도 연합 교회의 목사였던 마리 포춘(Marie Fortune)이다. 그녀는 성폭력 및 가정폭력 예방을 위한 센터 -이후 FaithTrust Institute로 발전- 를 설립하여 30년간 초교파적인 운동을 이끌기도 했다.

미국 캘리포니아의 가든 그로브(Garden Grove) 제일 장로교회 부목사였던 리타-루 클라크(Rita-Lou Clarke)는 이 시기 중요한 학문적 성과를 남겼다. 그녀는 1986년 목회학박사(Doctor of Ministry) 학위 논문으로 *Pastoral Care of Battered Women*(매맺는 여성을 위한 목회적 돌봄)을 써 출판했는데, 이는 미국 목회상담 분야에서 가정폭력에 대한 여성주의적 관점으로 쓰인 최초의 책이다. 클라크는 매맞은 여성들이 가장 먼저 고민을 털어놓을 수 있는 사람은 교회 목회자라는 점에 착안하여,[10] 목회자들이 가정폭력이라는 상황 앞에서 피해자인 내담자들을 효과적으로 돌보는 방법을 제안한다. 그녀는 폭력을 묵인하고 심지어는 강화하는 문화적·심리학적·신학적인 요인들을 분석하며, 아내를 향한 폭력이 가부장적 문화와 왜곡된 성 역할 기대에서 비롯된 것임을 구체적인 증거를 제시하면서 밝히고 있다.

1990년대 들어서는 목회상담 분야에서 여성을 향한 폭력에 관심이 더욱

10) Rita-Lu Clarke, 『구타당하는 아내: 가정폭력과 목회상담』, 권희순 역 (서울: 한국신학연구소, 1989), 125.

집중되면서 사회적 · 민족적 · 구성신학적 관점에서 활발한 연구가 이루어졌다. 이 시기를 대표하는 저서는 제임스 폴링(James Poling)의 *The Abuse of Power: A Theological Problem*(힘의 악용: 신학적인 문제/1991)과 파멜라 쿠퍼-화이트(Pamela Cooper-White)의 책 *The Cry of Tamar: Violence Against Women and the Church's Response*(다말의 절규: 여성에 대한 폭력과 교회의 응답/1995)이다. 폴링(Poling)은 생존자들의 증언을 비판이론을 통해 분석하여 지배구조가 고통을 만드는 방식임을 밝히고, 쿠퍼-화이트(Cooper-White)는 구약성경 속 다말의 이야기를 통해 교회의 침묵을 비판하며 피해자를 위한 신학적·목회적 성찰을 촉구했다. 이들의 연구는 여성 폭력 문제를 사적인 일이 아닌 공적인 신학적 의제로 끌어올리는 데 결정적인 역할을 했다.

이러한 미국의 흐름에 발맞춰 한국 사회에서도 여성 폭력에 대한 공론화가 이루어졌다. 1983년 한국여성의전화가 설립되어 여성 폭력을 사회문제이자 구조적 문제로 공론화했고, 이는 1994년 「성폭력특별법」 제정, 1997년 「가정폭력방지법」 제정으로 이어졌다. 이러한 사회적 분위기 속에서 1989년 클라크(Clarke)의 *Pastoral Care of Battered Women*가 한국어로 번역 출간된 것은 매우 의미심장한 일이다.

한국 교회와 신학계도 독자적인 논의를 전개하기 시작했다. 특히 한국여신학자협의회(KAWT)를 중심으로 1995년 출판된 『성폭력과 기독교』는 한국적 맥락에서 성폭력 문제를 심층적으로 다룬 중요한 전환점이 되었다. 이 책은 가부장적 교회 문화와 남성 중심적 성서 해석을 비판하며, 피해자를 위한 목회적 돌봄의 필요성을 강조했다. 이어 1990년대 후반에는 교회가 성폭력 문제에 대해 더 이상 침묵할 수 없다는 사회적 압력과 내부적 자성이 커져갔고, 그 대표적인 사례가 1998년에 개최된 '교회 내 성폭력 추방을 위한 공청회'와 그 결과로 발간된 『공청회 자료집』(1999)이다. 이 자료집은 당시 실제 사건 피해자들의 증언을 담아 교회의 구조적 문제를 낱낱이 드러냈으며, 성폭력의 심각성을 고발하는 역사적 기록이자 교회의 책임 있는 대응을 촉구하는 강력한 외침이 되었다.

1990년대에 시작된 여성 폭력에 대한 신학적 논의는 다소 더딘 속도이지만 2000년대 이후에도 꾸준히 심화되어 왔다. 김경의 "성폭력 피해자 치유를 위한 '관계적' 신학의 고찰"(2011)은 '가부장적 신학'이 피해자 치유 과정에 미치는 영향을 분석하며, 폴링의 목회신학 방법론을 토대로 대안적 신학의 가능성을 모색하였다. 같은 해 출간된 『여성과 목회상담』에서 정희성은 성폭력과 여성 목회상담을 중요하게 다루면서, 교회 여성 성폭력의 목회신학적 재구성을 제안한다. 2015년 이화목회상담센터에서 폴링(Poling)의 *The Abuse of Power: A Theological Problem*를 한국어로 번역·출간한 것 역시 의미있는 움직임이라 볼 수 있다. 또한 한국목회상담협회의 학술지 『목회와상담』에는 권미주의 "성폭력 피해여성을 지원하는 교회공동체의 목회신학 연구"(2016)와 김희선의 "힘의 악용으로서의 가정폭력과 종교:기독교신앙의 역할"(2016) 등 의미 있는 연구들이 꾸준히 발표되었다. 이처럼 목회상담 분야에서 여성 폭력에 대한 관심은 1970년대부터 시작되어 오늘날까지 학문적 논의와 실천적 노력이 병행되며 발전해 오고 있다.

3) 여성 폭력 방지와 예방을 위한 실천

목회상담 분야에서 여성 폭력에 대한 연구와 사회적 논의가 꾸준히 이루어져 왔지만, 실제로 교회와 신학교 안에서 예방과 대응을 위한 교육이 충분히 이루어지고 있는지에 대해서는 여전히 의문이 남는다. 우리나라는

2010년 「성폭력방지 및 피해자보호 등에 관한 법률」을 제정하여 유치원, 어린이집, 초·중·고의 성교육 및 성폭력 예방교육 의무화하였고, 2012년 개정을 통해 국가기관·지차체·공공기관까지 교육 의무와 실적 보고가 확대되었다. 현재는 대학교 재학생까지 포함하여 모든 학생이 매년 폭력예방 교육은 일 년에 한 번 의무적으로 이수해야 하며, 이는 외국인 유학생에게도 적용된다.

신학대 학생들 역시 이러한 제도적 교육을 받지만, 교회를 이끌 지도자를 양성하는 신학대학은 의무 교육을 넘어선 별도의 과정을 통해 여성 폭력의 심각성과 교회의 책임 있는 대응 방안을 고민하고 준비할 수 있도록 도와야 한다. 쿠퍼-화이트(Cooper-White)는 매맞는 여성을 위한 목회돌봄적 실천을 제안하면서, 가장 처음으로 가정폭력 문제를 지속적이고 의도적으로 신학교 교육에 통합해야 한다고 주장한다.[11] 가부장적 문화가 낳은 병폐와 보이지 않는 구조적인 불평등을 직시할 수 있도록 신학 교육이 이끌어야 하며, 학생들이 장차 섬길 교회 안에서 어떤 목회적 실천을 통해서 공동체를 참된 자유로 인도할 것이지 깊이 고민하도록 해야 한다. 따라서 각 교단과 신학교 차원에서 인권 감수성과 성인지 감수성을 지닌 목회자를 양성하기 위한 실천적인 노력이 시급하다.

크리스티 누거(Christie Neuger)는 가정폭력 상황에서, 피해자들이 도움을 청하고 싶은 대상으로 목회자를 가장 뒤에 두는 경향을 지적하며, 이는 전통적인 결혼관에 얽매인 교회의 가르침 때문이라고 비판한다.[12] 이러한 지적은 "구타당하는 여성이 결혼의 영구성을 강하게 믿는 경향이 있다"[13]

11) Pamela Cooper-White, "An Emperor Without Clothes: The Churche's Views About Treatement of Domestic Violence," *Pastoral Psychology* 45 (1996), 12.

12) Christie Cozad Neuger, *Counseling Women: A Narrative, Pastoral Approach* (Minneapolis: Fortress Press, 2001), 96.

13) Clarke, 『구타당하는 아내: 가정폭력과 목회상담』, 120.

는 클라크(Clarke)의 분석과도 맥을 같이 한다. 목회자가 "이혼은 죄"라거나 "죽음이 우리를 갈라놓을 때까지"라는 절대적 신념만을 강조한다면, 여성폭력을 경험한 피해자들에게 진정으로 지지적인 동반자가 되기는 어려울 수 있다. 이러한 문제의식은 클라크(Clarke)가 제시한 실제 목회 상담 사례(목사 Jim의 상담 장면)에서 잘 드러난다.

> 짐(Jim) 목사는 그가 어떤 말을 해야 할 것인가 조심스럽게 단어를 생각하면서 한숨을 내쉬었다. 그는 구타당하는 아내들이 있다는 것은 알고 있었지만 개인적으로 이런 상담을 하게 된 것은 처음 있는 일이었다. 물론 신학교에서도 이런 코스는 없었다. 그는 말하길 "클레어, 당신이 무슨 일을 하든 분명히 하고 싶은 것은 당신 변호사에게 목회자인 나나 그가 해야 할 일은 구제하는 것이라고 말하시오."
> 클레어는 깜짝 놀랐다. 그녀는 목사님에게 18년 동안이라는 결혼생활을 통해 폭행당한 것을 전부 말하지 않았던거? 그 동안 수백대를 맞은 한 많은 사연을 다 말해야만 나를 진심으로 이해한단 말인가? 또 한편 목사님은 내가 이 결혼을 쉽게 포기할 것이라고 정말 생각해서 저렇게 말씀하시는 것일까?
> 갑자기 클레어는 전신이 아파오며 기진맥진되었다. 그와 동시에 죄책감을 느꼈다.[14]

사실 폭력이 발생한 순간, 결혼 서약의 신성함은 이미 깨어진 것이다. 그럼에도 불구하고, 목회자가 교조적인 신념에만 묶여 있다면 피해자에게 실질적인 도움을 줄 수 없다. 성경을 문자적으로만 이해하는 것이 아니라, 고통받은 인간의 목소리를 '살아있는 인간 문서'를 통해 들을 수 있어야 한다. 현대인들의 고통에 귀 기울여 전통적인 가르침과 대화시킬 수 있는 능력을 갖추지 못한 목회자라면, 가정폭력으로 고통당하는 성도에게 2차 가해를

14) Eather Lee Olson and Kenneth Peterson, *No Place to Hide: Wife Abuse: Anatomy of a Private Crime* (Wheaton,IL: Tyndale House Publisher, 1982), 96, 재인용 from Clarke, 『구타당하는 아내: 가정폭력과 목회상담』, 121.

더 할 위험을 안고 있다. 그렇기 때문에 신학적 성찰과 현대를 살아가는 사람들에게 신실한 실천을 제안할 수 있는 목회신학적 성찰을 할 수 있도록 교육하는 것이 중요하다.

사실 클레어의 이야기는 결코 예외적인 사건이 아니다. 기독교반성폭력센터의 2024년 상담 통계에 따르면,[15] 2018년 개소 이후 2024년까지 접수된 사건은 385건, 피해자는 총 472명에 달한다. 사건 유형은 성추행, 강간, 성희롱뿐만 아니라 불법촬영, 딥페이크, 스토킹, 2차 가해 등 매우 다양하다. 특히 사건의 65%가 한국 교단 내에서 발생했으며, 그 가운데 가해자가 목회자인 경우가 60%에 이른다. 피해자와 가해자의 관계가 목회자와 성도의 목회적 돌봄 관계였던 사례도 40%나 차지했다. 이러한 수치는 교회가 결코 안전지대가 아니며, 오히려 목회자의 권위와 신뢰가 폭력의 수단으로 악용될 수 있음을 보여준다. 결국 클레어가 경험한 고통은 특정 개인의 불운한 사건이 아니라, 교회 안에서 구조적으로 반복되고 있는 현실임을 통계적으로도 확인할 수 있다.

따라서 신학교 교육은 여성 폭력 문제를 목회상담 입문 시간에 잠깐 언급하는 수준에 머물러서는 안 된다. 학생들이 여성 폭력을 구조적 차원에서 이해하고, 가정폭력을 포함한 모든 폭력이 근본적으로 '권력의 문제'임을 인식하도록 가르쳐야 한다. 피해자들이 교회와 목회자에게 침묵하는 것은 피해자가 없다는 증거가 아니다. 오히려 쿠퍼-화이트(Cooper-White)가 지적하듯이, 목회자가 여성 폭력에 대해 얼마나 준비되어 있는지 스스로 드러내지 않는다면, 피해자/생존자들은 결코 안전하게 자신의 문제를 먼저 목회자에게 제기하지 못할 것이다. 그녀는 목회자들이 가정폭력에 대해 처음 설교를 했을 때, 여러 성도들이 자신의 경험을 나누는 일이 일어났다는 사

15) [2024 통계] 기독교반성폭력센터 2024년 상담통계, 기독교반성폭력센터 홈페이지 온라인 자료 이용.

례를 소개하며, 목회자의 적극적인 역할이 얼마나 중요한지 강조한다.[16]

그러므로 각 교단은 소속 목회자들을 재교육할 뿐 아니라, 신학생들이 재학 중에 다양한 형태의 여성 폭력 피해자들을 어떻게 동반하고, 어떻게 피해자를 생존자로 이끌 수 있을지 준비시켜야 한다. 준비된 자세와 의지를 지닌 목회자만이 피해자들이 침묵을 깨고 목소리를 낼 수 있는 용기를 북돋을 수 있기 때문이다. 더 나아가, 목회자나 신학생 자신이 성폭력 피해 경험을 지니고 있을 가능성 역시 염두에 두어야 한다. 폴링(Poling)은 1979년 신학교 교수로 재직하기 시작하면서, 목회학석사(M.Div.) 과정 학생들로부터 그들이 부모에게 당한 성적·신체적 폭력의 경험을 자주 들었다고 밝히며, "학생들 중 많은 수가 이 같은 성적 학대의 경험을 치유받기 위해 신학교를 왔다"라고도 적는다.[17] 이러한 사실은, 학생들이 스스로의 경험을 명명하고 성찰할 수 있도록 돕는 것 역시, 안전한 공동체를 세우는 중요한 교육적 과정임을 보여준다.

4) 개인의 치유에서 공동체적 책임으로

성경은 인간의 모습을 있는 그대로 기록하고 있다는 점에서 탁월함을 인정받는다. 성경은 인간의 영광스러운 순간들뿐만 아니라 추악하고 치욕스러운 면모까지도 가감없이 드러낸다. 아브라함이 위기를 모면하기 위해 아내 사라를 누이라고 속였던 사건이나 다윗이 밧세바를 범하고 우리아를 죽게 했던 일 모두가 미화 없이 정직하게 서술되어 있다.

이러한 기록 속에서 주목할 점은 성경이 억눌리고 폭력으로 인해 침묵당

16) Cooper-White, "An Emperor Without Clothes," 12.
17) James Poling, 『성폭력과 힘의 악용: 목회상담적 성찰』, 이화목회상담센터 역 (서울: 한울아카데미, 2015), 21.

한 여성들의 목소리를 외면하지 않고 있다는 사실이다. 특히 사무엘하 13장에 기록된 다말의 이야기는 오늘날 여성 폭력 양상 및 피해자들이 겪는 현실과 놀랍도록 유사하여 깊은 통찰을 제공한다. 사무엘하 13장은 다말이 그녀의 이복 오빠인 암논에게 강간당하는 사건을 다룬다. 이 사건에서 가장 비극적인 부분은 사건 이후 누구도 다말의 목소리에 귀 기울이지 않았으며, 오히려 그녀가 "잠잠히 하라"는 말에 억눌려 방치되었다는 점이다. 다말에게 강요된 침묵의 경험은 권미주가 제시한 상담 사례의 내담자 A의 경험과 놀라울 정도로 닮아 있다.

> "저는 우리 가족이 싫습니다. 지금은 21세 대학생입니다. 초등학교 4학년 때부터 얼마 전까지도 둘째 오빠에게 성추행 및 성폭행을 당했습니다. 아빠도 오빠도 징그럽습니다. 가까이 와서 어깨를 쓰다듬는다거나 은근한 말을 할 때면 토할 것 같습니다. 그냥 다 때려 죽이고 싶은 마음도 있습니다. 오빠가 나에게 한 일을 언니에게 알렸습니다. 그때 이후로 언니도 저를 피합니다. 오히려 둘째 오빠를 더 위하더군요. 불쌍하다고, 네가 어떻게 행동했으면 오빠가 그랬겠냐고. 언니도 죽이고 싶을 만큼 미웠다가도 어느 날은 뭔가 내가 잘못한 게 진짜 있는 건 아닐까 생각하기도 했습니다…."
>
> 피해자 A의 증언 가운데서 일부를 인용[18]

A의 가정은 기독교 가정이었으며, 아버지는 장로, 성폭행을 가한 둘째 오빠는 명문대 법대에 재학 중이었다고 한다. 성폭력의 책임은 어떤 경우에도 가해자에게 있지만, 가부장적 문화는 피해자를 비난하고 피해자에게 침묵을 강요해 왔다. 특별히 가해자가 사회에서 존경받는 지도자이거나 교회의 직분자, 심지어 목사일 경우 이런 경향은 더욱 두드러진다. 사람들은 피

18) 권미주, "성폭력 피해여성을 지원하는 교회공동체의 목회신학 연구," 「목회와 상담」 27 (2016), 44~45.

해자 여성의 증언보다 가해자의 말을 더 신뢰하는 경향을 보인다. 다말을 향한 다윗의 무대응과 압살롬에 의해 강요된 침묵은 오늘날 성폭력피해자들을 대하는 문화와 매우 흡사하며, 교회의 침묵은 이를 더욱 심화시키는 요인이다.

강압적 성관계에 대한 거부에는 기독교인들이 대체로 일치된 목소리를 내지만, 성폭력 피해자가 겪는 정신적·윤리적 영향을 다루는 논의는 부족해 왔다. 교회는 이러한 고통을 공적으로 이야기하는 것을 오랫동안 꺼려왔다. 이에 대해 폴링(Poling)은 "받아들이기 어렵지만 성폭력이라는 악에 대한 교회의 침묵은 가부장제 이념을 영속시키는 데 교회가 공범이었고, 그래서 여성의 고통을 보이지 않게 만드는 일에도 한몫했음을 시사해준다"고 비판한다.[19] 이 지적은 목회상담이 개인의 치유를 넘어 사회적 ·구조적 악과도 맞서야 함을 환기시킨다. 따라서 교회는 이제 침묵의 동조자가 아니라, 고통을 드러내고 치유를 지향하는 공동체로 거듭나야 한다.

쿠퍼-화이트(Cooper-White) 역시 "행복한 기독교 가정"이라는 개념을 담론으로 대체하고 허구적이고 공허한 환상에 불과한 "벌거벗은 임금님의 옷"에 비유하며, 오늘의 교회가 성도들의 실제적인 삶의 조건과 고통에 눈을 돌려야 한다고 주장한다. 이들의 날카로운 비판은 교회가 그간 유지해 온 침묵과 이상화된 담론이 여성의 현실적인 고통을 은폐해 왔음을 드러내며, 동시에 교회가 나아가야 할 방향을 명확히 제시한다. 교회는 이제 침묵의 동조자가 아니라, 실제 성도들의 삶에 눈을 돌려 고통을 드러내고 치유를 지향하는 공동체로 거듭나야 한다.

교회는 권력의 편에 서는 대신 피해자의 목소리에 귀를 기울이고, 그 고통을 나눌 수 있는 공적인 장을 마련해야 한다. 신앙은 침묵을 요구하는 것

19) Poling, 『성폭력과 힘의 악용』, 222.

이 아니라, 정의를 향해 발언하도록 힘을 북돋는 것이다. 침묵을 깨고 피해자들의 이야기가 들려질 수 있는 이야기 공동체로서의 역할을 감당하는 교회들이 세워질 수 있길 소망한다. [이야기 공동체에 대해서는 다음 장에서 더 이야기 하도록 하자.]

목회상담은 오랫동안 개인의 내적 치유와 심리적 안정에 초점을 맞추어 왔다. 그러나 1970년대 이후 페미니즘의 발전은 목회상담의 시선을 개인에서 공동체로 확장하도록 촉구하였다. 이는 성폭력 문제가 단지 개인의 상처에 국한되지 않고, 교회의 구조와 사회의 권력 체계 속에서 반복되는 현실이기 때문이다. 따라서 오늘날 목회상담은 피해자가 안전하게 목소리를 낼 수 있는 공동체적 공장을 마련하고, 침묵을 강요하는 가부장적 문화를 변화시키는 실천으로 나아가야 한다.

구체적으로, 교회는 정기적으로 가정폭력이나 여성을 향한 폭력을 주제로 설교하거나 전문 강사를 초청해서 특강을 진행함으로써 성도들의 인식 개선을 도모할 수 있다. 더불어 교회가 위치한 지역사회의 전문기관과 협력하는 것도 필수적이다. 특히 심각한 폭력사례의 경우, 전문가들에게 의뢰하여 필요한 도움을 받도록 안내하는 것이 가장 효과적인 지원임을 기억해야 한다. 이러한 실천은 목회적 돌봄을 단순한 내면 치유의 차원을 넘어 정의와 회복의 방향으로 확장시키며, 다말과 같은 피해자들의 고통을 외면하지 않는 교회의 사명을 드러내게 될 것이다.

끝으로 개인 내면의 치유에서 공동체적 변혁으로 나아가기 위해서 위계가 아닌 상호성을 바탕으로 한 관계를 모색하는 여성주의적 성경 해석에 대해 더 연구와 교육이 필요하다. 한국 사회를 포함하여 세계적으로 뿌리 깊은 가부장적 문화는 여성과 남성에게 제한된 성역할을 강요해 왔다. 여성에게는 부드러움과 순종을, 남성에게는 주도성과 강인함을 요구하는 것이 대표적이다. 이러한 지정성별에 따른 사회가 기대하는 성역할에 대한 기원의 뿌리는 알기 어렵지만, 이는 인간에게 문화적 압력으로 작용한다고 영장류학자인 프란스 드 발(Frans de Waal)은 지적한다.[20] 이러한 압력으로부터 완전히 자유로운 개인은 존재하지 않는다.

더욱이 성경은 역사적으로 가부장적인 가치를 재생산하는 데 기여해 왔다. 예컨대 흑인 인권운동이 활발하던 시기에, 성경을 근거로 백인의 우월성과 종속적 질서를 창조 질서로 정당화하였듯이, 여성의 종속 또한 신이 허락한 질서라는 방식으로 오랜 기간 성경을 해석해 오기도 했다. 따라서 성경이 가부장적 문화가 강하게 지배하던 시대의 산물임을 인식하고, 문자적인 의미를 넘어 저자들의 정황과 진정한 의도를 해석하려는 노력이 필요하다.

특별히 아내의 복종을 창조 질서와 하나님의 뜻으로 강조하는 데 주로 사용되는 에베보서 5장에 대한 새로운 이해와 해석이 요구된다. 레타 스캔조니(Letha Scanzoni)와 낸시 하데스티(Nancy Hardesty)는 당시의 가부장적 질서와 달리, 이 본문이 상호적 복종을 강조하고 있음을 지적한다.[21] 실제로 에베소서 5장에서 기독교인의 가정에서 남편과 아내를 향한 이야기는 21절에서 시작되는데, "그리스로를 경외함으로 피차 복종하라"라는 명령으로 시작하고 있다. 엘리자베스 피오렌자(Elizabeth Fiorenza) 역시 에베소서의 바울의 가르침은 여성 종속의 정당화가 아니라, 그리스도의 사랑을 강조함으로써 그리스·로마 사회의 가부장적 문화에 의문을 제기하고 도전하는 것으로 해석해야 한다고 주장한다.[22] 이러한 다양한 학자들의 연구는 기존

20) 더 자세한 내용은 내가 쓴 『성과사랑』의 챕터 2장을 참고하라.

21) Letha Scanzoni and Nancy Hardesty, *All We're Meant to Be: Biblical Feminism for Today* (Grand Rapids, MI: Eerdmans, 1992).

22) Elizabeth Schüssler Fiorenza, *In Memory of Her: A Feminist Theological Reconstruction of Christian Origins* (New York: The Crossroad, 1985), 268~270.

의 가부장적인 해석을 비판하며 새로운 해석학적 가능성을 제시하고 있다.

이러한 새로운 관점에서의 성경 해석은 여성에게만이 아니라 남성에게도 절실하다. 전통적으로 '강함'을 남성다움의 본질로 이해하는 문화 속에서 남성 또한 억압받아 왔기 때문이다. 클라크(Clarke)의 목회학박사 논문의 지도교수였던 하워드 클라인벨(Howard Clinebell)은 여성에 대한 폭력의 장기적 해결책으로 교회가 남성들을 "공격성을 남성다움과 동일시하는 파괴적인 자아의 이미지로부터 해방시켜야 한다"23)고 강조하였다. 따라서 여성들의 해방만큼 남성들의 해방 또한 절실하다. 연약함을 강요받던 여성이 강할 수 있고 주도적으로 설 수 있음을 깨닫고 잠재력을 발휘할 수 있다면, 강함을 강요받던 남성 또한 눈물 흘릴 수 있음을 인정받을 때, 우리는 보다 평등하고 건강한 공동체를 형성해 나갈 수 있을 것이다.

"사람아 주께서 선한 것이 무엇임을 네게 보이셨나니
여호와께서 네게 구하시는 것은
오직 정의를 행하며 인자를 사랑하며
겸손하게 네 하나님과 함께 행하는 것이 아니냐"
What does the Lord require of you?
To act justly,
to love mercy, and
to walk humbly with your God.
- 미가 6:8 -

23) Howard Clinebell, "서문," in 『구타당하는 아내: 가정폭력과 목회상담』, 15.

제8장

포스트모던 시대의 목회 상담을 위한 제안

목회상담
: 교회에서의
돌봄을 위한 안내서

제8장

포스트모던 시대의 목회 상담을 위한 제안[1)]

포스트모더니즘은 예수 그리스도를 절대 진리로 받아들이는 기독교인의 주장과 상반되는 이론을 펼치기 때문에 기독교인들은 멀리해야 하는 사상 중의 하나로 인식됐다.[2)] 어렴풋이 중고등학교 시절 교회에서 포스트모더니즘은 기독교인으로서는 피해야 하는 사상 중에 하나라고 배웠던 기억이 난다. 세월이 흘러 포스트모던적인 건축물이나 미술작품 또는 문학작품 등에 환호하는 세상을 만나게 되면서, 진실로 '포스트모더니즘은 현대를 살아가는 그리스도인들이 거부하고 피해야 하는 사상일까?'라는 의문이 생겨났다.

나아가, '우리가 사는 21세기는 실로 포스트모던적인 사회인데, 포스트모던 시대 안에서 살아가는 현대 그리스도인들은 어떻게 포스트모더니즘을 거부하고 살아갈 수 있는 것일까?'라는 또 다른 의문이 꼬리에 꼬리를 물고 일어났다. 포스트모더니즘을 거부해야 한다는 말은 마치 우리가 숨 쉬고 있

1) 이 챕터는 2017년 「신학논단」 88에 같은 제목으로 실렸던 소논문임을 밝힘.
2) 허호익, "포스트모더니즘의 정신사적 특성에 대한 신학적 이해," 「한국기독교신학논총」 53 (2007), 83. 각주 2번을 통해서 포스트모더니즘에 대한 부정적 견해를 가진 소고들과 책을 소개하고 있다.

는 공기를 부인해야 한다는 말처럼 들렸기 때문이다.

포스트모더니즘은 오늘을 사는 많은 사람의 의식과 삶의 방식으로 이미 스며들어 삶 일부분이 되어있다. 하여, 현대인들에게 하나님을 의미 있게 전달하기 위해서 오늘날의 교회는 포스트모더니즘을 거부만 할 것이 아니라, 이 사상이 가진 특성을 이해하려고 노력할 때가 아닌가 생각한다. 여느 사상과 마찬가지로 "포스트모더니즘은 그 자체로 긍정적인 면과 부정적인 면 모두를 갖고 있다."[3]는 허호익의 진술에 동의하면서, 이 장에서 장 프랑수아 리오타르(Jean-François Lyotard)가 내린 포스트모더니즘의 정의를 바탕으로 포스트모더니즘이 기독교에 공헌할 수 있는 긍정적인 면과 기독교(목회) 상담에 제안하고 있는 통찰을 바탕으로 포스트모던 시대의 목회 돌봄의 방안을 제안하길 원한다.

포스트모더니즘은 기독교인의 신앙을 세상 가운데서 부끄러움 없이 증거할 수 있도록 철학적인 근간을 제시해 줌으로써 기독교의 적(敵)이 아닌, 교회를 교회 되게 할 수 있도록 돕는 아군(我軍)의 역할을 수행 할 수 있는 면을 지니고 있다. 포스트모더니즘은 오늘날의 교회가 피해야만 하는 사상이 아닌, 교회를 위한 실천적 지혜를 담고 있다. 이 장에서 포스트모더니즘과 포스트모더너티(post-modernity)는 차별 없이 교차적으로 사용될 것이며 모더니즘과 모더니티(moderity) 역시 그러함을 밝힌다.

1) 포스트모더니즘이란?

미국에서는 1960년대 다양한 철학적 성향들에서 포스트모던적인 경향이 엿보이지만, 1980년대가 되어서야 비로소, 마틴 하이데거(Martin

3) 앞의 글, 83-84.

Heidegger)의 철학에서 비롯된 포스트모더니즘이란 용어는 인문과학에 폭넓게 등장하게 되었다.[4] 그러나, 유럽에서는 모더니즘에서 포스트모더니즘으로의 초기 전향이 1950년대 말에 표면으로 떠오르기 시작했다고 봐야 한다. 1950년대 말 이후로, 사람들이 그 현상을 포스트모던이라고 인식하든 하지 않던, 오늘날 대부분의 서양 계발 국가들의 문화-음악, 미술, 건축, 문학의 다양한 영역-에서 포스트모던이라는 현상이 깊숙이 침투되어 나타나고 있다.

예를 들어, 미국의 국경일 중의 하나인 콜럼버스의 날(Columbus Day)을 생각해보자. 이날은 1942년 10월 12일 크리스토퍼 콜럼버스가 미대륙을 발견한 것을 축하하는 날이다. 최근 미국에서는 이날의 의미를 질문하는 새로운 목소리가 등장했다. 이 새로운 목소리는 '콜럼버스의 날에 우리가 진정으로 기억해야 하는 것이 무엇일까?'를 묻는다. 다시 말해, 그들은 콜럼버스의 날에 우리가 진정으로 기억해야 하는 것은 콜럼버스의 승리가 아니라 이 땅에서 살고 있었던 원주민들의 강요당한 희생이어야 한다고 주장한다. 이 새로운 목소리는 시애틀 시에서 콜럼버스의 날을 위한 새로운 이름을 만들기로 입법부에서 만장일치로 투표가 통과되는 결과를 낳기까지 했다.

2014년 10월 6일 자 로이터(Reuters) 저널은, "시애틀 의회는 만장일치로 연방 콜럼버스 국경일을 원주민들의 날(Indigenous People's Day)로 바꾸기로 결의했다. 이는 15세기 크리스토퍼 콜럼버스가 이 대륙에 도착하기 전에 이미 이곳에 살고 있었던 원주민들을 기억하기 위함이다"[5] 라고 밝히

4) Martin Heidegger의 1927년의 첫 번째 중요한 책인 *Sein und Zeit*은 포스트모던 사조의 철학적 기반을 제시하면서 Charles Olson, Alain Robbe-Grillet, Susan Sontag와 같은 작가들에게 영향을 미쳤다.

5) Victoria Cavaliere, "Seattle Lawmakers Vote to Change Name of Columbus Day Holiday," Reuters, October 6, 2014, accessed May 28, 2017, http://www.reuters.com/article/us-usa-washington-columbus-idUSKCN0HV27E20141006

고 있다. 콜럼버스 날이라는 이름이 역사의 뒤안길로 사라지는 것은 단지 시간문제일 것으로 여겨진다. 국경일에 대한 관점에서의 변화를 포스트모던적인 사상이 뒷받침해주고 있다는 것을 인식하는 사람은 그리 많지 않지만, 국경일의 이름이 바뀌는 이유에 대해서는 많은 사람이 공감할 것이고 그게 옳다고 생각할 것이다. 사람들 안에서 일어나는 이런 인식의 변화를 바로 포스트모던으로의 전환을 알리는 신호로 봐야 하는 이유는, 모두가 의심 없이 받아들이던 메타 내러티브에 대한 의문을 제기하는 일이 없었다면 이와 같은 변화는 가능하지 않았을 것이기 때문이다.

그렇다면, 이와 같은 의식과 문화적 변화의 현상을 가져오는 포스트모더니즘이란 무엇을 의미할까? 사실 "포스트모더니즘"이란 용어는 오늘날 음악과 미술, 건축 그리고 문학에 이르는 다양한 분야에서 각기 조금씩 다른 의미로 사용되고 있다. 문학비평가인 페트리샤 와우(Patricia Waugh)에 따르면 "포스트모더니즘이란 용어는 지난 10년에 걸쳐서 문학이론가들뿐 아니라 정치과학자들, 철학자들, 지리학자들, 대중매체 이론가들 그리고 사회학자들에게 이르기까지 핵심 용어 이어 왔다."6) 하지만, 포스트모더니즘이란 용어는 다양한 분과에서 각기 다른 관점으로 이해될 수 있는 모호한(nebulous) 성격을 가지고 있으므로 한마디로 정의를 내리기는 쉽지 않다는 것이 포스트모더니즘에 접근하는 사람들이 만나게 되는 현실이다.

이런 모호한 용어를 과감하게 정의를 내린 첫 번째 사람이 바로 프랑스의 철학자 리오타르이다. 리오타르는 그의 책 『포스트모던의 조건(The Postmodern Condition: A Report on Knowledge)』에서 한마디로 정의 내리기 쉽지 않은 포스트모던이란 용어에 대해 명쾌하게 정의를 내린다: "극단적으로 간단히 말해, 나는 포스트모던은 메타 내러티브에 대한 불신

6) Patricia Waugh, "Introduction," in Postmodernism: A Reader, ed. Patricia Waugh (London: Edward Arnold, 1992), 1.

(incredulity toward metanarratives)이라고 정의한다."[7] 문자 그대로 리오타르의 정의를 풀어 말하면, 메타 내러티브란 "크다"라는 의미를 가진 프랑스어 "grand"와 "이야기"라는 의미를 가진 "reçits"라는 두 단어를 영어로 옮겨 놓은 것이다. 문자적으로 메타 내러티브란 "큰 이야기들(big stories)"을 뜻하므로, 리오타르가 말한 포스트모더니즘이란 바로 "큰 이야기들에 대한 의심 또는 불신감"이라고 할 수 있을 것이다. 포스트모던의 정의가 "큰 이야기들에 대한 불신"이란 리오타르의 이 말은 무엇을 의미하는 걸까?

바로 리오타르의 이 유명한 정의가 기독교인들이 포스트모더니즘에 대하여 위험성을 느끼는 이유 중에 하나라고 볼 수 있다. 인류의 시작과 인간의 구원, 그리고 이 땅의 종말까지 다루고 있는 성경만큼 큰 이야기가 있을까? 언뜻 보기에 리오타르의 "큰 이야기들에 대한 불신"이란 이 정의는 마치 성경을 부인하고 거부하는 의미로 읽힐 수 있다. 사실, 그렇게 이해돼 왔기 때문에 포스트모더니즘이 기독교로부터 냉소적인 취급을 받아 온 것이기도 하다. 하지만 이와 같은 리오타르에 대한 이해는 리오타르를 제대로 이해하지 못한 데에서 기인한다고 미시간(Michigan) 주의 칼빈 대학교(Calvin College)의 철학 교수인 제임스 스미스(James Smith)는 주장하며[8] 나는 이에 전적으로 동의한다. 왜냐하면, 리오타르가 내린 정의를 문맥 안에서 살핀다면 리오타르가 뜻하는 포스트모더니즘이 기독교의 성경을 불신해야 하는 큰 이야기들로 치부하지 않음을 알게 될 것이기 때문이다.

리오타르가 내린 포스트모더니즘에 대한 정의는 문맥을 살필 때 그 의미가 더 정확해진다. 이 정의를 내린 바로 앞에 문단에서 리오타르는 모던

7) Jean-François Lyotard, The Postmodern Condition: A Report on Knowledge, trans. Geoff Bennington and Brian Massumi (Minneapolis: University of Minnesota Press, 1984), xxiv.

8) James K. A. Smith, *Who's Afraid of Postmodernism?: Taking Derrida, Lyotard, and Foucault to Church* (Grand Rapids, MI: Baker Academic, 2006), 64.

(modern)이라는 용어에 대해서 정의를 내리는데, 리오타르가 의미하는 모던은 바로 과학(any science)을 뜻한다.[9] 여기서 말하는 '과학'이란 자신의 정당성(legitimacy)을 보편적 이성에 호소해서 찾으려는 모든 것을 의미한다. 리오타르에게 이성으로 판단하여 객관적이고 합리적이라고 여겨지는 것들이 '정당하다' 여겨지고 '과학적이다'라고 받아들여지는 계몽주의 사상에 입각한 시대적 사조가 바로 모더니티를 대표하는 것이었다. 리오타르는 포스트모더니즘을 과학과 이성을 최고의 가치로 여겼던 계몽주의로 대표되는 모더니즘과의 긴장 관계 속에서 진술해 나가고 있다. 그러므로 리오타르가 의미한 신뢰하지 말아야 하는 메타 내러티브란 바로 이 긴장과 갈등 관계 안에서 이해할 때 의미가 정확해진다.

우리가 기억해야 할 중요한 요인 중의 하나는 리오타르가 모든 큰 이야기들을 불신해야 하는 메타 내러티브로 이해하지 않았다는 데 있다. 리오타르가 말하는 불신해야 하는 메타 내러티브란 자신의 정당성을 이성과 과학에 호소해야 하는 이야기들이다. 그렇기 때문에 스미스는 "리오타르에게 있어서 메타 내러티브란 의심할 여지 없이 현대적인 현상이다."[10]라고 단언하는 것이다. 우리가 신뢰하지 말아야 하는 큰 이야기들이란 단순히 치수에 있어서의 큰 이야기를 의미하는 것이 아니다. 메타 내러티브에 속한 이야기를 분별하기 위해서는 이야기의 크기를 식별할 것이 아니라, 이야기의 성격을 살펴야 할 것이다.

스미스는 더 나아가 이야기를 하는 의도와 이야기를 해 나가는 방식 역시도 봐야 한다고 지적한다.[11] 이런 의미에서 나는 모더니즘이 가장 가치를 두었던 객관성과 이성에 호소하면서 자신의 정당성을 확립하는 이야기

9) Lyotard, *The Postmodern Condition,* xxiii.
10) Smith, *Who's Afraid of Postmodernism?,* 65.
11) 위의 글., 64-65.

들뿐만 아니라, 객관적이고 과학적이라는 이유를 토대로 주관적이라 여겨지는 이야기들을 평가절하하고, 억누르고 지배하려는 의도를 가진 모든 이야기를 불신해야 하는 메타 내러티브에 포함되어야 한다고 생각한다.

앞에서 살펴본 바에 의하면, 성경만큼이나 거대한 서사시인 호머(Homer)의 『오디세이(The Odyssey)』는 메타 내러티브에 속하지 않는다고 하는 스미스의 설명은 큰 설득력이 있다. 왜냐하면, 『오디세이』는 인간의 본성에 관해서 이야기하는 거대한 이야기들 중의 하나이긴 하지만, 이야기의 정당성을 위해서 이성이나 과학에 호소하고 있지 않기 때문이다. 오히려, 호머의 이야기는 인간 깊숙한 영혼에 호소하고 있다. 이와 같은 맥락에서 이해할 때, 기독교의 성경은 리오타르가 의미한 불신해야 하는 메타 내러티브와는 거리가 멀다는 것이 분명해진다. 성경의 많은 이야기는 이성에 호소하기보다는 믿는 사람들의 신앙심에 호소하는 역설과 신비로 가득 차 있기 때문이다.

성경의 이야기들은 리오타르가 대조시키고 있는 "과학적 지식(scientific knowledge)"과 "이야기 지식(narrative knowledge)" 중에 이야기 지식에 기반을 두고 있다. 리오타르는 이 둘을 구분 지으면서, 과학적 지식이 인기를 누리던 현대 사회에서 사람들은 이성으로 증명될 수 없는 이야기 지식을 우화 정도로 취급해 버렸다고 지적한다. 포스트모던 시대에 지식이 "내적 균형(internal equilibrium)과 활력(conviviality)"[12]을 되찾기 위해서, 이야기 지식에 관심을 돌려야 한다는 것이 리오타르의 주장이다.

리오타르의 이러한 설명에 비추어 보면, 과학과 이성의 잣대를 사용할 때 이해될 수 없는 이야기들로 가득한 성경은 과학적 지식에 속한다기보다는 이야기 지식으로 채워져 있다. 그러므로, 포스트모던 시대의 지식의 내

12) Lyotard, *The Postmodern Condition*, 7.

적 균형을 위해서 이야기 지식의 활성을 격려한 리오타르는 교회의 적이라기보다는 아군으로 인식되어야 한다. 살아계신 하나님을 경험하면서 저마다의 간증을 가지고 현대를 사는 기독교인들의 삶 역시도 과학적 지식이 아닌 이야기 지식으로 가득하다는 사실을 기억한다면, 오늘날의 교회들은 "메타 내러티브에 대한 불신"이라는 리오타르의 정의를 구호 삼아 더 많은 사람이 자신에게 일어난 다양한 이야기들을 담대함을 가지고 나눌 수 있는 이야기 공동체를 형성하는 데 밑거름으로 사용해야 하지 않을까 생각해 본다.

2) 모더니즘의 붕괴

리오타르가 의미한 불신 해야 하는 메타 내러티브가 이성과 과학에 호소하는 모더니즘을 대표하는 이야기들이라면, 왜 리오타르는 모더니즘의 이야기들을 불신해야 한다고 했을까? 모더니즘 시대에 절대적인 힘을 과시했던 과학적 지식의 지위가 어떻게 변화했는지를 살펴봄으로 이 질문에 대한 답을 대신하는 것으로 하자. 유럽과 미국에서 모더니티는 20세기 내내 발전을 거듭했다. 이성의 시대(The Age of Reason)라고 일컬어졌던 18세기의 계몽주의 이후로 계속 장려되었던 과학의 발전은 모더니티가 성장을 거듭하는데 박차를 가했다.

계몽주의 시대의 사람들은 이성과 관찰이 미신과 무지 아래 있는 암담한 인간의 상황을 개선하도록 도울 것이라고 막연하게 생각하면서 이성과 과학을 맹목적으로 신뢰했다. 사람들은 과학의 발달은 인류를 진보로 이끌 것이고, 이 진보는 결국 인간을 행복으로 이끌 것이라는 굳은 신뢰를 하고 있었다. 과학, 진보, 인류의 행복이라는 이 세 가지 요소 사이에 필연적 인과관계는 계몽주의 시대뿐 아니라, 20세기 서구세계에 팽배해 있었다.

이안 마텔(Yann Matel)이 쓴 소설 『파이 이야기*(Life of Pi)*』를 읽던 중 모더니즘과 포스트모더니즘 사이의 갈등을 잘 묘사해 주는 장면을 만나게 됐다. 주인공 파이의 아버지를 통해 모더니티를 볼 수 있었고, 주인공 파이를 통해서 프리모더니즘(pre-modernism) 같지만 동시에 포스트모더니즘으로도 이해될 수 있는 면을 보게 되었다. 어려서부터 과학과는 반대되는 종교에 관심이 많았던 주인공 파이와는 반대로 파이의 아버지는 과학을 믿는 사람이다. 종교에 대한 열심 때문에 파이는 다종교 간의 대화를 추구하는데, 힌두인이면서 기독교인이길 원하고 동시에 이슬람교도까지 되려고 노력한다. 이러한 파이의 노력은 과학을 믿는 현대를 대표하는 아버지로서는 이해할 수 없을 뿐 아니라, 성공과는 거리가 먼 곳으로 아들을 이끄는 해로운 노력으로까지 비친다.

어느 날 파이의 아버지가 파이에게 하는 충고를 통해, 마텔은 모더니티의 특징을 이야기한다. "진보는 멈출 수 없는 거야. 진보야말로 우리가 모두 발맞춰 나가야 하는 북소리라고. 기술은 우리를 돕고 좋은 아이디어는 퍼져 나가게 되어 있어. 이 둘이 바로 자연의 법칙인 거지. 만일 기술이 너를 돕도록 허락하지 않거나, 좋은 아이디어에 저항한다면, 너는 너 자신을 구석기시대로 몰아넣어서 자신을 저주하는 거나 마찬가지야."13) 파이 아버지의 이 대사는 멈추지 않는 진보를 가져올 과학을 향해 모더니즘이 부여했던 자신만만함을 들려주기에 충분하다고 생각한다. 파이 아버지의 이 말은 심리학자 케니쓰 걸건(Kenneth Gergen)이 그의 책 *The Saturated Self*(포화된 자아)에서 무엇이 모더니티인지에 대해 설명하는 부분과 조화를 이룬다.

걸건은 바로 이 책에서 모더니티에서 포스트모더니티로 어떻게 이동이

---

13) Yann Martel, *Life of Pi* (New York: Mariner Books, 2001), 74-5.

이루어졌는지에 대해서 음악, 미술, 건축 등 다양한 분야에 걸쳐 자세히 설명한다. 걸건은 모더니티를 "진보에 대한 거대한 이야기(the grand narrative of progress)"라는 표현과 동일시하는데, 바로 이 진보란 "어떤 목적을 향해서 나가는 위를 향한 계속된 움직임(one of continuous upward movement)"이라고 정의한다.14) 위를 향한 계속된 움직임은 개선, 정복, 성취라는 긍정적인 단어들로 표현될 수 있고, 이 진보가 결국 이루려는 어떤 목적이란 모든 사람이 행복을 누리며 오래오래 살 수 있는 유토피아를 건설하는 것이라고 봐야 할 것이다. 이러한 과학에 의한 발전과 진보에 대한 맹목적 신뢰는 이성적으로 생각할 수 있고 객관적으로 관찰할 수 있는 인간의 능력에 어느 정도의 신뢰도를 부여했다.

걸건은 포스트모더니즘의 핵심은 바로 이 "진보에 대한 거대한 이야기"를 향한 반동적 요소라고 본다. 20세기 이성과 객관적 관찰을 기반으로 한 유토피아를 지향해 나갔던 이 거대한 이야기를 거부하는 것이 바로 포스트모더니즘의 필수적 요소이다.15) 무엇이 이 진보를 향한 거대한 이야기에 의문을 제기하고 반기를 들게 했을까? 역사적으로 뒤돌아보면 이 질문은 대답하기 그리 어렵지 않다: 1차, 2차 세계대전, 히로시마와 나가사키에 떨어진 원자폭탄, 그리고 아우슈비츠를 생각해보라.

리오타르는 아우슈비츠를 가리켜 "모더니티의 비극적인 미완성을 위한 실용적 이름(a pragmatic name for the tragic 'incompletion' of modernity)"16)이라 부른다. 계속된 과학의 진보가 모두가 행복한 유토피아 대신 유사

14) Kenneth J. Gergen, *The Saturated Self: Dilemmas of Identity in Contemporary Life* (New York: Basic Books, 1991), 30.
15) 위의 글.
16) Jean-François Lyotard, *The Postmodern Explained: Correspondence,* 1982-1985, ed. Julian Pefanis and Morgan Thomas, trans. Don Barry et al. (Minneapolis: University of Minnesota Press, 1993), 18.

이래 볼 수 없었던 인간 대학살이라는 비극적 결과를 가져온 것을 통해 사람들은 모더니티에 대하여 적지 않은 회의감과 배신감을 가졌을 수 있다. 과학적 발전이 인류에게 가져다줄 유토피아에 대한 맹목적인 믿음에 의문을 제기하기 시작하면서, 오늘을 사는 사람들은 더이상 과학에서의 발전이 필연적으로 인간에게 긍정적으로만 작용한다고 생각하지 않게 되었다. 바로 이 부분이 리오타르가 과학과 이성에 호소하여 정당성을 요구하는 이야기들을 불신해야 한다고 말한 이유라고 볼 수 있겠다. 다음으로 과학 안에서 일어난 변화를 살펴보면서 리오타르가 메타 내러티브를 불신해야 한다고 말했던 이유의 다른 측면을 살펴보고 싶다.

3) 객관성의 실체

과학에서 일어난 많은 변화를 다루기에 나의 능력은 턱없이 부족함을 인정하지만, 간단하게나마 포스트모더니즘이 과학이란 영역에 어떤 변화를 주었는지 살펴보기 원하는 이유는 리오타르가 과학을 이야기와 병치시키며 그의 논리를 발전시켜 나가고 있기 때문이다. 리오타르는 본질에 있어서 과학이 결코 이야기와는 다르지 않음을 주장함으로 과학적 지식의 허구성을 밝히기 위해 과학과 이야기를 병치시키고 있다.

리오타르는 "현대 과학적 지식은 그것의 정당성을 밝히기를 요청받을 때, 이야기에 호소하지 않을 수 없게 된다. - [자신이 이야기가 아니라고 생각하는] 과학의 이야기에로의 귀환은 필연적이다"[17]라고 주장하면서, 이야기라는 것은 모든 과학 안에 이미 깊숙이 침투되어 있음을 피력한다. 결국, 불신해야 하는 메타 내러티브란 본질적으로 하찮은 이야기와는 아무런 상

17) Lyotard, *The Postmodern Condition*, 27-28.

관없고 객관적이고 과학적이라고 주장하는 그 주장과는 다를 수 있다. 리오타르가 말하는 과학과 이야기가 그리 다르지 않음을 살피기 위해서 과학 영역에서 일어난 변화를 살펴보는 것이 도움이 될 것으로 생각한다.

과학이라는 분과는 객관적이고 중립적이라는 형용사를 떠올리게 할 만큼 편견이나 선입견과 같은 인간의 주관성과는 거리가 먼 학문 분야로 자리매김해 왔다. 정말 과학은 인간의 주관성과는 거리가 먼 학문일까? 오늘날 과학이 누리는 지위와 위엄은 이원론으로부터 그 기원을 찾아야 할 것으로 생각한다.[18] 몸은 영혼보다 열등하며, 객관은 주관보다 우월하다고 주장했던 플라톤 철학의 영향은 아리스토텔레스를 거쳐 유대-기독교 사상에 영향을 주며 면면히 이어져 내려왔고, 현대철학의 근간을 놓은 데카르트와 칸트의 철학을 통해서 점점 더 견고하게 그 영향력을 발휘하게 되었다. 신생 학문이 자신의 입지를 확보하고 사람들을 설득하기 위해서 선택하는 이름들을 살펴보자.

심리학에서 인지행동을 연구하는 분야의 영문 이름은 Cognitive-Behavioral Science이고 정치학의 영문 이름은 Political Science, 그리고 심리학이나 정치학 등 인간의 행동과 심리 그리고 사회 전반을 다루는 학문 분과들을 포괄하는 상위 개념은 영어로 Social Science라 한다. 이는 "과학"이라는 용어가 우리에게 전달해주는 신뢰성의 정도를 가늠하게 해준다. 이러한 노력은 18세기에 신학이 순수과학(pure science)은 아니지만, 긍정 과학(a positive science)의 기능이 있다고 논리를 펴 나간 슐라이에르마허(Friedrich Schleiermacher)의 노력과 일맥상통

18) 많은 이들은 플라톤 철학에서 이원론의 근간을 찾지만, 연구자는 이원론의 뿌리는 기원전 600년 밀교의 신화(Orphic Mythology)에서 찾아야 한다고 얘기한 Gregory J. Riley의 추론을 가장 설득력 있는 것으로 받아들인다. Gregory J. Riley, *The River of God: A New History of Christian Origins* (San Francisco: HarperCollins, 2001)을 참조하라.

하는 것이라고 볼 수 있다.

과학이라는 학문 분야는 객관성과 중립성이라는 가치를 내세우며 그 위상을 누리고 자리매김을 해 왔다. 과학은 사심이 없는 관찰자가 객관적인 관찰을 통해 입증하여 얻은 결과들을 바탕으로 이루어지기 때문에, 과학 안에 인간의 주관성을 위한 자리는 없는 것으로 이해돼 왔다. 그러나 리오타르를 포함한 포스트모더니즘을 연구하는 학자들로 인해서 외관상 객관적이어서 시간의 흐름에는 영향을 받을 것 같지 않은 과학은 도전받고 그 실체를 드러냈다.

물리학자였던 토마스 쿤(Thomas Kuhn)의 1962년 선풍적인 호응을 불러일으킨 『과학혁명의 구조*(The Structure of Scientific Revolutions)*』를 시작으로, 사람들은 과학 안에서의 객관성과 과학자의 절대적 권위에 의문을 제기하기 시작했다. 이는 리오타르의 주장과 조화를 이루고 있는데, 리오타르는 "과학적 지식의 현재와 미래의 지위를 평가하면서 과학자 자신을 중요한 요소로 참고해야 하는 데는 의심의 여지가 없다."[19]라고 주장한다. 즉, 앎의 주체(knowers)에 대해서 알게 되는 구체적인 과정이 일어난다면, 과학적인 지식이 뽐내던 객관성이란 것의 실체가 밝혀져 과학적 지식이 누리던 명성이 땅에 떨어질 수도 있다는 의미이다.

달리 말해, 쿤은 과학자의 위치(positionality)는 그 과학자가 무엇을 발견하는지에 아주 깊게 연루되어 있음을 밝혀나간다. 과학자들은 자신이 속한 과학 공동체에 소속함으로 아이디어만을 배울 뿐 아니라, 특정한 패러다임을 갖고 세상을 바라보고 해석하는 방법과 일을 해나가는 방식들 역시도 익혀나가게 된다. 이것은 과학자에게만 국한되지 않는다. 개인이 자신이 몸담은 공동체 안에서의 이론과 가치를 배우고 익힌 것으로 학문을 발전시켜

19) Lyotard, *The Postmodern Condition*, 8.

나갈 뿐 아니라 세상을 바라보고 이해하게 되는 것은 모든 영역의 학자들에게 진실이다.

예를 들어, 나는 감리교 신학을 한국과 미국에서 공부했고 감리교에 속한 교회에서 신앙생활을 하고 목사 안수를 받았다. 이 땅에서의 하나님 나라(kin-dom)[20] 확장을 위해 인간의 의지와 선택을 중요하게 여기는 까닭은 바로 자라고 교육받고 신앙생활을 해 온 신앙 공동체의 영향 아래 있다고 봐야 타당할 것이다. 감리교회와 감리교 신학은 나의 하나님 이해와 인간 이해에 지대한 영향을 미쳤음은 누구도 부인할 수 없다.

쿤은 자신의 책에서 "전혀 새로운 과학의 개념"[21]을 제안하면서, 과학의 실체라는 것은 과학자 자신이 속한 공동체에 깊은 영향을 받아 형성된 과학자의 패러다임에 깊은 영향을 받는다는 사실을 밝히고 있다. 패러다임이란 용어를 대중에게 처음으로 선보이고 있는 이 책에서 쿤이 내린 패러다임에 대한 정의를 눈여겨볼 필요가 있다. 쿤은 패러다임을 "믿음/신념의 집합체들(constellations of belief)"[22]이라고 정의하고 있는데, 이는 바로 과학의 시작이 주관적인 믿음과 깊이 연루되어 있음을 말하고 있다. 쿤 역시 리오타르가 지적한 대로 과학적 지식은 본질적으로 이야기 지식과 밀접한 관계가 있는 것을 밝히고 있다. 이는 과학 분야가 사람들이 생각해 온 것만큼 객관적이지 않을 수 있다는 것과 과학자 역시 중립적이거나 선입견이 없는 태도를 보일 수 없음을 이야기하는 것이다.

---

20) 연구자는 하나님의 나라를 위해서 kingdom이라는 용어 대신 kin-dom이라는 용어를 통해 이해한다. Kin-dom이라 용어는 kingdom이라는 용어에 대한 Ada María Isasi-Díaz를 선두로 한 여성 신학자들의 비평을 바탕으로 사용되기 시작했다. Kingdom이라는 용어가 하나님의 나라가 남성 왕을 기준으로 한 위계질서를 강조하는 반면 kin-dom이라는 용어는 사람들 안에 우리 모든 인간은 형제, 자매(kin)라는 의식을 심어줄 수 있기 때문이다.

21) Thomas S. Kuhn, *The Structure of Scientific Revolutions*, 50th anniversary ed. (Chicago: University of Chicago Press, 1962), 1.

22) 앞의 글., 174.

연구자가 누구이든 간에 그 연구자의 연구 한계 범위라는 것은 그 연구자가 어느 특정한 과학 공동체에 속해 있는가에 달려 있다. 쿤의 이러한 견해는 놀우드 한슨(Norwood Hanson)의 *Patterns of Discovery*(과학적 발견의 패턴)라는 책에 나오는 예를 통해서 볼 때 더 쉽게 이해할 수 있다. 한슨은 두 명의 천문학자를 소개하는데, 독일인인 요하네스 케플러(Johannnes Kepler)와 덴마크 사람인 티코 브라헤(Tycho Brahe)이다. 코페르니쿠스의 견해를 따르는 공동체에 속한 케플러는 태양 주위를 지구가 돈다고 생각했고, 프톨레미와 아리스토텔레스를 따르는 공동체에 속했던 브라헤는 지구를 고정된 우주의 중심으로 이해했다. 새벽녘 해돋이를 지켜보는 이 두 천문학자를 상상해 보기를 권하면서, 한슨은 그의 독자들에게 케플러와 브라헤가 새벽녘에 같은 것을 볼 수 있다고 생각하는지 묻는다.[23] 한슨의 이 질문은 나의 상상력을 자극했다. "이 둘은 무엇을 봤을까?" [더 읽어 나가기 전에 당신도 이 질문에 스스로 묻고 대답해 보길 청하고 싶다.]

케플러와 브라헤는 지평선 위를 슬금슬금 떠오르는 같은 태양을 봤을 것이다. 그러나 이 두 학자 안에 있는 두 가지 다른 전제로 인해서, 그들의 망막에 반사되는 같은 물체에 대한 이 둘의 해석은 달랐을 것임을 우리는 알 수 있다. 이것은 마치 교통사고 장면 앞에서 의사와 변호사, 정비공이 그들의 전문지식과 받아 온 각기 다른 훈련으로 인해서 다른 것을 보게 되는 것과 마찬가지라고 생각한다. 비록 케플러와 브라헤 이 둘은 천문학자라는 전문직을 공유했지만, 현상을 보고 해석하는 이 둘의 입장은 달라지는데 왜냐하면 그들이 각기 다른 공동체에 속해 다른 훈련들을 받았기 때문이다. 그들의 훈련은 그들의 패러다임을 다르게 만들었다. 이러한 이유로 한슨은 바라봄(seeing)을 하나의 경험으로 간주하면서, "눈이 보는 것이 아니라 보는

23) Norwood Russell Hanson, *Patterns of Discovery: An Inquiry into the Conceptual Foundations of Science* (Cambridge, England: University Press, 1958), 5.

것은 바로 사람이다"[24]고 주장한다. 모든 과학적 패러다임 뒤에는 과학적 공동체들이 존재함을 기억해야 할 것이다.

공동체 없이 어떤 패러다임이 창조되고 존속된다는 것은 사실 불가능하다. 걸건 역시 "과학적 객관성이란 것은 여러 주관의 연정(coalition)을 통해 성취된다."라고 진술하면서 설명을 덧붙이기를 "한 과학자가 자신의 발견을 선포할 수 있지만, 이 발견이 하나의 사실로 인정되기까지는 수없이 많은 다른 과학자들이 그것을 검증해야 하고, 같은 연구가 반복되어야만 한다."[25]고 진술한다. 객관이 여러 주관의 연합이며 연정이라는 이 분석은 바로 리오타르가 피력한 '과학 안에 이미 이야기가 침투해 있다'라는 의미와 상통한다고 보아야 한다. 또한 쿤이 정의한 신념들의 집합체라는 패러다임의 정의 안에도 주관에서 시작하는 과학이란 의미가 내포되어 있는 것이다. 그러므로, 쿤에게 있어서 과학사(科學史)란 누적된 사실들이 단순하게 중립적으로 발전한 것이 아니다. 오히려, 과학사란 사회적이고, 정치적인, 그리고 문화적인 정황과 아주 복잡하게 뒤얽혀서 발전되어 왔다고 봐야 옳다.

쿤을 비롯한 포스트모더니즘을 연구하는 학자들에 의해서 객관성은 해체되었고 그 실체를 드러냈다. 사람들은 이제 객관적인 자연과학이라 할지라도 사회 정치적인 정황으로부터 분리될 수 없음을 인정하게 되었다. 과학은 그것이 주장해 온 것처럼 인간의 주관과 그리 멀지 않으며, 객관이 주관보다 우월하다는 이원론에 바탕을 둔 논리는 힘을 잃게 되었다.

실체를 드러난 객관성 앞에서, 리오타르가 말했던 "메타 내러티브에 대한 불신"이란 정의를 생각해 본다면, 객관성과 이성에 호소하여 자신의 정당성을 찾던 메타 내러티브의 정당성의 근거가 흔들리는 것이다. 리오타르는 이렇게 흔들리는 메타 내러티브의 실체를 보았기 때문에 메타 내러티브

24) 앞의 글., 7.
25) Gergen, *The Saturated Self*, 84.

를 불신해야 한다고 주장한 것이리라. 과학적 지식은 이야기 지식의 도움을 통해서만 더 생명력 있고 균형감을 되찾게 된다. 그렇다면 포스트모더니즘이 해체하고 드러낸 모더니티의 실체가 오늘날 교회와 기독교(목회) 상담 분야에 제시하는 바는 무엇일까?

4) 아군(我軍)으로서의 포스트모더니즘

과학과 이성으로 대표되었던 모더니티에 반기를 들면서 포스트모더니티를 피력했던 리오타르의 통찰을 힘입어 오늘의 교회는 어떻게 교회의 모습을 되찾을 수 있을까? 메타 내러티브에 대한 불신이라는 정의와 함께 설명된 포스트모더니즘이 오늘의 교회와 기독교(목회) 상담 분야를 어떻게 도울 수 있는지 살펴보기로 하자.

리오타르의 포스트모더니즘 철학은 현대인들이 복음을 부끄러워하지 않았던 바울에게 있었던 담대함을 가질 수 있도록 돕고 있다. 즉, 리오타르가 정의하고 있는 포스트모더니즘은 세상 가운데서 살아가는 신앙인에게 그들의 삶 가운데 역사하신 하나님의 손길을, 그것이 이성으로는 이해가 되지 않는다 할지라도, 담대함을 갖고 선포할 수 있는 장이 열릴 수 있는 철학의 근간을 제공하고 있다. 나아가, 기독교(목회) 상담 분야가 모더니티가 꽃을 피우던 20세기에 태동하였음을 고려할 때, 리오타르의 포스트모더니즘 철학이 기독교(목회) 상담 분과에 시사하는 바는 더욱 크다고 생각된다.

기실 1950년대 꽃을 피운 기독교(목회) 상담 분과는 심리학의 태동과 더불어 병원과 같은 의료기관을 중심으로 발전되어 온 모더니즘의 산물임을 부인할 수는 없다. 이점에 착안하여 존 패튼(John Patton)은 기독교(목회) 상담의 발전한 양상을 "고전적 패러다임(the classical paradigm), 임상적 패러다임(the clinical paradigm), 그리고 공동체적 · 상황적 패러다임(the communal contextual paradigm)"으로 구분하는데, 고전적 패러다임의 강조점이 "돌봄의 메시지(the *message* of pastoral care)"에 있었던 것에 반해 임상적 패러다임은 "돌봄의 메시지를 주고받는 사람들(the persons involved in giving and receiving the message of care)"에 주의를 기울이고 있음[26]을 밝히고 있다.

심리학을 중심으로 메시지를 주고받는 사람들을 이해했던 임상적 패러다임은 공감과 경청의 중요성을 알리는 등의 큰 공헌을 했지만, 사람들을 개인주의적으로 이해한 극히 모더니즘적인 단점을 갖고 있다. 포스트모더니즘은 기독교(목회) 상담 분야가 모던시대를 대표하는 임상적 패러다임을 넘어 공동체적 · 상황적 패러다임뿐 아니라 상호 문화적 패러다임(intercultural paradigm)으로까지 나아가야 하는 이론적 근거를 제시하고 있다. 바니 밀러-맥레모어(Bonnie Miller-McLemore)가 지적했듯이 '살아 있는 인간 문서(the living human document)'로의 인간 이해를 넘어 '살아 있는 인간 망(the living human web)'에 존재하는 인간 이해로 나아가야 한다.

리오타르는 "세속 철학들을 상대화시킴으로써 기독교 철학이 설 수 있도록 돕는 역할을 하고 있다."[27]고 평가하는 스미스의 주장은 참으로 타당하다고 생각한다. 리오타르는 메타 내러티브에 대해서 불신할 것을 이야기하면서, 어떤 학문도, 그것이 과학이라고 하더라도, 인간의 편견과 선입견이라는 주관성에서 벗어날 수 없다는 것을 보여줌으로써, 신앙과 신학의 위상을 재평가할 수 있는 새로운 길을 열어주고 있다.

이러한 통찰은 기독교(목회) 상담이 심리학이라는 메타 내러티브에 부여

26) John Patton, *Pastoral Care in Context in Context: An Introduction to Pastoral Care* (Louisville: WJK, 1993), 4.
27) Smith, *Who's Afraid of Postmodernism?*, 73.

해 온 신뢰가 맹목적으로 되지 않도록 하는 데 도움이 된다. 마치 모더니즘의 영향 아래서 발전한 제도화된 교회들이 의식하지 못한 채 리오타르가 말하는 메타 내러티브에 설득되어 과학적이고 객관적인 방법을 사용해 기독교를 설득시키려고 노력해 왔던 것처럼, 기독교(목회) 상담도 같은 우를 범할 수 있는 여지가 있음을 기억해야 한다.

교회가 모더니티의 요구 앞에서 무릎을 꿇었다는 이와 같은 기독교의 움직임은 리오타르가 말한 "컴퓨터의 패권(the hegemony of computers)"[28]이란 논리를 통해서 본다면 더 잘 이해가 될 수 있는데, 모더니티에서 주도권을 갖고 있었던 과학적 지식이 제시한 기준에 따라 컴퓨터 언어로 전환할 수 없는 지식은 포기되어야만 했기 때문에, 이러한 시대정신에 뒤떨어지지 않기 위해서 신학 역시도 과학이려고 노력하고 이성적으로 사람들을 설득시키려고 신앙 안에 여러 가지 일들을 개념화하고 공식화하려고 했다. 스미스는 "기독교 신앙을 4가지 영적인 원리라는 이름으로 축소해 버린 것이야말로 과학적 지식에 굴복한 기독교의 일면을 보여준 것"[29]이라고 지적하면서, 하나님, 예수, 죄와 구원에 대하여 공식화하면서 기독교의 진리를 일목요연한 명제적 진리(propositional truth)들로 요약정리하려는 노력에 대한 염려를 진술하고 있다.

사영리가 쉽고 간단하게 복음을 전달하고 있으며 한국 기독교 내에서 효과적인 전도의 도구로 쓰일 수 있다는 사실은 부인하고 싶지는 않으나, 4가지 명제적 진리로 기독교를 정의 내리려는 이와 같은 시도가 모더니즘의 요구 앞에서 이루어진 것이란 것을 기억하는 것은 오늘날의 교회들에 의미가 있다고 생각한다. 특별히 교회 성장에 관심을 두는 교회일수록 방법론(how to) 들을 찾고 있는데, 그 방법론이란 것이 이성적으로 이해가 되는

28) Lyotard, *The Postmodern Condition*, 4.
29) 위의 글., 75.

간편하게 전달이 가능한 명제적 진리들로 채워진 방법들은 아닌지 돌아볼 필요가 있다. 아무리 뛰어난 교리라 하더라도 교리가 화석과 같이 굳어져 신앙인들의 삶을 지시하고 지배하게 될 때, 교리들은 도그마가 되어서 제한이 없으신(the limitless) 하나님을 제한할 수 있는 걸림돌이 될 수 있듯이, 포스트모던 시대를 사는 내담자들을 돌보고 있는 오늘을 사는 기독교(목회) 상담자들에게 심리학의 패권에 대한 성찰은 더는 선택이 아니다.

모더니즘의 이와 같은 한계로 인해서, 라인홀드 니버(Reinhold Niebuhr)는 이성에만 호소해서 기독교를 이해시키려는 기독교의 모습에 대하여 개탄하였다. 그는 기독교의 복음은 이성으로 이해가 되는 명제적 진리와는 확연히 다른 "시적이고, 극적이며 비합리적인 진리"30)가 되어야 한다고 주장했다. 니버의 이와 같은 호소는, 성육신을 인간의 이성에 호소하고 설명하기 위해서, 하나님과 인간의 관계를 채무 중심적 논리를 통해 설명하려 시도했던 캔터베리 주교 성 안셀름(Anselm of Canterbury)에 대한 권수영이 내린 평가와 조화를 이룬다. 권수영은 "이러한 논리는 삶을 삼키고 만다."31)고 평가하는데 나에게는 권수영의 이와 같은 평가는 모더니즘을 향한 포스트모더니즘의 비평으로 해석되기에 충분하다. 복음을 이성적이고 합리적으로만 이해 되게 하려 할 때 복음 안에 살아 숨 쉬고 있는 생명력은 온데간데없이 잃어버릴 수 있다.

더 나아가서 권수영은 이성에만 호소하는 안셀름의 신학은 성육신이라는 놀라운 이야기를 "논리와 이성에 의거한 교리의 성곽 안으로 매몰"되게 함으로써, 인간의 삶과 죽음 그리고 고난을 함께하는 한 인간으로서의 예수의 공감적 모습을 퇴색시켰다고 평가한다.32) 이성에만 호소하는 성육신의 이

30) 고범서, 『라인홀드 니버의 생애와 사상』 (서울: 대화문화아카데미, 2007), 64.
31) 권수영, 『기독[목회]상담, 어떻게 다른가요: 심리학과 신학의 만남』 (서울: 학지사, 2007), 63.
32) 앞의 글.

야기가 예수의 공감적인 모습을 퇴색시키듯, 객관적이라고 평가되는 심리학에만 의존한 기독교(목회) 상담은 살아있는 인간 망 안에 존재하는 내담자를 충분히 이해하는데 역부족이라 할 수 있다. 심리학을 넘어 일하시는 하나님의 신비에 귀 기울여야 할 것이다.

예수님은 이 땅에서 버림받고 소외된 자들에게 친구가 되어 주면서 모든 인간이 하나님의 형상으로 지음 받았기 때문에 계급에 상관없이 모두 형제와 자매로 여겨져야 함을 설파하셨다. 이와 같은 예수님의 사역은 그 당시 사람들의 이성에 호소한 것이 아니라 모든 인간이 평등한 사회를 소망하게끔 "사회적 상상력"33)을 자극했다는 것을 기억한다면 모더니즘이 신봉하던 과학과 합리성과 동등하게 이해될 수 있는 메타 내러티브를 불신하라는 리오타르의 포스트모더니즘에 대한 이해는 오늘의 교회가 교회 되도록 이끌 수 있는 통찰을 함의하고 있다고 봐야 한다.

포스트모더니즘의 렌즈를 통해서 이해한다면 오늘의 기독교(목회) 상담이 이 세상에서 소망이 되기 위해서 이성으로 접근하는 방법들 너머, 신학적 상상력을 목회적 돌봄의 방법으로 사용하는 것까지 나아가야 하는 것을 의미한다. 기독교(목회) 상담을 통하여 오늘을 살아가는 내담자들의 가슴을 만질 수 있으려면 과학적 지식이 아닌, 이야기 지식의 가치를 재발견하길 원하는 공동체들에게 목회적 돌봄의 한 방편으로 이야기 공동체로 나아가도록 초대하기를 소망한다. 이야기 공동체란 다양한 삶의 이야기들이 나누어지도록 격려되는 공동체로서, 성도들이 찬송을 통해 고백하듯이 "이것이 나의 간증이며 노래임(this is my story and this is my song)"을 담대함을 갖고 신앙의 주체로서 나눌 수 있는 이야기의 장이다.

---

33) 고범서, 『라인홀드 니버의 생애와 사상』, 78.

5) 이야기 공동체

이야기 지식의 재발견을 목회적 돌봄에 적용하기를 원하는 교회 공동체를 향해서 나는 각 구성원을 이야기의 자리로 초대하는 이야기 공동체로서의 모습을 갖출 것을 권하고 싶다. 이야기 공동체는 신앙인 한 사람 한 사람이 소비자가 아닌 신앙의 주체로 자신의 신앙 이야기를 써 내려(authorizing) 갈 수 있는 장을 마련해주는 신앙의 공동체로서, 문제 중심의 이야기(problem-saturated story)에 매몰되어 있는 성도들이 문제 중심의 이야기에 대항하는 대항책들(counter-plot)을 창조하도록 격려하고 그들 안에 내재해 있는 주체성(agency)을 발견하도록 돕는 것을 목적으로 한다. 이 장에서 제안하는 이야기 공동체는 오스트리아 출신의 마이클 화이트(Michael White)와 뉴질랜드 학자인 데이비드 앱슨(Daive Epston)에 의해서 1980년대에 창안되고 미국의 가족 치료사들에 의해 널리 통용되게 된 이야기 치료(narrative theory)[34]에 의해 이론적인 지지를 받고 있다.

화이트와 앱슨은 그들의 가족치료의 모델을 기존의 정신분석학적인 접근에서 벗어나 인류학(anthropology)과 후기 구조주의(poststructuralism) 철학을 바탕으로 제시하는데, 이들의 이와 같은 시도는 프로이트의 정신분석이라는 메타 내러티브에 대해 의문을 제기한 것으로부터 시작된다. 즉, 프로이트의 이론을 바탕으로 발전된 전통적 정신분석에서 치료(therapy)를 인간의 정신 안에 일어나는 과정(intra-psychic process)이라고 이해한 데 반해서, 화이트와 앱슨은 치료를 사회적 과정(social process)의 하나로 이해하면서 전통적인 심리학과는 다른 심리학적인 이해를 제시하므로 공동체적·상황적 패러다임과 맥락을 같이 한다고 보인다.

34) Michael White and David Epston, *Narrative Means to Therapeutic Ends* (New York: Norton, 1990). 화이트와 앱슨이 공동으로 출판한 첫 번째 책이다.

문제가 사람 안에 존재한다고 이해했던 전통 정신분석적 입장과는 달리, 문제와 사람을 분리해(externalizing) 문제는 문제이고 사람은 여전히 가치가 있는 존재임을 깨닫게 하는 접근 방법을 사용한다. 그러한 이유로 영국의 심리학자 존 맥레오드(John McLeod)는 이야기 치료를 가리켜 후기 심리학적 치료(post-psychological therapy)[35]라 명명하는데, 이야기 치료를 위한 맥레오드의 이와 같은 명칭은 화이트와 앱슨이 기존의 지배적이었던 개인주의를 바탕으로 한 심리학적이고 조직적(systemic)인 이론과 임상적 방법들로부터 떠나서 가족치료를 위한 그들만의 독특한 이론을 제시했음을 강조하고 있다.

이야기 공동체로서의 교회의 모습을 설명하기에 앞서 서두에서 모던에서 포스트모던으로의 전환을 다소 길게 설명한 이유가 바로 여기에 있다. 이야기 공동체로서의 교회를 향한 발걸음을 내딛길 희망하는 교회들이 갖추어야 할 선행 조건 중의 하나가 모던에서 포스트모던으로의 전환을 이론적으로 이해하는 것이라고 믿기 때문이다. 최근 이야기 치료와 그 이론을 바탕으로 한 임상 방법들에 대한 관심이 신학과 다양한 목회 사역에서 증가하고 있는데,[36] 이야기를 향한 이와 같은 학문적 관심의 증가는 바로 포스트모던적인 이해가 가져온 "객관성" 이란 개념의 몰락으로 인한 이야기가 갖는 가치의 재발견에서 기인한 것임을 기억해야 한다. 이러한 이론적인 이해함 없이 이야기 치료에서 말하고 있는 기술적인 면들만을 차용하여 목회적 돌봄에 적용한다고 해서 그 신앙 공동체가 이야기 공동체가 되는 것은 아니다.

---

35) John McLeod, "Narrative Thinking and the Emergence of Postpsychological Therapies," *Narrative Inquiry*, 16, no. 1 (2006), 202.

36) 이야기 신학(narrative theology), 이야기 설교(narrative preaching), 이야기 기독교(목회) 상담(narrative pastoral care and counseling) 등은 포스트모더니즘이 불러온 이야기 지식에 대한 새로운 통찰로부터 기인한 것이라고 이해해야 한다. 이야기 이론에 영향을 미친 대표적인 포스트모던 학자들은 Michael White, David Epston, Jerome Bruner, Howard Gardner, Clifford Geertz, Jacques Derrida, Paul Ricoeur, 와 Hans Frei를 손꼽을 수 있다.

이야기 공동체의 본질은 이성과 객관성이라는 모더니즘의 요구를 뛰어넘어서 다양한 이야기가 격려되고 공유되는 데에 있다고 본다. 앞에서 언급한 문제 중심의 이야기에 매몰된 사람들이 대항책들을 발견하게 될 수 있기 위해서 다양한 이야기의 공유는 필수적이다. 리오타르가 말했던 메타 내러티브를 따라서 모두가 획일적으로 살아가도록 격려한다면, 그 메타 내러티브에 부합하지 못한 삶을 사는 사람들은 침묵하게 될 것이고 그들의 자아는 상처를 입게 되어 신앙생활을 하면서도 예수님께서 약속하신 생명을 얻되 더 풍성히 얻고 누리는 삶은 살 수 없게 될 수 있다.

예를 들어, 이혼을 비롯한 다양한 이유로 한 부모 가정이나 기타 전통적인 가정의 모습과는 다른 가정에서 자라나는 아이들을 생각해보자. 신앙 공동체에서 격려되는 이야기가 그들의 가정 모습과는 상반된다면 이 아이들은 자기의 이야기를 다른 사람들과 나눌 기회를 박탈당하게 될 뿐 아니라 이들의 침묵은 자신이 가진 문제 중심의 이야기 외에 다른 이야기가 펼쳐질 가능성을 볼 수 없게 만드는 결과를 낳게 될 것이다. 오늘날의 한국사회의 인구분포도와 가정들의 현실을 고려한다면, 어떻게 다양한 이야기들이 수치심 없이 나눠질 수 있을지에 대한 고민은 목회적 돌봄의 한 방편이 되어야 한다고 생각한다.

다양한 삶의 모습에 대한 자각이 미국 기독교(목회) 상담 분야에서 이야기 치료에 대한 관심을 증가시키고 있는 원인 중에 하나라고 여겨진다. 이야기 치료를 받아들여 목회적 실천과 이론에 응용한 학자들로는 드웨인 비드웰(Duane Bidwell), 수잔 코일(Suzanne M. Coyle), 앤드류 레스터(Andrew Lester), 크리스틴 누거(Christie Neuger), 캐런 샤이브(Karen Scheib) 등을 들 수 있다.[37] 이들은 포스트모더니즘을 바탕으로 한 후기 구조주의적 인

37) Duane R. Bidwell, *Empowering Couples: A Narrative Approach to Spiritual Care* (Minneapolis, MN: Fortress Press, 2013), Suzanne M. Coyle, *Re-Storying Your Faith*

간 이해 위에 그들의 목회신학과 목회 실천을 제안하고 있는데, 후기 구조주의적 인간 이해란, 인간은 본질에서 "다방면의 이야기를 가진 존재(multi-storied)"[38]라고 보는 관점이다.

달리 말해, 이야기 치료에서 바라보는 인간은 단편적이고 평면적인 존재가 아니라 삼차원적이고 다중적인 면을 갖고 있다. 바로 이러한 특성으로 인해서 문제 중심의 이야기(problem-saturated story)에 매몰되어 있는 사람들이 다른 측면의 이야기를 볼 수 있도록 이끌어 줄 수 있게 되는 것이다. 인간은 리오타르가 말하는 과학적 지식으로 설명되는 존재이기보다는 이야기 지식으로 접근할 때 이해할 수 있는 존재들임을 깊이 인정하고 접근한다. 이들은 인간에게 이야기가 가지는 중요성을 이야기하며, 이야기 치료가 어떻게 기독교(목회) 상담과 돌봄을 위해서 사용될 수 있는지를 연구하고 있다.

이야기 공동체에서는 이야기하기(story telling)가 말씀 읽기와 기도와 같은 영적인 실천(spiritual practice)으로 격려된다. 코일의 연구인 *Re-Storying Your Faith*(신앙을 다시 이야기하기)를 의지해서 이야기하기가 공동체 안에 정착할 수 있는 실천적인 방안을 제안하고 싶다. 코일은 사람이 외향적이냐 내향적인지에 따라서 선호하는 영적인 실천들이 다를 수 있음을 지적하면서, 신앙의 삶을 나누는 이야기하기는 사람의 성향을 막론하고 그들의 신앙을 돈독할 방법임을 주장한다.[39] 최근 일상생활의 일부분인 먹기, 음악 듣

(Washington: Circle Books, 2013), Andrew D. Lester, *Hope in Pastoral Care and Counseling* (Louisville: Westminster John Knox Press, 1995), Christie Cozad Neuger, *Counseling Women: A Narrative, Pastoral Approach* (Minneapolis: Fortress Press, 2001), Karen D. Scheib, *Challenging Invisibility: Practices of Care with Older Women* (St. Louis, MO: Chalice Press, 2004). 학자들의 순서는 학자들 성 알파벳순이다.

38) Stephen Madigan, *Narrative Therapy* (Washington, D.C.: American Psychological Association, 2010), 12.

39) Suzanne M. Colye, *Re-Storying Your Faith* (Washington: Circle Books, 2013), 2.

기, 쇼핑하기, 여행하기, 아이 기르기 등등을 포함한 모든 영역에서 하나님의 내재 하심을 말하고 있는 책들이 즐비함을 생각해보면,[40] 우리 삶의 너무나 큰 부분을 차지하는 이야기하기를 통해서 하나님의 임재하심을 경험할 수 있다고 이야기하는 코일의 주장은 충분한 설득력이 있다.

이야기 치료의 입장에서만이 아니라, 하나님의 구속 이야기로 가득한 성경과 우리의 신앙의 선조들 이야기가 우리에게 주는 영향력을 생각해 볼 때 이야기 나누기는 현대인들의 신앙이 자라게 할 수 있는 유용한 방법이라고 생각한다. 인간은 자신의 경험을 이야기하면서 의미를 부여하기 때문에, 하나님과의 경험을 강화하고 삶의 의미를 부여하게 하기 위해서는 설교자의 설교를 듣는 것만큼이나, 자신의 말로 자신의 경험을 이야기하는 것이 효과적일 때가 있음을 알아 각 교회에서 이루어지는 소그룹을 주기적으로 자신의 신앙 이야기를 나누는 자리로 디자인해 볼 것을 권고하고 싶다.

각 교회에서 진행되는 소그룹 모임이 목사님의 설교를 다시 요약정리한다든가 리더가 준비해 온 성경공부를 통해서 답을 받아 적는 성격의 모임이라면, 믿는 사람들은 자신의 경험을 나누려는 나눔의 주체가 되기보다는 주일 공공 예배에서와 같은 소비자의 입장을 벗어나지 못하게 될 것이다. 성도들을 신앙의 소비자가 아닌 주체로 세우기 위해서 성도들을 이야기하기의 자리로 초대하는 것은 참으로 의미 있다고 하겠다. 신앙의 사람들이 자신의 신앙 이야기를 써 내려 갈 수 있도록 이야기하기 자리로 초대하는 이야기 공동체로서의 모습을 갖추게 될 때 오늘의 성도들은 세상을 바꾸는 힘을 갖게 될 것으로 생각한다.

---

40) Fortress 출판사에서는 2010년과 2013년 사이 *Christian Explorations of Daily Living*이라는 시리즈로 *Clothing, Working, Shopping, Dreaming, Listening to Popular Music, Parenting, Traveling, Eating and Drinking* 등의 일상생활에서 발견할 수 있는 하나님에 대하여 책으로 출간 한 바 있다.

이야기하기를 교회의 소그룹에 적용하기를 원하는 지도자들은 코일이 제시하는 영적 실천들이 갖는 공통점 네 가지를 마음에 기억하는 것이 중요하다: "1. 믿는 자들이 하나님께 더 가까이 갈 수 있도록 돕는다. 2. 규칙적으로 반복한다. 3. 영적인 깊이를 더 할 수 있는 규율을 제공한다. 4. 연속성(continuity)과 창의성(creativity)이 수용될 수 있는 구조를 갖는다."[41] 성경공부나 기도를 포함한 다양한 영적인 실천들은 위에서 말하는 공통적인 특성을 갖는다. 이야기하기 그룹을 진행하기 위해서 첫 번째와 두 번째는 이해를 위한 부연 설명이 필요하지 않다고 본다.

"영적인 깊이를 격려한다"라는 표현으로 이루어진 세 번째는 듣는 사람들 안에 사랑과 인내 등 영적인 태도를 기를 수 있는 그룹 안에서 합의된 약속으로, '말 중간에 끼어들지 않기', '자신의 경험에 비추어 다른 사람의 경험을 부정하면서 가르치려 들지 않기' 등이 아닐까 생각해본다. 믿음의 경륜이 있는 그룹 구성원일수록 충고를 하려는 충동을 자제하는 것이 중요하다.

각 그룹은 이야기하기 모임을 시작하기에 앞서 그룹 구성원 모두에게 이야기하기 모임을 진행할 때 어떤 원칙을 지킬 것인지 묻고 합의된 준수 사항을 만들어야 한다. 네 번째 연속성과 창의성이 수용될 수 있는 구조란 사람들이 자신의 이야기를 펼쳐 나갈 방법에 있어서 그게 음악이나 편지 등이 될 수도 있게끔 유연성을 가질 것과 이야기 모임이 일회적으로 끝나지 않고 지속할 수 있도록 구조를 갖추라는 의미이다.

---

41) Coyle, *Re-Storying Your Faith*, 12.

6) 나가는 말

기독교가 이 땅에 존재한 이래로 그 시대에 공존하는 사상과 대화하지 않을 때가 있을까? 기독교가 어느 나라에 가든지 그 나라의 문화와 대화하면서 토착화가 이루어지듯이, 기독교는 계속 그 시대의 사상들과 대화하면서 그 시대의 사람들에게 하나님을 설명해 왔다. '한 책의 사람(a man of one book)'이라는 별명을 가진 감리교의 창시자 요한 웨슬리에 대해 스캇 존스(Scott J. Jones)의 기록은 이와 같은 연구자의 의견을 지지한다. 존스는 "웨슬리는 자신의 설교집에서 자기 자신을 'homo unius libri'라고 명명한다. 41년 후에 다시 자신을 이 단어로 언급하는데... 이 단어를 쓴 다섯 문단 후에 그는 헬라어로 된 호머의 일리아드를 인용하고 있다."[42]고 한다.

한 책의 사람이란 의미는 웨슬리가 성경만을 읽고 그 당시 시대의 사상과는 대화하지 않았던 것을 나타내는 말이 아니다. 효과적으로 복음을 전달하기 위해서 일리아드를 알고 인용했던 웨슬리가 오디세이를 포함한 그 당시의 고전과 철학을 알았을 것을 추측하는 것은 자연스러운 일이다. 그런데 포스트모더니즘이란 사상만은 예외가 되어야 한다는 주장은 기독교가 현대인들에게 다가갈 수 있는 길을 차단하는 것과 같다.

우리가 사는 21세기는 포스트모더니즘이 현대인들의 삶의 많은 부분에 영향을 미치고 있다. 교회는 포스트모더니즘을 악마 화해서 접근하면 안 되는 사상으로 가르치는 태도에 대해서 비판적 성찰을 해야 할 때라고 생각한다. 리오타르의 정의를 통해서 알 수 있듯 포스트모더니즘은 과학과 이성이라는 합리성으로 대표되는 모더니즘이라는 메타 내러티브를 맹목적으로

42) Scott J. Jones, "The Rule of Scripture," in *Wesley and the Quadrilateral: Renewing the Conversation*, ed. W. Stephen Gunter, et al. (Nashville: Abingdon Press, 1997), 81.

신뢰하는 태도에 경각심을 불러일으키고 있다.

역설로 가득 차 있는 기독교의 진리들을 생각해 볼 때, 포스트모더니즘은 결코 기독교의 진리를 부정하고 있는 사상이 아닌, 오히려 기독교의 진리와 하나님을 만난 성도들의 삶의 이야기들이 설 수 있는 자리를 마련해 주고 있다고 봐야 한다. "메타 내러티브에 대한 불신"이라는 요청 앞에서 교회는 모더니즘의 요구 앞에서 무릎을 꿇고 있는 부분은 어떤 것들이 있는지 살펴야 하며, 기독교(목회) 상담 역시도 모더니즘의 요구를 비판 없이 수용하고 있지는 않은지 뒤돌아보아야 할 것이다.

상대적으로 임상적인 패러다임이 지배적인 한국 기독교(목회) 상담을 접하며 특별히 리오타르의 포스트모던에 대한 정의가 시사하는 바는 더욱 크다고 생각된다. 이제 상담이론 뒤에 숨어 있는 상담가들에 대한 논의가 이루어져야 하며, 내담자들의 문제를 개개인의 내면에서 기인한 문제로만 접근함을 넘어서, 상황적이고 공동체적인 관점에서 진단해 나아가는 것이 필요하다. 나아가 교회 공동체가 다양한 이야기들이 격려되는 이야기 공동체로서의 모습을 되찾을 수 있는 목회적 돌봄이 제공되어야 한다.

그러할 때, 성도들은 신앙의 소비자가 아닌 신앙의 주체로 자신의 신앙 이야기를 써 내려가게 될 것이다. 코일이 주장한 것처럼 이야기하기는 일회적인 행사로 끝나서는 영적인 실천으로서 자리매김할 수 없다. 몇몇 교회에서는 이미 성도들을 간증을 나눌 수 있는 자리로 초대하고 있긴 하나, 지속해서 모든 성도를 대상으로 하여 이 일이 이루어지지 않고 있다는데 아쉬움이 남는다. 사용하지 않던 신체의 일정 부뷰의 근육을 발달시키기 위해서 반복적인 훈련이 필요하듯, 사용하지 않던 영적인 근육을 개발하기 위해서도 같은 원리가 적용되어야 한다.

공동체적 · 상황적 패러다임은 목회적 돌봄의 역할을 훈련받은 소수의 사람에게만 제한시키지 않고 교회 공동체가 치유의 공동체의 역할을 할 수 있도록 격려하고 있는데, 교회 공동체가 이야기 공동체로서의 모습을 갖추는 것은 이러한 움직임으로 향하는 첫걸음이라 여겨진다. 향후 기독교(목회) 상담에서 이야기 치료와 다학제 간의 대화를 통해 지속해서 성도들을 이야기의 자리에 초대할 수 있는 창조적인 방법들에 대한 연구가 더욱 이루어져야 한다고 생각한다. 오늘날의 교회와 기독교(목회) 상담이 이야기 지식의 재발견으로 과학적 지식에 대한 신뢰에 비판적인 시각을 겸비하게 될 때, 교회와 기독교(목회) 상담이 본래 가진 예언자적인 기능을 회복할 것이라 믿는다.

오늘의 교회가 더 많은 성도를 이야기의 장으로 초대할 때 기독교인들은 소비자로서가 아니라 그들의 신앙 이야기의 주체가 되어서 세상을 변화시키는 주역을 감당하게 될 것이다. 포스트모더니즘은 기독교와 기독교(목회) 상담이 맞서 싸워야 하는 적군이 아니라, 모더니즘의 패권에 도전하도록 돕는 조력자로 보는 인식의 전환이 있어야 한다. 그러할 때, 목욕물을 버리려다 아이까지 버리게 되는 오류를 피할 수 있을 것이다.

참고문헌

고범서. 『라인홀드 니버의 생애와 사상』. 서울: 대화문화아카데미, 2007.

권미주. "성폭력 피해여성을 지원하는 교회공동체의 목회신학 연구." 「목회와 상담」 27 (2016): 41~70.

권수영. 『기독[목회]상담, 어떻게 다른가요: 심리학과 신학의 만남』. 서울: 학지사, 2007.

______. "실천신학이란 무엇인가?: 제 분야와 전망." 『신학이란 무엇인가: 구약학에서 신학의 조망까지』, 김동건 편집, 200~237. 서울: 대한기독교서회, 2010.

______. "역자의 글." In 『신학적 성찰의 기술』, by Patricia O'Connell Killen and John de Beer, translated by 권수영, 김재휘, 오원웅, 5~7. 서울: 대한기독교서회, 2013.

이효주. "목회상담과 신경과학-침묵기도가 가져오는 변화." 『한국기독교신학논총』 126(2022): 295~325.

이희철. "안톤 보이슨." 『현대목회상담학자연구』. 한국목회상담학회 편, 33-63. 서울: 도서출판 희망나눔, 2014.

정연득. "정체성, 관점, 대화: 목회상담의 방법론적 기초" 「목회와 상담」 23 (2014): 233~271.

______. "서론: 현대목회상담의 흐름." In 『현대목회상담학자연구』, edited by 한국목회상담학회, 9~29. 서울: 도서출판 희망나눔, 2014.

______. "목회상담의 공적 역할에 대한 모색-사회적 협동조합 모델을 중심으로" 「한국기독교 신학논총」 108 (2018): 251~279.

______. "신학함의 과정으로서의 목회돌봄과 상담." 『신학과실천』. 38 (2014): 347-377.

정푸름. "목회상담, 그 개혁의 목소리: Bonnie Miller-McLemore의 "살아있는 인간망"으로 성찰한 한국목회상담의 역할." 「목회와 상담」 31 (2018): 254-280.

______. "탈근대주의 목회상담과 상호성에 관한 연구." 「목회와상담」 34 (2020): 396~426.

최은영. "목회자 훈련을 위한 신학교육: 기독교 상담 수퍼비전의 내용과 방법을 중심으로." 『목회와 상담』. 37(2021): 238-277.

한국여성정책연구원. 『2024 여성폭력 실태조사』. 서울: 한국여성정책연구원, 2024.

허호익. "포스트모더니즘의 정신사적 특성에 대한 신학적 이해." 「한국기독교신학논총」 53 (2007): 83-109.

[2024 통계] 기독교반성폭력센터 2024년 상담통계, 기독교반성폭력센터 홈페이지 온라인 자료.

Asquith, Glenn H. "The Case Study of Method of Anton T. Boisen." *The*

Journal of Pastoral Care 32-2(1980), 84-94.

______________. "Anton T. Boisen and the Study of "Living Human Documents"." *Journal of Presbyterain History*(1962-1985) 60-3(1982), 244-265.

Bellous, Joyce E., and Dan Sheffield. *Conversations That Change Us: Learning the Arts of Theological Reflection*. 2nd ed. Edmonton, Canada: Tall Pine Press, 2017.

Boisen, Anton T. *The Exploration of the Inner World: A Study of Mental Disorder and Religious Experience*. New York: Harper, 1936.

______________. "Divided Protestantism in a Midwest County: A Study in the Natural History of Organized Religion." *The Journal of Religion* 20-4(1940), 359-381.

______________. *Religion in Crisis and Custom: A Sociological and Psychological Study*. New York: Harper and Brothers, 1945.

______________. "The Challenge to Our Seminaries." *The Journal of Pastoral Care* 5-1(1951), 8-12.

______________. *Out of the Depths: An Autobiographical Study of Mental Disorder and Religious Experience*. New York: Harper and Brothers, 1960.

Bregman, Lucy. "Anton Boisen Revisited." *Journal of Religion and Health* 18-3(1979), 213-229.

Browning, Don. *A Fundamental Practical Theology: Descriptive and Strategic Proposals*. Minneapolis: Fortress Press, 1991.

Cabot, Richard C. "A Plea For a Clinical Year in the Course of Theological Study." In *Adventures on the Borderlands of Ethics*. 1~22. New York and London: Harper and Brothers, 1926.

Capps, Donald. *Fragile Connections: Memoirs of Mental Illness for Pastoral Care Professionals*. Nashville: Chalice Press, 2005.

Catalano, Shannan., Erica Smith, Howard Snyder, Michael Rand and BJS Statisticians. Bureau of Justice Statistics Selected Findings: Female Victims of Violence. 온라인 자료. https://bjs.ojp.gov/content/pub/pdf/fvv.pdf

Cedarleaf, J. Lennart. "Listening Revisited." *The Journal of Pastoral Care* 38-4(1984): 310-316.

Clark, Rita-Lu. 『구타당하는 아내: 가정폭력과 목회상담』. 권희순 역. 서울: 한국신학연구소, 1989.

Clinebell, Howard. "서문." in 『구타당하는 아내: 가정폭력과 목회상담』. by Rita-Lou Clarke. 서울: 한국신학연구소, 1986.

Colye, Suzanne M. *Re-Storying Your Faith*. Washington: Circle Books, 2013.

Cooper-White, Pamela. "An Emperor Without Clothes: The Churche's Views About Treatement of Domestic Violence." *Pastoral Psychology* 45 (1996):

3~20.

Dodds, T. Andrew. "Richard Cabot: Medical Reformer during the Progressive Era (1890-1920)." *Annals of Internal Medicine* 119-5, 417-422.

Doehring, Carrie. *The Practice of Pastoral Care: A Postmodern Approach*. Louisville, KT: Westminster John Knox Press, 2006.

Farley, Edward. "Interpreting Situations: An Inquiry into the Nature of Practical Theology." In *Formation and Reflection: The Promise of Practical Theology*. Edited by Lewis Mudge and James Poling, 1~26. Philadelphia: Fortress Press, 1987.

Farley, Edward. *Theologia: The Fragmentation and Unity of Theological Education*. Eugene, Oregon: Wipf and Stock Publishers, 1994.

Fiorenza, Elizabeth Schüssler. *In Memory of Her: A Feminist Theological Reconstruction of Christian Origins*. New York: The Crossroad, 1985.

FRA-European Union Agency for Fundamental Rights. *Violence Against Women: An EU-Wide Survey*. Luxembourg: Publications Office of the European Union, 2015.

Ginott, Haim. 『부모와 아이 사이: 아이에게 사랑을 전하는 기술』. 신홍민 역. 서울: 양철북, 2017.

Graham, Elaine. Heather Walton, and Frances Ward. T*heological Reflection: Methods*. London: SCM Press, 2005.

Gergen, Kenneth J. *The Saturated Self: Dilemmas of Identity in Contemporary Life*. New York: Basic Books, 1991.

Greider, Kathleen J., Gloria A. Johnson, and Kristen J. Leslie. "Three Decades of Women Writing for Our Lives." In *Feminist and Womanist Patoral Thelogy*. edited by Bonnie J. Miller-McLemore and Brita L. Gill-Austern, 21~50. Nashville: Abingdon Press, 1999.

Gottmann, John. *Raising An Emotionally Intelligent Child: The Heart of Parenting*. New York: Simon & Schuster Paperbacks, 1997.

Gottman, John M., Lynn Fainsilber Katz, and Carole Hooven. "Parental Meta-Emotion Philosophy and the Emotional Life of Families: Theoretical Models and Preliminary Data." *Journal of Family Psychology* 10, no. 3 (1996): 243~268.

Hanson, Norwood Russell. *Patterns of Discovery: An Inquiry into the Conceptual Foundations of Science*. Cambridge, England: University Press, 1958.

Hiltner, Seward. *Preface to Pastoral Theology*. New York/Nashville: Abingdon Press, 1954.

Holifield, E. Brooks. *A History of Pastoral Care in America: From Salvation to Self-Realization*. Nashville: Abingdon Press, 1983.

Hunter, Rodney. "Preface" In *Dictionary of Pastoral Care and Counseling*, edited by Rodney J. Hunter, xi-xiii. Nashville: Abingdon Press, 1990.

Jones, Scott J. "The Rule of Scripture." In *Wesley and the Quadrilateral: Renewing the Conversation*. edited by W. Stephen Gunter, Sott J. Jones, Ted A. Campbell, Rebekah L. Miles, and Randy L. Maddox. Nashville: Abingdon Press, 1997.

Killen, Patricia O'Connell and John de Beer. *The Art of Theological Reflection*. New York: Crossroad, 1994.

Kolb, David A. *Experiential Learning: Experience as the Source of Learning and Development*. 2nd ed. Upper Saddle River, NJ: Pearson Education, 2015.

Kramp, Joseph M. "Anton Boisen: A Portrait." *Journal of Religion and Health* 51-2(2012): 450-459.

Kuhn, Thomas S. *The Structure of Scientific Revolutions*. 50th anniversary ed. Chicago: University of Chicago Press, 1962.

Kushner, Harold S. *When Bad Things Happen to Good People*. New York: First Anchor Books, 1981.

Lartey, Emmanuel. "Practical Theology as a Theological Form." In *The Blackwell Reader in Pastoral and Practical Theology*, edited by James Woodward and Stephen Pattison, 128~134. Malden, MA: Blackwell Publishing, 2000.

Leas, Robert David. *Anton Theophius Boisen*. La Vergne, TN: Journal of Pastoral Care Publications, 2009.

Lyotard, Jean-François. *The Postmodern Explained: Correspondence, 1982-1985*. ed. Julian Pefanis and Morgan Thomas, trans. Don Barry et al. Minneapolis: University of Minnesota Press, 1993.

______________. *The Postmodern Condition: A Report on Knowledge*, Translated by Geoff Bennington and Brian Massumi (Minneapolis: University of Minnesota Press, 1984.

Madigan, Stephen. *Narrative Therapy*. Washington, D.C: American Psychological Association, 2010.

Madison, James H. "Old Times and New Times in Bloomington." In *Bloomington Past and Present*, edited by Ira Wilmer, Counts Jr. and Scott Sanders, Bloomington: Indiana University Press, 2002.

Martel, Yann. *Life of Pi*. New York: Mariner Books, 2001.

Massey, David E. "Empathy." In *Dictionary of Pastoral Care and Counseling*, edited Rodney J. Hunter, H. Newton Malony, Liston O. Mills, and John Patton, 354. Nashville: Abingdon Press, 1990.

McLeod, John. "Narrative Thinking and the Emergence of Postpsychological

Therapies." *Narrative Inquiry*, 16, 1 (2006): 201-210.

Miller-McLemore, Bonnie. "Pastoral Theology as Public Theology: Revolution in the "Fourth Area"." In *Pastoral Care and Counseling: Redefining the Paradigms*, edited by Nancy J. Ramsay, 45~64. Nashville: Abingdon Press, 2004.

______________. "Also a Pastoral Theologian: In Pursuit of Dynamic Theology (Or: Meditations from a Recalcitrant Heart)." *Pastoral Psychology* 59 (2010), 813~828.

______________. *Christian Theology in Practice: Discovering A Discipline.* Grand Rapids, Michigan: William B. Eerdmans Publishing Company, 2012.

Mills, Liston O. "Pastoral Theology, Graduate Education In." In *Dictionary of Pastoral Care and Counseling*, edited by Rodney J. Hunter, Newton Malony, Liston O. Mills, and John Patton, 865~867. Nashville: Abingdon Press, 1990.

Neuger, Christie Cozad. *Counseling Women: A Narrative, Pastoral Approach.* Minneapolis: Fortress Press, 2001.

___________________. "Power and Difference in Pastoral Theology." in *Pastoral Care and Counseling: Redefining the Paradigms*, edited by Nancy J. Ramsay, 65~85. Nashville: Abingdon Press, 2004.

Nouwen, Henry J. M. "Anton T. Boisen and Theology Through Living Human Documents." *Pastoral Psychology* 19 (1968): 49-63.

Patton, John. *Pastoral Care in Context in Context: An Introduction to Pastoral Care.* Louisville: WJK, 1993.

Pattison, Stephen. *Pastoral Care and Liberation Theology.* Cambridge, Great Britain: Cambridge University Press, 1994.

______________. *A Critique of Pastoral Care*, 3rd ed. London: SCM Press, 2000.

Pattison, Stephen and James Woodward. "An Introduction to Pastoral and Practical Theology." In *The Blackwell Reader in Pastoral and Practical Theology*, edited by James Woodward and Stephen Pattison, 1~19. Malden: Blackwell Publishing, 2000.

Pearson, Marline E. *Relationship Smarts Plus Instrutor Manual.*

Poling, James. 『성폭력과 힘의 악용: 목회상담적 성찰』. 이화목회상담센터 역. 서울: 한울아카데미, 2015.

Pruyser, Paul W. "Anton T. Boisen and the Psychology of Religion." *Journal of Pastoral Care* 21-4(1967): 209-219.

Ramsay, Nancy J. *Pastoral Diagnosis: A Resource for Ministries of Care and Counseling.* Minneapolis: Fortress Press, 1998.

______________. "A Time of Ferment and Redefinition." In *Pastoral Care and Counseling: Redefining the Paradigms*, edited by Nancy J. Ramsay, 1~43. Nashville: Abingdon Press, 2004.

Saiving, Valerie. "The Human Situation: A Feminine View." In *Womanspirit Rising: A Feminist Reader in Religion*, edited by Carol P. Christ and Judith Plaskow, 25~42. New York: HarperCollins, 1992.

Scanzoni, Letha and Nancy Hardesty. *All We're Meant to Be: Biblical Feminism for Today*. Grand Rapids, MI: Eerdmans, 1992.

Schleiermacher, Friedrich. *Christian Caring: Selections from Practical Theology*. Translated by James O. Duke. Philadelphia: Fortress, 1988.

Smith, James K. A. *Who's Afraid of Postmodernism?: Taking Derrida, Lyotard, and Foucault to Church*. Grand Rapids, MI: Baker Academic, 2006.

Snodgrass, Jill. "From Rogers to Clinebell: Exploring the History of Pastoral Psychology." *Pastoral Psychology* 54 (2007): 513~525.

Stinson-Wesley, S. Amelia. "Daughters of Tamar: Patoral Care for Survivors of Rape." In *Through the Eyes of Women: Insights for Pastoral Care*, edited by Jeanne Stevenson Moessner, 222~239. Minneapolis: Fortress Press, 1996.

Stone, Howard W. and James O. Duke. *How to Think Theologically*. Minneaplois: Fortress Press, 1996.

Thompson, Judith, Stephen Pattison, and Ross Thompson, *SCM Studyguide to Theological Reflection*. London: SCM Press, 2008.

Thornton, Edward E. *Professional Education for Ministry*. Nashville: Abingdon Press, 1970.

Wang, Philip S., Patricia A. Berglund, and Ronald C. Kessler. "Patterns and Correlates of Contacting Clergy for Mental Disorders in the United States." *Health Services Research* 38:2 (2003): 647~673.

Waugh, Patricia. "Introduction." In *Postmodernism: A Reader*. Edited by Patricia Waugh, 1-10. London: Edward Arnold, 1992.

White, Michael and David Epston. *Narrative Means to Therapeutic Ends*. New York: Norton, 1990.

Whitehead, James D., and Evelyn E. 『목회방법론』. 허일찬·오성춘 역. 서울: 한국장로교출판사, 1994. 원저서는 1980년 출판임.

Whitehead, James D., and Evelyn E. Whitehead. *Method in Ministry: Theological Reflection and Christian Ministry*. Revised edition. Lanham, MD: Sheed & Ward, 1995.

World Health Organization. "Vilonece Against Women." 온라인 자료, https://www.who.int/news-room/fact-s

목회상담: 교회에서의 돌봄을 위한 안내서

초판발행 2025년 11월 5일

지은이 이효주
펴낸이 안종만 · 안상준

편 집 조영은
기획/마케팅 정연환
표지디자인 BEN STORY
제 작 고철민 · 김원표

펴낸곳 (주) 박영사
서울특별시 금천구 가산디지털2로 53, 210호(가산동, 한라시그마밸리)
등록 1959. 3. 11. 제300-1959-1호(倫)
전 화 02)733-6771
f a x 02)736-4818
e-mail pys@pybook.co.kr
homepage www.pybook.co.kr
ISBN 979-11-303-2419-7 93230

정 가 18,000원